— 国人心理修养读本 —

CENTENNIAL

百　年

中国人的心理跃迁

The Psychological Leap of Chinese People

刘红松　著

社会科学文献出版社

SOCIAL SCIENCES ACADEMIC PRESS (CHINA)

序

　　刘红松所著的《百年：中国人的心理跃迁》是一部专业性与战略性兼而有之的开创性力作。从中华民族复兴和强国的现代化进程，解析了中国人的心理与国民性格的历史性跃迁和未来的演化，第一次系统地论述了心理强国的思想、理论和方法，立意新，站位高，视野广、正能量强，具有鲜明的新时代特色。

　　"心理强国"既是中华民族几千年优秀传统文化题中应有之核心要义，也是中国现代化发展历程中一个重要的时代命题。"民为邦本，本固邦宁"。在任何条件下，民心都是衡量和评判社会最权威的价值尺度，得民心者得天下。民者，国之根也，万事之本也。马克思主义传入中国100多年来，以马克思主义为信仰的中国共产党，引领积贫积弱走入谷底的中华民族，取得了令世界瞩目的辉煌成就，靠的就是唤醒、教育和组织起来拥有排山倒海的力量的人民，靠的是视人民为上帝、把全心全意为人民服务作为唯一宗旨的思想理念，靠的是在与时俱进中团结了一切可以团结的力量。马克思主义之所以"能"，是由中国共产党培植和赢得民心民意之"能"来支撑和印证的。

　　当今中国进入了共产党成立一百年后第二个百年的新发展阶段，旨在把中国建设成为现代化强国。立国必先立人，强国必须强心。从一定意义上说，中国百年不断崛起的过程，就是道路与理论开辟相统一、制度和文化建设相一致的"强心"过程。从1919年五四运动到1949年新中国成立的30年间，共产党为什么能在落后的农业国，组织和调动起以工农为主体的革命大军，在物质条件极度艰难的条件下，取得"天翻地覆慨而慷"的伟大胜利？为什么能在1949年新中国成立，到改革开放前的第二个30年间，取得抗美援朝的胜利，又为什么能迅速改变"一穷二白"的落后面貌，逐渐走上世界舞台？为什么能够在改革开放40多年创造了"当惊世界殊"的伟大成就？从文化心理层面说，根本原因在于，中国共产党所代表、所创建的先进文化，引领了民族觉醒，焕发起了民族自信，极大地提升和改变了全党、全军和全国各族人民的文化层次和精神心理面貌。

当今世界正经历着百年未有之大变局，战略力量此消彼长，战略重心发生位移，科学技术突飞猛进，全球融合日益紧密，矛盾和斗争更趋复杂，未来的发展面临很多不确定性。如何提高国家和民族群体的心理适应能力、保持战略的主动性？这就需要把"强心"贯穿于伟大斗争、伟大工程、伟大事业、伟大使命任务的全过程。

我们可以高度自信的是，党的十八大以来形成的习近平新时代中国特色社会主义思想，为新时代的强心聚力提供了强大的精神武器。《百年：中国人的心理跃迁》一书，无疑为用习近平新时代中国特色社会主义思想武装头脑、加强社会各界人士，尤其是党员干部的心理修养，提供了一部很好的辅助读物。

姚有志

军事科学院原战略研究部部长 少将

2021 年 5 月 1 日

目　录

绪　论
先治心后治国

千年回顾，百年反思，历史的发展昭示：先立人，后立国；先治心，后治国；心之强，国即强，人心是最大的政治。

翻开中国的历史长卷，记载着无数英雄人物，创造了无数的辉煌成就。万古江河，巍巍群山，茫茫宇宙，默默注视着人类进化的心灵轨迹，演化出社会发展的心理密钥，留下了千古之谜的哲学拷问：我们从哪里来？我们往哪里去？中国的发展历程告诉我们：她既创造了灿烂辉煌的文明，也经历了漫漫的暗夜。

1921年，中国共产党成立，在风雨如晦的年代，她给灾难深重的中国人民带来了光明和希望。中国有了共产党，这是开天辟地的大事件，深刻改变了近代以后中华民族发展的方向和进程，深刻改变了中国人民和中华民族的前途和命运，深刻改变了世界发展的趋势和格局。1927年，南昌起义的一声枪响，标志着中国共产党独立领导中国革命和创建人民军队的开始，开辟了武装夺取政权的道路。1949年，中华人民共和国成立，开创了时代新纪元，苦难深重的中国人民站起来了！

透视世界近现代史，"百年"是历史性重大变化的时间周期。第一次世界大战重塑了欧洲政治版图，第二次世界大战成就了

"美国世纪"。1921 年至 2021 年的百年周期，承载着打碎旧世界、全面实现小康社会的伟大梦想；1949 年至 2049 年叠加的又是一个百年周期，承载着中华民族挺进世界舞台中央实现复兴的历史使命。百年回望，沧桑巨变；百年往事，人间正道；百年跋涉，栉风沐雨；百年眺望，清晰明鉴。百年过往话战略，百年中兴当自强。

"凡是过往，皆成序章"。2021 年是一个不平凡之年，同时也是一个承前启后的转折之年。在这个历史节点上，需要以更宏大的历史观、哲学观、自然观、战略观纵览过去 100 年，眺望未来 30 年。

一 心理强国是时代性命题

1840 年以来的中国近代的屈辱史，给中国人民的心灵造成了极大的创伤。19 世纪末 20 世纪初，由于西方列强的入侵，中华民族"到了最危险的时候"。1898 年，德国"强租"山东胶州湾 99 年，俄国"强租"辽宁旅顺大连 25 年，法国"强租"广州湾 99 年，英国"强租"威海卫 25 年、香港新界 99 年。1900 年，八国联军入侵中国，1901 年 9 月 7 日，奕劻、李鸿章代表清廷在北京与英、美、法、德、俄、日、意、奥、西、荷、比 11 国公使签订了《辛丑条约》，清政府向各国赔款白银 4.5 亿两，分 39 年还清，连本带息计 9.8 亿两，被称为"九七国耻"。那个被西方称为"东亚病夫"的中国，不仅经济凋零、社会混乱、物质匮乏、人民贫穷，更重要的是很多人患上了精神"软骨病"，呈现一种"小国弱民"的奴性心态。

新中国的成立结束了漫漫黑夜，迎来了黎明，这是无数革命先烈浴血奋战换来的。新中国成立到改革开放这一阶段，通过农业哺育工业、艰苦奋斗、勤俭节约等方式完成了工业化，建立了较为完整的工业体系和国民经济体系，取得了以"两弹一星"为标志的辉煌成果，继用 22 年战争与革命取得政权之后，又用 22 年突出重围、打破封锁，于 1971 年 10 月 25 日昂首挺进联合国，跻身世界大国强国行列。改革开放 40 余年来，中国取得了巨大的成就，实现了快速崛起。中国共产党成立 100 年、新中国成立 70 余年，彻底改变了中国的物质面貌，也彻底改变了中国人民的精神和心理面貌。

今日之中国，从经济规模到经济结构，从科技创新到生态文明，从社会事业到人民生活，如同方志敏烈士在 86 年前憧憬的那样，到处充满生机和活力。国家繁荣昌盛，经济平稳发展，社会和谐稳定，人民生活富足，物质丰盛充盈，国际地位不断提高，综合国力日益增强。中国经济发展创造了"当惊世界殊"的辉煌成就。1952 年，我国 GDP 仅有 679 亿元，2020 年超过 100 万亿元，人均国内生产总值突破 1 万美元大关，对世界经济增长贡献率达 30% 左右，持续成为推动世界经济增长的主要动力源。高质量发展踔疾步稳，韧性、潜力和活力无限。中国从站起来到健起来，从富起来再到强起来的历程，强化了中国人的豪迈气概和大国心态。

未来之中国，将致力于实现第二个百年的复兴梦。到新中国成立 100 年的 2049 年，目标是把中国建设成为富强、民主、文明、和谐、美丽的社会主义现代化国家。这是一项伟大的工程，需要绘制一幅经济强国、政治强国、文化强国、生态强国、海洋强国、交通强国、航天强国、科技强国、网络强国、军事强国的新图景。未来 30 年，我们要走的是一条现代化的强国之路，那么，如何建设现代化强国？器物和制度的现代化建设必不可少，但人以及支配人的行为的心理的现代化更是不能缺位。中国的现代化建设，不仅要重视"以物为本"的现代化，更要坚持以人为本的现代化。强国先强心，还要建设心理强国，通过心理建设和心理治理实现国家强盛。

透视一个社会的文明，衡量一个国家是否实现了现代化的标准，不仅要看经济总量、城市发展水平、科技发展水平和文化繁荣程度，还要看民众和社会的精神文化素质，看是否确立了呵护心灵、敬畏自然、尊重生命、关爱健康、关怀人性的社会发展观。衡量一个国家的进步，不仅要看增加了多少富人，更重要的是看减少了多少穷人。衡量一切工作得失的根本标准，是看人民拥护不拥护、赞成不赞成、高兴不高兴、答应不答应、满意不满意；更要看是否符合人民的根本利益和长远利益。

中国作为一个陆地面积逾960万平方公里、海洋国土面积300多万平方公里、人口超过14亿、经济总量居世界第二，且有五千年文化底蕴的大国，仍处于并将长期处于社会主义初级阶段的基本国情没有变，中国是世界上最大的发展中国家的国际地位没有变。当下，中国的外部战略环境面临着更加严峻的挑战，世界发展的前景更加扑朔迷离。社会主义的主要矛盾和发展不平衡不充分的问题依然突出，就业、医疗、教育、住房、养老等公共服务领域亟待深化改革，社会很多深层次的问题还没有得到根本解决。

精神和心理层面的问题也不容忽视。不仅信仰缺失、精神颓丧、思想空虚、价值观扭曲、贪欲心强、黑恶犬儒等消极心理还存在，而且心理不健康问题也困扰着很多人，青少年、大学生中还存在思想涣散和心理脆弱等问题，中国现代化建设所需要的心理准备还很不充分，意识形态领域的潜在风险依然存在。

根治心理顽疾，去除消极心理，改变心理不健康状态，化解意识形态风险，补齐精神短板，需要我们有刮骨疗毒的勇气，在阵痛中实现心理蜕变。如果离开了恒常持续的思想建设、道德建设、心理建设和社会心态的调整，不从根本上加强心治，中国的强国之路和现代化之路则难以畅通。

二　心理强国思想源远流长

中华民族坚持不懈的追求，就是建设一个民富国强的理想社会。《礼记》提出了"大同"社会理想，主张"天下为公"。1935年10月，中央红军长征即将到达陕北根据地，毛泽东登上岷山峰顶，远眺莽莽昆仑山脉，以博大的胸襟和气魄，写下了气势磅礴的《念奴娇·昆仑》。在这首词里，毛泽东成功地表达了实现"太平世界，环球同此凉热"的共产主义理想。

理想社会就是让老百姓过上美好、幸福、富足的好日子。民富既要物质富有又要精神富有，国强也不仅指物质的强大，还包括精神的强大和心理的强大。

"心"是中国文化独有的概念，"心"是虚拟的精神世界。古人对"心"的认识是从心脏观察出发的。心字的本原含义代表实体的心脏本身，因为心脏在情绪变化时的表现较脑更易于被察觉，人们很容易将心与思考、记忆、感知等精神活动联系在一起。春秋时的曾子在《大学》中说："心不在焉，视而不见，听而不闻，食而不知其味。"《孟子·告子上》认为："心之官则思，思则得之，不思则不得也。"《易经》中有"疑疾""心病"的记载。古人认为心理活动是由心脏产生的。

中国最早的一部医学典籍《黄帝内经》，已初步觉察到脑对人的病理、心理变化的作用。但是，主张人的心理活动是由"心"支配的观点，始终居于主导地位。从明代李时珍提出"脑为元神之府"到清代王清任的"脑髓说"，我们都能看出，他们明确否定心为思维器官。此后，人的心理活动是由"脑"支配的观点逐渐发展起来。

"心"被古代思想家赋予了伦理和道德的含义。孔子曰："欲修其身者，先正其心"；孟子曰："君子所性，仁义礼智根于心。""心"在古代还被赋予了政治含义。《管子·心术》言："心之在体，君之位也。九窍之有职，官之分也，心处其道，九窍循理"；《荀子》说："心居中虚，以治五官，夫是之谓天君"，"心者，形之君也，而神明之主也"。中国传统文化认为心的基本属性是"性"，人有不同的心性；道义、道理就是人心的基本属性。"性即理""心即理"，心性和道义、道理直接等同。

综观人类社会的发展，透视政权的世代更迭，可以发现历代仁人志士的共识：治国先治人，治党先治人，治军先治人，治人先治心，方是大道。可以说，心理强国思想在中国源远流长。

追溯中国几千年的历史，可以发现在国家治理和社会治理中有一以贯之的"治心"主线，这也是中华文化区别于其他文化的最显著特点。随着人类文明的演化，古代形成了世界三大"文化轴心"，即以孔子和老子为代表的中华文明，以苏格拉底和柏拉图为代表的古希腊文明，以释迦牟尼为代表的古印度文明。在中国传统文化中占据主导地位的儒家思想，经历了从心性儒学到政治儒学，再到心性儒学与政治儒学相结合的发展轨迹。

儒家强调仁政要以治心为基础。《礼记·大学》中有一段经典的论述："古之欲明明德于天下者，先治其国；欲治其国者，先齐其家；欲齐其家者，先修其身；欲修其身者，先正其心；欲正其心者，先诚其意；欲诚其意者，先致其知，致知在格物。物格而后知至，知至而后意诚，意诚而后心正，心正而后身修，身修而后家齐，家齐而后国治，国治而后天下平。"这里讲的就是"格物—诚意—正心—修身—齐家—治国—平天下"的治国之道，强调的是民心的重要和"正心"的基础作用。

孟子强调"得道多助，失道寡助"。如何能够实现多助？孟子说："桀纣之失天下也，失其民也；失其民者，失其心也。得天下有道：得其民，斯得天下矣。得其民有道：得其心，斯得民矣。"①总结来说就是"得民心者得天下"。

儒法道互补的中国文化，非常重视内圣外王之道。"内圣"是"内求于己"，通过正心修身以达到"成圣"的目的，"外王"是着重于"外用于世"，施政社会，治国平天下。自汉代以来，儒表法里，德主刑辅，德治与法治相得益彰。"法安天下，德润人心"成为治理国家的一条根本要义。这也是几千年中国哲学、心理学和政治学的最高智慧。

社会心理学有一种内化理论：人的一生是一个不断内化和外化的过程，将社会要求内化于心，按照社会规范外化于行。"内圣"是一个内化过程，是一种人格理想的修为；"外王"是一种外化的社会行为，是治国管民之道。孔子强调"内仁外礼"，在内在心性上养仁心，将"仁心"向外扩展，影响别人，施于德政，"修己以安人"，"修己以安百姓"；在心外之行为上，必须合乎礼仪，"从心所欲，不逾矩"，实现安邦治国的王道理想。"内圣外王"之道，实质上是心性儒学与政治儒学的有机统一，充分体现了"内化"的心理学思想。

孟子创建了治心思想的理论框架。主张性善论，提出了影响深远的"四端说"，认为仁义礼智是人性的基本四端。他说："恻隐之心，仁之端也；羞恶之心，义之端也；辞让之心，礼之端也；是非之心，智之端也。"四端讲的就是四心：恻隐之心、羞恶之心、辞让之心和是非之心。孟子讲的人性，实际上就是人心。讲性善，

---

① 《孟子·离娄上》。

也就是讲心善。做人的基本底线，就是要达到四心之境界，否则非人："无恻隐之心，非人也；无羞恶之心，非人也；无辞让之心，非人也；无是非之心，非人也。"①孟子从"心性儒学"的角度发展了"内圣外王"的理论和治心思想，影响深远。

道家也强调"内圣外王"的思想。道家有鲲鹏之志，庄子的"水击三千里，抟扶摇而上者九万里"，体现的就是壮志凌云的"外王"之气，充满了"育万物，和天下，泽及百姓"的宏伟抱负。但是，道家更注重养心、养神、修心、蓄气；抑欲望，弃功利，去私念，立正心。内心由虚到静，由静到明，达到一种"逍遥游"的无我境界。

始于《孙子兵法》的大战略思想对中国和世界影响深远。孙子兵法的心胜思想和先胜全胜思想是中国大战略思想乃至全世界大战略思想的发端。孙子对战争的认知，超越了军事领域，能够跳出战争看战争，跳出军事看军事。他认为战争的正义性和民众的心理支持是获得胜利的根本条件，"故经之以五事，校之以计而索其情：一曰道，二曰天，三曰地，四曰将，五曰法"。什么是道？"道者，令民与上同意也。故可以与之死，可以与之生，而不畏危也。""道"讲的就是具有正义性，"道"讲的就是上下同欲、官民同心，"道"讲的就是民心所向，正"道"才能得到人民的拥护、支持和爱戴，失"道"就失去了民心的支持。正义必然战胜邪恶。

中国的心性儒学，或称心学，由孔子、孟子创立。随着禅宗的兴起，"心性儒学"得到继承和发展。禅宗是佛学的中国化，慧能祖师倡导的学说，就是佛教中的心学。禅宗的"教外别传、不立文字、直指人心、见性成佛"的十六字大纲，为宋明新儒学

---

① 《孟子·公孙丑上》。

拓展了新的视野。宋代陆九渊创立心学，明代大儒王阳明集心学之大成，可以视为儒家文化的一次重大革命。从历史上看，儒家心性之学由先秦儒家发其端绪、宋明理学使之蔚为大观，从而形成了独特而深邃的心性传统。

王阳明受到禅宗的启发，把孟子的心学推到一个更高的境界，其根本是要解决"心"的问题。阳明心学的核心精髓为三句话："心即理""致良知""知行合一"。"心即理"是阳明心学的基石，其要义是教人以本心去感受这个世界。心是宇宙，无边无际；理便是宇宙中的规律。心之所达，理随心至。心与理，是共生的关系。"心学"重在心，要发现本心、重建心体。

朱熹终其一生追求一个"理"，他认为"理"是从外界"格"来的。王阳明认为"理"是从内心"格"来的，他的"四句教"："无善无恶心之体，有善有恶意之动，知善知恶是良知，为善去恶是格物"，从逻辑上说是一个从认识到实践的过程。从"心"到"物"，从"无"到"有"，从"知"到"行"，从主观到客观，再到"知行合一"，达到物我同体的境界。王阳明的"心学"思想受到了其后许多思想家和政治家的推崇。

1917 年至 1919 年，孙中山通过精心筹划，制定了宏大的《建国方略》，"心理建设"是《建国方略》之首篇，把国民"心理建设"正式放在首位，以表示他对精神文明和心理文明的重视。在孙中山看来，一个国家的建立需要基础，这个基础就是人们的心理。"夫国者，人之积也。人者，心之器也。国家政治者，一人群心理之现象也。是以建国之基，当发端于心理。"孙中山强调人心为建国之基，视心理建设为社会建设之首，认为民国之所以建立，是建于国民之心，人心就是立国的根本。"中国革命事业，实全国人心理所成。"

孙中山把国民的"心理建设"放在首位，是革命和建设需要的产物，也是孙中山思想认识发展的重大结果。在革命的实践中，孙中山认识到，改变中国贫穷落后的局面，除了要有物质建设，还需注意心理建设。孙中山将发展心性文明称为"心理建设"。他认为辛亥革命的失败，原因就在于缺乏心力。

孙中山先生早期提出"心理建设"理论，致力于人的改造。主张心理建设与社会发展、国家建设相联系，突出心理建设在革命与建设中的核心价值和引领作用。在苦难深重的中国，需要唤起民众，激活人心，开发民智，改造人格。他认为，唯有加强人格改造，民族才有希望！可以说，当今的文明建设与孙中山的"心理建设"，一脉相承。

近现代思想家严复也强调民心、民智的重要。他曾说："夫君权之重轻，与民智之浅深为比例。"是故贫民无富国，弱民无强国，乱民无治国。认为中国患愚、患负、患弱，需要鼓民力、开民智、新民德。他说："一个国家的强弱存亡决定于三个基本条件：一曰血气体力之强，二曰聪明智慧之强，三曰德性义仁之强。"他在《原强》中提出，"是以今日要政，统于三端，一曰鼓民力，二曰开民智，三曰新民德"，并设想通过体、智、德教育增强国力。

鲁迅是现代对中国文化糟粕抨击最猛烈的思想家，他深入民族文化心理结构的深层，发现封建意识形态束缚人们的头脑，腐蚀着民族的灵魂，并积淀为民族的无意识和国民劣根性，造成民族和个人人生命运的悲剧。他的《狂人日记》《阿Q正传》《孔乙己》《祝福》等作品，对中国国民性进行了深刻的剖析，并大声呐喊：改造国民性。鲁迅说："唯有民魂是值得宝贵的，唯有他发扬起来，中国才有真进步。"毛泽东曾说："鲁迅的骨头是最硬的，他没有丝毫的奴颜和媚骨。这是殖民地半殖民地人民最宝贵的性格。鲁迅是在文化战线上的民族英雄。""鲁迅的方向，就是中华民族新文化的方向。"

三　未来心理强国之展望

放眼世界，我们面对的是百年未有之大变局。百年，是指一个完整的时间跨度；大变局是指大规模的影响巨大的变化。21世纪过去了20年，未来世界将会如何，这是人们最为关心的问题。在可以预期的未来，单极霸权时代面临终结，多极政治格局将逐步形成，新兴市场国家和发展中国家群体性崛起，世界权势加速转移，而新的科学技术将持续爆炸性喷发。在21世纪上半叶，中国的综合力量将进一步增强，中国的强国梦将逐渐实现，中国将阔步向现代化国家迈进。

显而易见，21世纪上半叶是梦想成真的关键时期。对外要致力于构建人类命运共同体，维护世界和平；对内要着力于解决不充分、不平衡发展的主要矛盾。不容忽视的是，中国面临的挑战和困难前所未有。以美国为代表的一些西方国家，信奉"逢强必霸"的逻辑，对中国"不谋求霸权"的允诺不会产生战略认同，他们将致力于利用"一切可用的手段"来对付中国。美国高官政要誓言"绝不能让中国超过美国"。在此情况下，中国的现代化道路注定不平坦，避免不了阻力重重。

只要中国人民团结一致、共赴时艰，休戚与共、共担责任，心忧天下、乐于奉献，和睦共处、凝神聚气，立足本职、做好当下，任何艰难险阻都抵挡不住我们前进的步伐，任何来自外部的挑战和威胁都不会让我们屈服。太华之阻增黄河之奔涌，巫山之隔风回三峡显怒号。大雪压青松，青松挺且直。中国人民一定会坚定信心，沿着既定的目标砥砺前行。

中国的底气在哪里？就在于我们的人民。中国人民的底气在哪里？就在于我们的心理强大。中国人的心理强大吗？中国人不信奉上帝，中国人心中的神是自己。女娲补天、大禹治水、愚公移山、构筑"天路"，这些都体现了中华民族祖源文化的基因。中国人成为自己搭救自己的摆渡人，自己的命运靠自己主宰，就像《国际歌》所唱的那样，"世界上从来就没有什么救世主，也不靠神仙皇帝，要创造人类的幸福，全靠我们自己！"只要中国人自己强大了，自己的内心强大了，社会群体心理强大了，整个中华民族心理强大了，中国就会永远屹立于世界之林。这就是中国所处的大语境，这就是中国要有的大战略。

心理因素是国家大战略的基本构成要素。一个国家的长治久安，取决于人们对于国家制度、道路、主义的心理态度，取决于人们对国家历史、现在、未来的理性认同，取决于各民族对中华民族大家庭的深厚情感，取决于人们对各种政策、做法的拥护程度。战略设想、战略方案、战略决策、战略执行都有赖于人的主观能动性，最后的胜利，靠的是民心的广泛支持，可谓"江山就是人民，人民就是江山"。

战略的竞争，归根结底是战略意志的较量，这既包括实力的较量，也包括心理的较量。一个国家，仅有基础实体、经济能力、军事能力是远远不够的，还需要制定国家战略以及贯彻国家战略的意志。一个国家需要战略意志，一个民族需要战略意志，一个企业需要战略意志，一个人也需要战略意志。战略意志就是摧枯拉朽、坚韧不拔、百折不挠、永不言败的精神和心理品质。

加强心理强国建设是未来现代化建设的一项战略任务，心理强国战略是国家的大战略。我们必须居安思危，未雨绸缪，统筹谋划，做好预案。

——要把国家安全放在首位。加强意识形态领域的反和平演变，打赢舆论心理战；构建国防威慑心理机制，提高心理拒阻能力；强化全民的安全意识和心理警觉度，筑牢国家安全的心理防线；凝聚全民族全社会全体人民的心理力量，增强广大人民群众维护国家安全的自信心、自觉性，提高国家社会治理能力和危机处置能力。

——构建心理和谐社会，保持社会长久的良性运行。要实现个人自身的和谐、人与人的和谐、社会各系统各阶层之间的和谐、个人与社会及自然之间的和谐、整个国家与外部世界的和谐。要关注和研究社会心理的新变化，加强社会心理治理，化解社会矛盾和对立情绪，防止社会阶层心理分化，实现社会均衡发展，维护社会稳定。

——紧紧抓住经济建设这条主线，建设以人为中心的经济形态和发展模式。把握经济运行中人的心理活动规律和消费需求升级的趋势，加强供给侧结构性改革，创造新技术、新产品、新模式、新增长点，构建新发展格局；激发市场主体活力，调动企业和企业家的积极性；做大市场规模，做强经济质量，提升经济效能；加大技术研发力度，占领全球科技制高点，提高全球竞争力。

——凝聚全民族的力量，广泛调动人们的积极性。建设现代化强国是一项宏伟工程，是前所未有的改变中华民族命运的伟大事业，需要激发广大人民群众的主动性、积极性、创造性和内在动力，焕发出强大的心理动能。必须以满足人民群众的需求为中心，并作为工作的出发点，人民所愿，即政府所为。人民对美好幸福生活的获得感和满意度不断提升，才能为社会发展提供源源不断的动力。

——加强全民的心理素质教育和心理建设。中国的现代化，重在人心的治理，而人心的治理是社会治理的根本。中华民族的复兴，需要构建与之相匹配的大国心态和强国心态。在新的百年大变局中，中国将会发挥自己的引领作用，因此中国人需要有前瞻的视野，还要有全球化的眼光。坚持走心理强国之路，需要将眼光透视到中国人的内心深处，观察和开发蕴藏在中国人心里的潜能，改造和优化中国人的国民性格，塑造中国人的现代文明人格，调整好中国人的心态，提高中国人的心理素质，实现中国人的心理现代化，造就一代社会主义新人。以心治国，促进国家的繁荣富强。

加强心理强国建设，实现中华复兴梦，首要的是构建共产党人的"心学"，构建中国人的"心学"。"心学"是一门"强国学"。心学之要旨，在于心灵秩序和精神境界的建设。种树者必培其根，种德者必养其心。2015年12月11日，习近平总书记在全国党校工作会议上明确指出：党性教育是共产党人修身养性的必修课，也是共产党人的"心学"。

关于共产党人"心学"的理论，本质上是共产党人的"人心"修养学，通过理想信念教育、党史国史教育、革命传统教育、道德品行教育、法治思想教育、反腐倡廉教育等，使之内化于心，外化于行。共产党人"心学"，是理想信念和道德情操的有机融合，是党心之德与人心之德的结合，是党心与古仁人之心的融通，是党性和人性的合一，是党性与人民性的统一。共产党人就是要加强这种"心"的建设。共产党人的"心学"能够补人们精神之"钙"和治疗"软骨病"。

2020年1月8日，习近平总书记在"不忘初心、牢记使命"主题教育总结大会上曾说："古人说：'天下之难持者莫如心，天下之易染者莫如欲。'一旦有了'心中贼'，自我革命意志就会衰退，就会违背初心、忘记使命，就会突破纪律底线甚至违法犯罪。"正如王阳明所感叹："破山中贼易，破心中贼难。"这些"心学"的理论观点，对于广大人民群众的心理建设来说，具有十分重要的指导意义。

中国人的心理修养和心理建设，要从"心上用功"，修炼"同理之心""敬畏之心""责任之心"。做到"四知"与"四行"兼备：知行合一，行必务实；知难而进，行不懈怠；知书达礼，行而优雅；知恩图报，行路思源。共产党人特有的先进性、纯洁性和高尚性是如何锻造的呢？心性修养是根本。修好共产党人的"心学"，要过好"五关"：把握坚定信仰这个灵魂，修好忠诚之心；把握服务人民这个宗旨，修好为民之心；把握自强奋斗这个主线，修好奋斗之心；把握带头实干这个要求，修好先锋之心；把握勤学善思这个要义，修好创新之心。①

未来的中国，改革与发展任务繁重，关隘重重。如果存有麻痹、厌战、侥幸、松劲的心理，则外在繁荣、内心虚弱，外表强悍、心理萎靡；心中无民、心中无责、心中无戒，心无初心，心无善缘，必定一事无成，自毁长城。加强共产党人的"心学"建设，乃至加强全民的"心学"建设，都是新时代建设心理强国的必然要求。

中国的伟大复兴之路，是一条心理强国之路。人无精神则不立，国无精神则不强。唯有心理强大，精神上站得稳，一个民族才能在历史洪流中挺立潮头。建设现代化的强国，必须建设中国人强大的心理王国。心理强大，国就强大，心理强是强国之本。坚持走心理强国之路，开局关乎结局，起势影响成势。

---

① 李国喜：《共产党人的"心学"，常修方能常新》，《光明日报》2019 年 2 月 28 日。

第一章　中国革命的心胜之道

中国近现代的发展，经过了艰苦卓绝的探索。从虎门销烟到太平天国起义，从"师夷长技以制夷"的洋务运动到维新变法，从义和团的反帝爱国运动到从辛亥革命无不以失败告终，只有中国共产党领导的中国革命取得了最后的胜利。无数的革命先烈抛头颅、洒热血，前仆后继，为了人民的利益，英勇地牺牲了。中国革命史是一部如泣如诉的苦难史，在苦难中淬炼出辉煌。面对苦难，中国人民没有屈服而是挺起脊梁奋起抗争，以不屈不挠的精神进行了一场场气壮山河的斗争，谱写了一首首可歌可泣的史诗。

中国革命之胜，胜在"心胜"，胜在"心之力"。中国革命史是一部深刻把握时代脉搏、顺应民心的"心胜"史。如何实现心胜？制胜的心理法宝是什么？

一　科学把握人心向背

"谁是我们的敌人？谁是我们的朋友？"这是革命的首要问题，也是中华民族实现复兴需要厘清的问题。20世纪20年代，中国革命与反革命势力面临一场争夺领导权的生死大决战，中国社会各阶层对待革命的态度迥然不同，社会力量分化严重，革命处于危急关头。

据此，毛泽东对中国革命前途的基本问题做了清醒的判断，于1925年12月1日写出了《中国社会各阶级的分析》这篇文章。论述了中国革命的对象、动力、性质和前途等一系列问题，正确回答了"谁是我们的敌人，谁是我们的朋友"这样一个革命的首要问题。毛泽东认为，中国过去一切革命斗争成效甚少，其基本原因就是因为不能团结真正的朋友，以攻击真正的敌人。毛泽东还认为，经济基础决定上层建筑，经济地位决定革命态度。

毛泽东从经济地位和社会状况入手，通过对社会各阶级革命的认识、情感、态度和拥护程度的心理分析，进而判断出革命的主要依靠对象和需要团结的社会力量，指出中国无产阶级的最广大和最忠实的同盟军是农民。数千年来，中国人民深受封建制度压迫，尤其是近代以来，广大人民的积极性和创造性遭到扼杀，中华民族缺乏生机和活力。为此，毛泽东深刻意识到，平民大众是这场革命的主体。1927年3月，毛泽东发表《湖南农民运动考察报告》，充分估计了农民尤其是贫农在中国民主革命中的伟大作用。就中国革命而言，其实质是一场以唤醒教育和动员农民为基础、"农村包围城市"的革命。毛泽东认定农民是革命的主力军。

历代封建统治者都无视民众的力量和智慧。只有中国共产党成立以后，这一观念才有了根本的动摇，只有中国共产党才能够紧紧地依靠人民，服务于人民，动员人民起来为实现自己的利益而奋斗。毛泽东曾评论辛亥革命，认为其失败的原因就是没有大的农村变动和民众参与。中国革命的实践证明，取得革命胜利要依靠千百万真心实意地拥护革命的群众。只有动员群众才能进行战争，只有依靠群众才能进行战争，才能夺取全中国的胜利。

如何激发农民的积极性，让农民跟着共产党走？必须照顾农民的切身利益，这是民心的根本所在。中国革命的根本问题是农民问题，农民的核心问题是土地问题，谁解决了土地问题，谁就赢得了农民，谁赢得了农民谁就赢得了中国。土地革命是解放农民的最根本的制度革命，土地革命体现了农民的根本利益。正是把土地革命贯穿于井冈山斗争的全部时期，所以才有了根据地的蓬勃发展。其经验在于，武装斗争是根本，土地革命是旗帜。只有在这面旗帜下，农民才会心向共产党。"打土豪，分田地"成为土地革命战争时期深入人心而又极具感染力的宣传口号。党领导广大农民"打土豪、分田地"，就是要让广大农民翻身得解放，就是为人民的根本利益而斗争。

1929 年 4 月，毛泽东主持制定兴国县《土地法》，将井冈山《土地法》规定的"没收一切土地"改为"没收公共土地及地主阶级的土地"。毛泽东后来在延安回忆这件事时认为：这是一个原则的改正。这一句话的改动，实质上是认识上的一次飞跃，使更多的老百姓拥护共产党。1929 年 7 月，中国共产党闽西第一次代表大会通过的决议中做出"自耕农的田地不没收""抽多补少"的原则规定，闽西 60 多万贫苦农民得到了土地。红四军政治部把《兴国县土地法》油印成册，在赣南、闽西各地进行宣传，掀开了赣西南土地革命的序幕。土地革命风暴遍布整个赣西南和闽西地区，到处是分田分地的情景。1930 年 10 月 7 日江西省苏维埃政府宣布成立时，赣西南苏区已成为全国最大的一块革命根据地。

为什么人心向着共产党？因为共产党的言论和行动真正地和人民的利益结合在一起。斗争的实践使广大农民认识到，只有扩大红军，才能巩固苏维埃政权；也只有扩大红军，才能保卫土地革命的胜利成果。于是参军的人越来越多，群众自愿组织起来的宣传队、救护队、运输队、慰问队也处处皆是。

一个国家和民族，如是一盘散沙，必不战自溃；倘若团结凝聚，则必定坚不可摧。"大鹏之动，非一羽之轻也；骐骥之速，非一足之力也。"革命的成功取决于广大民众的认同和坚定的支持。"战争的伟力之最深厚的根源，存在于民众之中。"老一辈革命家陈毅曾动情地说，淮海战役的胜利，是人民群众用小车推出来的。在淮海战役中，支前民工多达 543 万人，提供担架 20.6 万副，大小车辆 88 万余辆，担子 35.5 万副，牲畜 76.7 万头，船只 8500 余艘，汽车 257 辆。向前线运输弹药 1460 多万斤、粮食 9.6 亿斤和大量军需物资，向后方转送了 11 万名伤员，有力地保障了作战的需要。[①] 可见，人民的力量大于天，人民战争是埋葬敌人的汪洋大海。

中国共产党领导的人民战争在各个时期具有不同的特点和表现形式。土地革命战争时期，在敌强我弱、军事力量悬殊的背景下，红军主要采取反"围剿"的作战形式，依托农村根据地，实行党政军民一体军事化，求得红军的生存和发展。抗日战争时期，在敌后建立和发展根据地，广泛发动群众，开展地雷战、地道战、破袭战等各种形式的游击战争。解放战争时期，人民战争出现了大规模运动战、攻坚战，以及大迂回、大包围等作战形式。朝鲜战争时期，动员和组织中国人民广泛开展抗美援朝运动，努力生产，捐献武器，在人力、物力上全力支援前线。这些不同特点、不同样式的人民战争，都是革命战争取得胜利的根本保障。

未来，发生大规模战争的可能性比较小，但局部战争可能性较大，而且是高技术的局部战争，仍然要运用人民战争思想。不管未来战争如何发展变化，战争胜利的基本规律不会变，一切战争的胜利都是诸多因素尤其是人的主观能动性的综合作用的结果。精良的武器、先进的技术可以改变战争的方式，可以加速或延缓战争的进程，但人永远是战争的决定性因素，夺取最后的胜

---

① 姜廷玉：《淮海战役：以 60 万战胜 80 万的战争奇迹》，《军事史林》2019 年第 Z1 期。

利还是要靠人。武器装备的技术水平越高，对人的依赖性也就越强，人的因素所起的作用不是更小，而是更大。人民是中国革命和建设永远立于不败之地的法宝。

找准中国革命的依靠对象，科学把握民心向背，最广泛地动员民众力量，获得人民最广泛的支持，是中国共产党的世界观、方法论和思想基因。这种基因所蕴含的力量，保证了中国革命从小到大、从弱到强、从失败走向胜利、从胜利走向更大的胜利。在《论联合政府》的报告中，毛泽东发自肺腑地感叹："人民，只有人民，才是创造世界历史的动力"。

二 坚持"实事求是"认识论

中国革命的历史，就是一部实事求是地认识中国和改造中国的历史。在黑暗深重的旧中国，中国要向何处去，这是一个急迫需要回答的问题。无数仁人志士都在积极探寻中国的发展之路。第一次世界大战爆发后，《互助论》在欧洲盛行。后来在中国也竞相流传，在一些知识分子中掀起了一股讨论热潮。《互助论》是无政府主义理论家克鲁泡特金在1902年发表的一部代表作。他认为人类依靠互助的本能，就能够建立和谐的社会，无须借助权威和强制；而没有权威和强制的社会相较有国家和权力支配的社会，更能保障人的自由，会使人更完善、更理想、更富有生命力。

无政府主义思想和"互助论"也对青年毛泽东产生过影响。但是，毛泽东青年时期就主张"既要读有字之书，也要读无字之书"，即注重实践，重视调查研究。毛泽东早年形成的这种尊重事实、注重调查的意识和习惯，成为他日后提出实事求是思想路线的基础。尽管对"互助论"有过兴趣，一旦接触马克思主义思想，毛泽东就坚信马克思主义，认为只有社会主义才能救中国。

毛泽东历经新文化运动、五四运动的洗礼，其世界观发生根本性的转变。后来，毛泽东对中国国情的科学认知，对中国革命道路的选择，就是以实事求是的态度，把马克思主义理论和中国具体实际相结合的产物。

实事求是最早见于东汉史学家班固的《汉书·河间献王传》。河间献王刘德毕生喜好古籍的收集与整理，态度极为严谨。班固称赞他："修学好古，实事求是。"唐代颜师古注解说："务得事实，每求真是也。"千百年来，实事求是一直被后人尊崇为思考问题、探讨学问的最高准则。毛泽东把马克思主义基本原理与中国优秀传统文化相结合，把实事求是上升到世界观和方法论的高度，并赋予其永久的活力。

1938 年 10 月 14 日，毛泽东在六届六中全会上第一次提出实事求是的概念，要求共产党员既要做实事求是的模范，又要做具有远见卓识的模范。因为只有实事求是，才能完成确定的任务；只有远见卓识，才能不失前进的方向。1941 年 5 月，毛泽东在《改造我们的学习》中说："'实事'就是客观存在着的一切事物，'是'就是客观事物的内部联系，即规律性，'求'就是我们去研究。"毛泽东把实事求是形象地比喻为"有的放矢"。1941 年 12 月，毛泽东为中共中央党校题写了"实事求是"四个大字，把"实事求是"作为全党的党训。1945 年，党的第七次全国代表大会将"实事求是"写入党章。从此，实事求是的思想路线在全党正式确立。

实事求是不拘泥于教条，不照搬外国模式，不搞本本主义、主观主义；不唯上、不唯书，只唯实、只唯真。实事求是不是随波逐流、屈从现实的保守主义，也不是蛮干瞎闯、无视现实的冒险主义。实事求是是马克思主义的一种世界观和方法论，是一种科学的认知模式。实事求是就是一切从实际出发，不断把实践经验上升到规律性认识的高度，发现真理，创新实践。

毛泽东主张，实践出真知，正确的判断来自正确的调查。强调没有调查，就没有发言权；不做正确的调查，同样没有发言权。调查就像"十月怀胎"，解决问题就像"一朝分娩"。只有了解情况，才能做出科学的判断。注重调查研究，一切从实际出发，不断做出正确的战略决策，是中国革命战争取得最终胜利的重要保障。

实事求是的认识方法论贯穿于中国革命的全过程。中国共产党对中国革命战争的认识过程，就是一个实事求是的过程。1927年秋收起义后，毛泽东从当时革命斗争的实际出发，运用马克思主义的基本观点，通过实事求是地分析国内外各种矛盾和革命形势，提出并阐明了"星星之火，可以燎原"的科学论断。1937年抗日战争爆发后，针对当时出现的"亡国论"和"速胜论"两种错误观点，毛泽东提出了"持久战"的科学论断。而"亡国论、速胜论"的错误就在于没有从实际出发，缺乏实事求是的科学分析。

事实证明，正是由于坚持实事求是的认识方法论和思想路线，中国共产党才创造性地解决了武装夺取政权的革命道路问题、党对军队的绝对领导问题、思想建党建军问题、中国革命战争的战略问题、团结全民族最大多数人共同奋斗的统一战线问题、中国土地革命问题等；创造性地完成了由新民主主义革命向社会主义革命的转变。坚持实事求是的认识方法论和思想路线，党的事业就能顺利发展，否则，党的事业就会遭受挫折。

实事求是的认识方法论也是贯穿于中国建设和改革开放的全过程。针对"什么是社会主义、怎样建设社会主义"这一基本问题，需要做出实事求是的科学判断。邓小平认为，在中国建设社会主义这样的事，马克思的本本上找不出来，列宁的本本上也找不出来，每个国家都有自己的情况，各自的经历也不同，所以要独立思考。实事求是是马克思主义的精髓。我们改革开放的成功，不是靠本本，而是靠实践开拓，靠实事求是。可以说，实事求是是改革开放取得成功的一条主要经验，也是第一个百年奋斗留下来的传家宝。

三　凝合团结的力量

团结是中华民族自古以来的优良传统和文化基因。《淮南子·主术训》有言："积力之所举，则无不胜也；众智之所为，则无不成也。""积力"和"众智"，强调的是集体的力量和群众的智慧。集体的力量是巨大的，群众的智慧是无穷的，把两者结合起来，就会无往而不胜。"二人同心，其利断金"，团结就是力量。团结是一种群体心理凝聚力，简明地说就是"齐心合力"。心齐是团结的心理基础。

中国共产党成功的一个重要秘诀就是靠团结，中国革命军队打胜仗也靠的是团结。在井冈山时期，毛泽东要求实行官兵一致的政治、经济和军事民主；制定了三大纪律、六项注意，其中三大纪律的第一条强调的就是一切行动听指挥，从而形成团结统一的集体力量。毛泽东在党的七大上突出强调团结胜利的主题，提出全党要"团结得如兄弟姊妹一样""团结得像一个和睦家庭一样"。

团结不是讲"一团和气"，而是要讲原则、辨是非基础上的团结。中国共产党历来倡导理论联系实际、密切联系群众、批评与自我批评。批评和自我批评是一剂良药，开展批评和自我批评需要勇气和党性，需要虚心接受批评的胸怀和气度。一些人在原则是非面前态度暧昧、一味地和稀泥，针对这些做法，毛泽东积极倡导开展批评与自我批评。他在《反对自由主义》一文中强调，我们应积极开展思想斗争，反对革命集体组织中的自由主义，防止团结涣散、关系松懈、工作消极、"事不关己，高高挂起"，强调加强党内和革命团体内的团结，使之成为有利于战斗的武器。

讲团结就是要根除派性。扫除党内宗派主义的残余，使党达到完全团结统一的高度。宗派主义和山头主义是封建主义的余毒，是革命事业的天敌。派性是一种"小圈子"文化，以小部分人的利益为中心，有亲有疏，以派划线，一荣俱荣，一损俱损。团结是一切事业胜利的基本保障，派性是一切事业失败的重要根源。派性不除，党性难存，事业就难以持续。因此，要根除派性，扶正社会风气，确保各项事业的胜利。

讲团结就是要实行民主。民主，是指一种政治制度形式。团结，是一种力量的结合。民主和团结是相辅相成、紧密相关的。没有真正的民主，也就不会有真正的团结，只有紧密地团结起来，才能更好地促进民主的发展。所谓民主团结，就是要在党外团结一切可以团结的力量；在党内坚持民主集中制原则，使党成为领导中国革命的核心力量。

民主团结精神是随着革命进程而不断发展的。井冈山斗争时期，通过"支部建在连上"、成立"士兵委员会"，在军队内部实行民主，加强团结，使民主团结成为新型人民军队的标志。军队内部官兵平等、亲如一家的气氛，使得官兵思想很快发生了变化，不怕物质生活的艰苦，英勇作战。正如毛泽东所说："同样一个兵，昨天在敌军不勇敢，今天在红军很勇敢，就是民主主义的影响。红军像一个火炉，俘虏兵过来马上就熔化了。中国不但人民需要民主主义，军队也需要民主主义。军队内的民主主义制度，将是破坏封建雇佣军队的一个重要的武器。"①

我军从诞生之日起就开始了自身的民主建设。在政治民主层面：废除了旧军队普遍实行的肉刑，要求官兵政治平等、待遇平

---

① 《井冈山斗争》，《毛泽东选集》（第一卷），人民出版社，1991，第65页。

等，尊重战士的民主权利；官兵之间、上下级和同级之间，允许从团结的愿望出发相互批评、相互监督；成立革命军人委员会，定期和即时召开民主生活会，"给战士一个说话和出气的机会"，维护战士对连队工作和管理提出建议的权利；干部要虚心倾听战士的意见，只要是好的就要无条件采纳，只要是对的就要坚决纠正，绝不允许压制民主、打击报复等。

在军事民主层面：发动群众讨论上级交给的某些具体作战计划和部分军事任务，战后共同总结作战经验，在军事训练中实行官兵互教。

在经济民主层面：实行经济公开和伙食账目公开，士兵自己管理伙食。士兵参与基层的文化生活、体育生活、社会活动等在内的整个业余生活的民主管理。经济民主可以有效地防止滥用行政权力、贪污浪费、侵占士兵利益的行为。

军队实施三大民主，使广大官兵获得了平等的社会地位和民主权利，使官兵之间和同级之间的关系不断融洽，极大地调动了他们的积极性，激发了他们的战斗热情。

在各个战争时期，党中央带头发扬民主团结精神、注重加强党内民主建设、搞好党内团结。在政治上，党的领袖率先垂范，团结自律，"书记和委员之间的关系是少数服从多数"，党内充满了民主团结的气氛，关系十分融洽，为全党全军和全国人民树立了榜样。在军事上，充分相信和依靠群众的思想觉悟和创造能力，充分发挥广大指战员的聪明才智，尊重群众，集思广益，保证了党的统一领导。

解放战争期间，几百万国民党军队，拥有新型美式装备，却在解放军摧枯拉朽的攻势下溃不成军，最重要的原因就是国民党内部派系林立，力量对垒，争权夺利，保全自我；亲此疏彼，中央军和地方军暗自较劲，相互猜忌，排除异己。

中国共产党领导的军队之所以打胜仗，势如破竹，胜在心胜，胜在团结。在各个历史时期，工农红军、八路军、新四军及解放军的各方面军、各野战军、各地方部队，为了革命利益可以牺牲个人利益，为了整体利益可以牺牲局部利益，反对本位主义、宗派主义，谱写了一曲人类战争史上从未有过的团结壮歌。1947 年转战陕北，彭德怀和贺龙领导的部队相互融合，团结得像一个人。在淮海战役中，华东野战军和中原野战军相互支援、相互配合，也团结得像一个人。方志敏在面对国民党军队"追剿"的突围中，为了缓解兄弟部队的压力，主动吸引敌军的注意力。

团结，源于中华民族独特的心理特质。越是在危难时刻，中华民族就越团结、越坚强。万众一心，就没有翻不过的山；心手相牵，就没有跨不过的坎。从革命战争年代到新中国成立后的今天，战风霜斗严寒、除灾害灭疫情、过雄关越险隘，百年历史昭示：团结是中国人民不断从胜利走向新的胜利的重要保证。

四　汇集全社会共识

统一战线是中国革命取得胜利的三大法宝之一。中国革命之所以取得胜利，非常重要的一点就是通过统一战线整合中国社会各阶层、各党派、各人民团体的力量，建立起以平等为基础、以利益协调和寻求共识为目标的政治协商制度。统一战线是中国共产党凝聚人心、汇聚力量的政治优势和战略方针，是夺取革命、建设国家、改革事业取得胜利的重要法宝。2019 年 9 月 20 日，习近平总书记在中央政协工作会议暨庆祝中国人民政治协商会议成立 70 周年大会上的讲话中指出："70 年前，在新中国的曙光喷薄而出之际，中国共产党顺应大势、团结各方，开启了协商建国、共创伟业的新纪元。"

1931~1945 年，日本帝国主义全面侵华。面对日本帝国主义的侵略，民族救亡成为近代中国的时代主题，民族利益高于一切。抗战时期，能否鲜明地树立起抗日的大旗，能否坚定地与日本侵略者英勇战斗，是评价当时各个政党和各方政治力量的重要标准。对抗日的态度和立场，关系到一个政党的人心向背，直接决定其在广大人民群众心目中的影响和在抗战时期政治舞台上的地位。中国共产党代表全民族的最高利益，高举抗日的爱国主义旗帜，坚决提倡和维护抗日民族统一战线，得到了坚持爱国主义的一切抗日力量的赞同和响应，在广度和深度上全面动员了中华民族的爱国力量。中国抗日战争的历史是中国人民爱国热情空前高涨、喷涌迸发的历史。中国共产党制定的全民族统一战线政策，充分动员和依靠人民群众，形成了势不可当的抗日洪流。

1945 年 4 月，我党在七大上明确提出成立联合政府，将中国建设成一个独立、自由、民主、统一和富强的新国家。号召一切被压迫的阶级、阶层、党派和集团都团结起来，为建立联合政府，打败日本侵略者和建设新中国而斗争。1948 年 6 月 30 日，在革命胜利在望、建国时机已经成熟的背景条件下，就如何建设一个新中国，即全国人民普遍关心的问题，毛泽东发表了著名的《论人民民主专政》一文，提出联合国际革命力量，结成广泛的统一战线，反对帝国主义侵略，维护世界和平。

为了建立强大的统一战线，广泛团结民主人士和社会各界力量，中国共产党十分重视政治经济改革，率先在陕甘宁边区政府实行政府工作人员中共党员、非党左派进步分子、中间派各占三分之一的"三三制"政权制度。正是坚持了民主和进步的政治、经济改革理念，才使得中国共产党在抗战中实施了有效的政治动员，极大地争取了民众，一切进步的、民主的力量纷纷团结在中国共产党的周围，越来越多的人不断前往陕西红色根据地。人民抗日力量不断壮大，从 1937 年至 1940 年 7 月的短短四年间，战斗在敌后解放区的八路军、新四军就迅速发展到 50 万人，共产党员由 4 万人激增到 80 万人，真正在敌后实现了人民战争，使侵略者陷入了人民战争的汪洋大海之中。

毛泽东曾经说过，统一战线一天一天地多起来，团体一天一天地大起来，人心一天一天地齐起来，力量就一天一天地强起来。这样斗争下去，最后胜利是没有问题的。"这次革命斗争，决不会像太平天国一样，不会像辛亥革命一样，不会像五四运动一样，也不会像一九二五年至二七年的大革命一样，最后都遭受失败，而是相反，一定可以得到胜利。"①

为了凝聚民心，汇集社会共识，在党外，广泛团结民主人士和国民党投诚将领，鼓励他们献其绵薄，共进共退。有事好商量，众人的事情由众人商量，找到全社会意愿和要求的最大公约数。毛泽东亲力亲为做统战工作，多次致信致电民主人士，广泛与民主人士座谈，对民主人士的需求考虑周全，细致入微。为了动员蒋介石抗日，毛泽东亲笔写信给包括蒋介石在内的社会各界名流和国民党高级将领，争取他们的同情、支持和参与。新中国成立前，多次致信宋庆龄和多位民主人士、社会贤达，诚邀商筹建国大计。

在党内，清除关门主义心理倾向，确定了与党外人士长期合作的政策和"长期共存、互相监督"的方针。我党要求各级领导干部必须把党外大多数民主人士看成和自己的干部一样，同他们诚恳地商量和解决必须商量和解决的问题，给他们工作做，使他们在工作岗位上有职有权，使他们在工作上做出成绩来。

回顾中国百年历史，可以更加清晰地看到，统一战线成就和

① 《妇女们团结起来》，《毛泽东文集》(第一卷)，人民出版社，1993，第 170 页。

壮大了中国共产党的地位与力量。国民党政权之所以溃败，其根本原因，就是实行一党独裁引发的极端腐败而失去了民心，失去了社会各种力量的支持。1949年，当时的美国驻中国大使司徒雷登对国民党的高级将领们说："共产党战胜你们的不是飞机大炮，是廉洁，以及廉洁换来的民心。"美国在蒋介石战败后的白皮书中说："蒋介石军队其实早已败了，不败于战场而败于官场，败于官场无所不在的腐化。"

中国历史上贡献卓著、盛极一时的短命王朝秦朝，主要是亡于暴政，增加苛捐杂税，加重徭役刑罚，致使民怨沸腾，揭竿而起。国民党政府也很短命，败在买办、暴政加腐化。中国共产党人有着"以天下为己任"的胸怀和赤诚之心，心中装着广大人民群众的需要和诉求，顾及各党各派各人民团体的根本利益，"把拥护我们的人搞得多多的，把反对我们的人搞得少少的"，真诚协商与合作，赢得了民心。

五 信念灯塔照亮革命航程

人民有信仰，民族有希望，国家有力量。信仰是一个人的精神支柱，也是一个政党、一个民族的精神支柱。面对极端艰难险阻和无法想象的困难，中国共产党之所以能够谱写气势恢宏的历史篇章，靠的对中国革命光明前途的不懈追求，靠的是信念的支撑。共产党人信仰马克思主义。马克思主义是迄今为止关于人类历史发展规律最科学最完整最有生命力的思想理论体系。共产主义远大理想是中国共产党人的精神支柱和政治灵魂，也是保持党的团结统一的思想基础。理想信念是一个政党团结奋进的精神旗帜，是照亮革命和建设航程的一座灯塔。

中国共产党把马克思主义作为自己的信仰，老百姓把跟着共产党走而实现民族解放作为自己的信仰，这是中华民族复兴的精神内核。坚信马克思主义的真理性，把马克思主义普遍真理与中国革命实际相结合，争取民族独立解放，拯救民众于水火之中是共产党人的信仰，是共产党人力量的源泉，也是民族精神的核心思想，贯穿于中国革命的全过程。中国共产党始终注重激发民族自信、民族自尊、民族自强，向全国人民展示革命必胜的坚定信念和革命到底的决心和信心。

在抗日战争中，毛泽东鲜明地指出："中华民族决不是一群绵羊，而是富于民族自尊心与人类正义心的伟大民族，为了民族自尊与人类正义，为了中国人一定要生活在自己的土地上，决不让日本法西斯不付出重大代价而达到其无法无天的目的。我们的方法就是战争与牺牲，拿战争对抗战争，拿革命的正义战对抗野蛮的侵略战。这种精神，我们民族的数千年历史已经证明，现在再来一次伟大的证明。"[1] 为了民族尊严，为了民族独立，为了中国人能够站起来，我们要血战到底，这也是一种信念的力量。

中国共产党人的信念是在革命道路的反复曲折中逐步确立的。大革命时期，蒋介石向共产党举起了屠刀。从 1927 年 3 月到中共六大，30 多万党员和革命群众被杀害，党员数量锐减到 17650人。面对如此险境，该做出何种抉择？1927 年 8 月 7 日，中共中央在武汉召开紧急会议，总结了大革命失败的沉痛教训，根据中国革命的实际情况，毛泽东首先提出了"枪杆子里面出政权"的著名论断，探索农村包围城市、武装夺取政权的道路。"枪杆子里面出政权"是中国共产党人用血泪换来的宝贵经验，是对中国革命道路的精辟总结。"没有人民的军队，就没有人民的一切。"武装斗争，也是中国革命的三大法宝之一。

---

[1] 《在纪念孙中山逝世十三周年及追悼抗敌阵亡将士大会上的讲话》，《毛泽东文集》(第二卷)，人民出版社，1993，第 113 页。

道路决定命运，道路决定信念的确立，正确道路给予人民信心。在艰难险阻中被证明是正确的道路，才能产生道路自信，进而形成信仰。

理想信念是从苦难走向辉煌的心理动力，坚信革命一定会胜利。信念的力量点燃了井冈山的革命火种，燃起了"工农武装割据"的燎原之势。一个新世界将在东方喷薄而出的理想信念，汇聚成磅礴的心理力量和英雄气概，支撑着红军"血战湘江"后突破敌人的围追堵截，穿越崇山峻岭、跨过雪山草地，胜利完成了二万五千里长征；支撑着那些遭受敌人严刑拷打仍然保持革命气节、视死如归的革命者。

1936 年，美国记者斯诺在陕北采访时，问一位小红军"为什么参加红军"，得到的回答是："红军对我们好，红军帮助穷人，红军教我们读书、识字。"斯诺感慨道："我遇到的是我们知道的最最幸福的中国人，在那些献身于他们认为完全正义事业的人们身上，我强烈地感受到了活力的希望、热情和人类不可战胜的力量。"[1]斯诺还观察到很多细节，看到毛泽东住着简陋的窑洞，周恩来睡的是土炕，彭德怀穿着用缴获的降落伞改制的背心，林伯渠戴的是用线绳系着的断了腿的眼镜……从这些细小的事情上，他发现了共产党军队的一种伟大的力量。他把这种力量叫作"东方魔力"，并断言这种力量是"兴国之光"。斯诺讲的这种"东方魔力"，就是我党我军在长期斗争中形成的革命信念和把民族利益看得高于一切的艰苦奋斗精神。

在战争年代，中国共产党人和红军战士的信念坚如磐石。1928 年初，夏明翰因交通员叛变告密而被捕。敌人软硬兼施，均未能使他屈服。夏明翰英勇就义时年仅 28 岁，临刑前写下了一

---

[1] 陈晋：《历史传奇，中国共产党靠什么度过危机》，《湘潮》2019 年第 12 期。

首正气凛然的就义诗："砍头不要紧，只要主义真。杀了夏明翰，还有后来人！"这种用鲜血写就的誓言生动表达了共产党人的远大理想抱负。理想之光不灭，信念之光不灭。

1934年11月，方志敏奉命率领红十军团北上抗日。1935年1月，由于叛徒出卖，不幸被国民党部队逮捕，在狱中受尽酷刑。方志敏在狱中写下了《可爱的中国》，其中有这样一段话："我们相信，中国一定有个可赞美的光明前途……到那时，我相信，到处都是活跃的创造，到处都是日新月异的进步，欢歌将代替了悲叹，笑脸将代替了哭脸，富裕将代替了贫穷，康健将代替了疾病，智慧将代替了愚昧，友爱将代替了仇恨，生之快乐将代替了死之忧伤，明媚的花园将代替了暗淡的荒地！"方志敏的这段描述充满了对革命胜利后的美好憧憬和对祖国的挚爱深情。1935年8月6日，方志敏在江西南昌英勇就义，时年36岁。86年后的今天，他所描绘的"可爱的中国"已然成为现实。人有了革命理想信念，就能产生取之不尽、用之不竭的巨大精神力量，在任何情况下都能保持顽强的革命意志，奋斗不息，勇往直前。

六　思想建军和心理治军

如何建设"枪杆子"，"枪杆子"由谁掌握，这是革命的核心问题。毛泽东是中国工农红军和中国人民解放军的主要缔造者之一。如何建设一支强大的人民军队，在早期阶段有不同的思想认识，内部还存在着旧式军队的思想残余和单纯军事主义观点，自由主义、散漫主义、流寇作风普遍存在。

1927年秋，秋收起义失败后，毛泽东率领部队向罗霄山脉转移。5000多人的起义部队到达井冈山后，剩下不足1000人。当时部队中弥漫着厌战畏惧情绪，对胜利和前途缺乏信心。部队建制零乱，人员成分复杂，革命动机不纯，有的不告而别，有的共产党员走上叛变道路。整个部队缺乏组织纪律性，基层党组织建设不完善，缺乏战斗力。

面对建军初期的困难局面，毛泽东敏锐地感到，解决军队的政治建设和思想建设问题迫在眉睫。1927年9月29日，在永新县三湾村，召开了前委扩大会议，对部队进行整顿和改编。对留下的官兵成建制编为一个团，建立党的各级组织和党代表制度，班、排设党小组，连建党支部，连以上设党代表，连队建立士兵委员会，实行官兵平等、政治民主和经济公平，破除旧军队雇佣关系等，这就是举世闻名的"三湾改编"。支部建在连上，基层就有了核心。各连通过组建党支部，积极培养发展新党员，使党在部队里迅速扎根。罗荣桓元帅在《秋收起义与我军初创时期》一文中总结说："三湾改编，实际上是我军的新生，正是从这时开始，确立了党对军队的领导。当时，如果不是毛泽东同志英明地解决了这种根本性的问题，那么，这支部队便不会有政治灵魂，不会有明确的行动纲领，旧式军队的习气，农民的自由散漫作风，都不可能得到改造，其结果即使不被强大的敌人消灭，也会变成流寇。"[1]

三湾改编确定了中国共产党对军队的领导地位，保证了我军的无产阶级性质，从政治上、组织上奠定了新型人民军队的基础，确立了思想建军的方针。毛泽东关于三湾改编的创举，塑造了"军魂"，奠定了中国军队的红色基因。

1928年4月，朱德、陈毅率南昌起义部队登上井冈山，与毛泽东领导的秋收起义部队胜利会师，共同改编为工农红军第四军。在红四军的编成当中，来自南昌起义的部队，有些军官出自黄埔

---

[1]　罗荣桓：《秋收起义与我军初创时期》，《解放军报》2019年9月28日。

军校，有些士兵来自北伐"铁军"，经过较严格的军事训练，富有战斗经验，战斗力较强，但生产意识和群众纪律观念比较薄弱；来自秋收起义部队的官兵，绝大多数是农民出身，缺乏军事训练和战斗经验，战斗力偏弱，但经过三湾改编后，思想素质较好，两支部队融合过程出现很多"水土不服"问题。后来又加入了大量农民和小资产阶级出身的人，内部出现了很多思想分歧。

长期的游击战争，缺乏正规管理和及时的教育整训，导致极端民主化思想、流寇思想和军阀主义思想在红四军内滋长。对此，毛泽东忧心忡忡地指出，普遍存在的各种非无产阶级思想能否得到彻底纠正，是革命成败的关键。

当时最根本的分歧就是分兵之争和党与军队关系之辩。1929年5月28日，红四军在永定县湖雷召开的前敌委员会会议，就"党到底要管什么，管多大的范围"进行了激烈辩论，甚至出现了"枪要指挥党"的错误倾向。毛泽东认为军队是一个战斗组织，应该在民主的基础上实现高度集中，不应漫无限制，搞极端民主化。红军不仅要打仗，而且要成为党的一支强大的宣传队、群众工作队，军队要听从党的指挥。

毛泽东以政治家的深邃眼光洞察到，必须从制度上着手，强化党对军队的领导，完成军队的思想改造，否则会陷入农民起义的失败周期律，重蹈石达开甚至是李自成的覆辙。领导权之争不是个人意气之争，而是真理之争。不是为个人争兵权，而是为党争兵权。

1929年12月28~29日，在福建上杭县古田镇，中国工农红军第四军召开了第九次党的代表大会。会议上通过了毛泽东起草的8个决议案，形成了著名的《古田会议决议》。《古田会议决议》成为建党建军的纲领性文献，古田会议会址被誉为人民军队的"铸魂"之地。古田会议是我党我军建设史上的一个重要里程碑，重点解决了政治、军事、思想作风中存在的各种问题。明确指出军队必须绝对服从党的领导，政治工作是军队的生命线，要用先进的无产阶级革命思想改造和武装这支军队，其核心目标是锻造政治更加合格、思想更加先进、战斗更加勇敢、官兵更加平等、纪律更加严明、作风更加文明的红四军。

古田会议留下了思想建党、政治建军和心理治军等宝贵传统，并在不同的历史时期放射出真理的光芒。习近平总书记在福建任职时，七次亲临古田，2014年10月31日亲自部署在古田召开全军政治工作会议并表示："历史，往往在经过时间沉淀后可以看得更加清晰。回过头来看……古田会议奠基的政治工作对我军生存发展起到了决定性作用。"

古田会议完成了对工农红军的彻底改造，使军队浴火重生、凤凰涅槃，开启了从旧式军队向新型人民军队的转型之路，走上了发展壮大的伟大征程。在古田会议以及后来的长期革命实践中，探索和建立了一整套有效的思想建军、心理建军的治心方法。

（一）人性化治心

在长期的革命斗争中，我军十分重视人性化管理，重视官兵的心理活动对战斗力的影响，注重从人道主义关怀入手，从影响战斗士气的具体事情做起。早在红军时期，我军就确立了正确处理内外关系的基本原则，初步奠定了尊重人、理解人、关心人的理论基础和治心传统。怎样做到尊重人、理解人、关心人？

一是不打骂虐待士兵。红军初建时，相当一部分干部来自旧军队，打骂士兵的现象比较普遍。1927年"三湾改编"时，我军明确规定军官不许打骂士兵、士兵有开会说话的自由、实行经济公开、官兵待遇平等。古田会议第一次用文件的形式规定了正确处理内外关系的原则。《古田会议决议》指出：官兵之间只有职务的区别，没有阶级的分别，官长不是剥削阶级，士兵不是被剥削阶级，官长应爱护士兵，关心士兵的政治进步和生活状况，保障士兵的民主权利，尊重士兵的人格，坚决废止肉刑，纠正打骂士兵等旧军队的管理方法。士兵要尊重官长，自觉接受管理，遵守纪律，纠正极端民主化和平均主义、雇佣思想等错误倾向。我军坚决反对打骂士兵，就是要在部队中建立一种新的上下级关系，解决官兵的心理矛盾和冲突，加强团结性和凝聚力。

二是优待救治伤病员。《古田会议决议》中指出，卫生工作搞不好就会"减少红军战斗力"，甚至"影响工农群众，减少他们加入红军的勇气"。战场上一旦负伤，就面临很多窘境。行军路上，伤员无法安置。一旦负伤，拖累部队行军，心理负担很重。所以，解决伤病员的问题，直接影响到部队的战斗力。在井冈山革命时期，我军就十分重视医疗救治工作，提出"建设较好的红军医院"是巩固根据地的重要方法。在不同的战争时期，我军始终要求在战场上不能抛弃伤员，一定要给予尽心的照顾，让他们感觉到革命队伍的温暖，解除他们的后顾之忧。

三是不虐待俘虏。如何对待俘虏，是关乎红军成长壮大的原则性问题。我军从尊重人、理解人、关心人的原则出发，制定了宽待俘虏的四项政策：不打、不骂，不杀、不虐待；不准搜腰包；受伤给治疗；愿去愿留自愿。我军"不虐待俘虏"这一政策，在战场上对瓦解敌军发挥了非常重要的作用。不仅敌军内部的普通士兵，甚至很多敌军将领的心理防线都被迅速突破，促成大量国民党部队投诚、起义。

（二）宣传教育式治心

人民军队的发展筚路蓝缕，一步步走来，一步步发展壮大，一次次绝境重生，靠的是思想和精神的强大，靠的是永远不变的红色基因。我军始终重视宣传教育，把思想政治工作当作军队建设的生命线。

运用典型和榜样进行宣传教育，是我党我军传统的治心方法，从战争年代到今天，这都成为一种普遍运用的有效工作模式。我党我军非常注重榜样的教育作用，要求共产党人在革命的各个阶段、各个岗位和行业都应该成为人民群众的模范、英勇作战的模范、执行命令的模范、遵守纪律的模范、政治工作的模范、内部团结统一的模范。在井冈山时期，"朱毛红军"总结并推广长冈乡和才溪乡关心群众生活、注意工作方法的先进典型经验，巩固和发展了革命根据地。

抗日战争和解放战争时期，我党我军更加重视抓好典型工作和榜样示范作用。白求恩不远万里，从加拿大来到中国，在中国抗日前线极其艰苦的环境中，为抢救八路军伤病员做出了卓越贡献，后因抢救伤员感染病逝。毛泽东特意撰写了《纪念白求恩》一文，号召每一个共产党员，一定要学习白求恩把中国人民的解放事业当作自己的事业的国际主义的精神、毫不利己专门利人的精神；教育全体党员做一个高尚的人、一个纯粹的人、一个有道德的人、一个脱离了低级趣味的人，一个有益于人民的人。

张思德是我党我军全心全意为人民服务的榜样。1933年张思德参加革命，多次工作调动，无怨无悔，任劳任怨，不幸在烧炭中因炭窑崩塌而牺牲。毛泽东在张思德的追悼会上，曾经做过《为人民服务》的演讲。他说："我们的共产党和共产党所领导的八路军、新四军，是革命的队伍。我们这个队伍完全是为着解放人民的，是彻底地为人民的利益工作的。张思德同志就是我们这个队伍中的一个同志。"①

---

① 《为人民服务》，《毛泽东选集》（第三卷），人民出版社，1991，第1004页。

典型是一面旗帜，是群众的样板，是时代精神的代表，显示着时代发展的方向。典型不仅具有先进的思想、高尚的行为和显著的实绩，而且具有比一般事物、一般人物更强的号召力、吸引力和凝聚力。

中国革命胜利靠的是民心，靠的是广大人民群众的支持和拥护，靠的是中国共产党凝聚了民心，动员了民力。民心是中国革命胜利的源泉，也是中国建设发展的基础和先决条件，习近平总书记指出："人民就是江山，共产党打江山、守江山，守的是人民的心。"关山万里，初心如磐。初心不改，方得始终。"得众则得国，失众则失国"。

第二章　新中国变迁与心理嬗变

1949 年 10 月 1 日，新中国成立，中国历史进入了新纪元，开启了新篇章。新中国建设初期，一穷二白，百废待兴。经过 70 余年的艰苦努力，新中国实现了旧貌换新颜的沧桑巨变。

伴随新中国的发展和崛起，中国人的心理变化也经历了从弱到强的历史性跃迁。

物理学上有一种"电子跃迁"现象，即围绕原子核旋转的电子，处于不同的能级轨道上，处于低能级轨道的电子吸收足够的能量，就能够跃迁到新的高能级轨道上。心理学上也有一种跃迁现象，随着社会的发展和文明的进步，个体的心理结构和社会心理结构会不断重构和优化，从较低的水平向更高级的水平跃迁。

几千年的社会变革引发的社会心理嬗变，从来没有像今天这样对人的心理产生如此大的影响，促进人的心理发生如此深刻的变革。新中国成立后 70 余年的经济社会发展，在促进社会面貌发生巨变的同时，也极大地改变了中国人的心理面貌和国民性格，亿万人民所焕发和汇聚的心理力量，成为推动中国前进的动力。

一　民族尊严感的树立

民族尊严感是一个国家和民族的主权利益、信仰、核心价值、生活方式、风俗习性受到尊重的心理反应，也是一种民族自尊心。每个国家、民族乃至个人，都有自己的尊严，都需要保持国格和人格，都应该做到自重自爱。一个民族要富强，必须有自己的民族尊严。坚定的民族自尊心和自豪感，是维护国家利益、促进民族进步的强大精神动力。

（一）中国人过上有尊严的生活

1949 年 7 月，新中国成立前夕，美国国务卿艾奇逊给时任美国总统杜鲁门写了一封信："人民的吃饭问题是每个中国政府必然碰到的第一个问题。一直到现在没有一个政府使这个问题得到了解决。"言下之意，新中国解决不了这个问题。对于百废待兴的中国而言，如何让老百姓活下去，的确成为巨大的挑战。党和政府着眼于解决广大人民群众尤其是底层百姓的根本利益。20 世纪 50 年代，通过发挥农业合作化集体组织优势，突破了以往一家一户小农经济的局限，展开了举国规模的水利基本建设，85000 多座大、中、小型水库建成，并逐步解决了种子、化肥、农药、农机等关键性生产资料问题，促进了农业的快速发展。从 1949 年到 1974 年，我国人口增加了 60%，粮食产量增产 1.4 倍。1949~1978 年，粮食人均产量从 418 斤增加到 637 斤，棉花人均产量从 1.64 斤增加到 4.53 斤，油料人均产量从 9.47 斤增加到 10.91 斤，保证了人民吃穿基本需要。

改革开放之初，中国仍是一个贫困大国。根据世界银行统计，1981 年，中国的贫困发生率达 84%，印度为 60%，撒哈拉沙漠以南的非洲国家为 51%，中国明显高于其他一些国家。1978 年，中国人均 GDP 为 156 美元，也低于一些非洲国家。邓小平说：贫穷不是社会主义。1977 年 10 月 27 日，他在会见瑞典客人时指出："只有改变落后状况，才能对人类做出比较多的贡献，那时候大家才会真正相信中国是可以的。"[①] 一个贫穷的国家，很难获得有尊严的国际地位。

改革开放 40 余年，中国人的物质条件得到了根本性的改善。中国人告别了"贫穷时代""票证时代"，走过了"温饱阶段"，迎来了"全面小康"。中国的经济实力和人民的生活水平不断跃升，人民群众的需求由单一性转向追求教育、住房、医疗、养老、健康、就业等全方位的民生保障，可以说，中国人比任何时候都更有尊严和更有自豪感，这种积极心态将成为推动中国发展的巨大力量。

（二）人民普遍确立了主人翁意识

"只注重上层结构，不顾及底层平民"，过于注重少数人的利益，忽视大多数人的利益，是几千年来的封建社会所表现出来的治理模式，也是传统中国社会的一种文化心理特征。新中国成立后，这种几千年积淀的政治文化心理和治理模式被彻底摧毁了。

毛泽东较早提出"人民"的概念，并根据中国国情和实际情况，在革命实践中不断加以升华。"人民"概念是毛泽东思想的理论基石和鲜明的主题词。近代中国社会的深刻变革，集中表现为皇权的终结与民权的提升。从五四时期的"民众""平民"，到国民革命时期的"国民"，再到抗日战争时期的"人民"，以毛泽东为代表的中国共产党对"人民"概念的构建，实现了中国几千年的心理蜕变。"人民"概念逐渐深入人心，民主意识开始觉醒，

---

① 《邓小平年谱》，中央文献出版社，2004，第 230 页。

政治心理现代化得以起步。基于"人民"概念，毛泽东构建了一整套人民理念和治国之道。正是依靠人民的力量和广大人民群众的积极性，中国的革命和建设事业才能够迅猛发展。

新中国成立后，人民翻身得解放，当家做主人。中国不存在身份政治，在政治上一律平等，民众的权利意识有了极大提高，权利得到了极大的保障。

随着时代的发展和文明的进步，人道主义、珍视生命成为中国社会普遍的价值观。中国人更加看重自己的尊严。人们期盼得到别人的尊重，渴求得到社会的认可，希望获得同级或上下级的承认。无论是否贫穷，或遇到多大的困难，中国人讲究一个尊严，力求自身堂堂正正，无愧于心。中国人都懂得一个基本道理：尊严是做人的基本原则，也是做人的底线；维护国家的主权独立和领土完整，捍卫国家利益是一个国家和民族的尊严，不可侵犯，不可欺侮。

二 民族自信心的提升

回望历史，中国既有独领风骚越千年的辉煌时期，也有积贫积弱、饱受外国列强欺辱的黑暗岁月。从秦始皇一统天下到汉武帝开疆拓土，从"贞观之治"到"康乾盛世"，中国创造了辉煌灿烂的古代文明。

中国历史的演变，记载着中国人的心灵轨迹：国家的繁荣和强盛，导致过度自信并转变到自负自大；由于衰败和虚弱，又从自负自大转变到极度自卑，可以说，中国人的心理经历了极大的落差。中国共产党成立100年，沧桑之变催化国人一次次从极度自卑走向高度自信。中国逐步进入制度文化自信时代，中国人的心灵轨迹呈现螺旋式上升，中国人的民族自信心发生了历史性的跃迁。

中国人凭什么自信？中国人的自信心是在时代发展中逐步确立的。1952 年，现代工业比重仅有 26.6%，而重工业比重也只有 35.5%。毛泽东曾感慨：现在我们能造什么？能造桌子椅子，能造茶碗茶壶，能种粮食，还能磨成面粉，还能造纸，但是，一辆汽车、一架飞机、一辆坦克、一辆拖拉机都不能造。运用计划经济体制，调动所有资源，集中力量建设重点工程和大中型建设项目，初步奠定了工业化基础，并逐步建立了东北老工业基地、上海工业基地、中西部重庆和武汉这样的工业重镇。从"一五"时期起到"四五"时期，累计投资达 4956.43 亿元，为国民经济发展奠定了坚实的基础。

汽车装备业、重型机械业、航空航天业、半导体电子业、电力业、化工业、核工业、矿山、交通枢纽、水利建设等产业部门和基础设施迅速建立，中国拥有了世界上除西方发达国家外唯一的较完整的工业体系，为改革开放后的工业化腾飞奠定了历史性基础。这一切成就的取得，提振了中国人的自信心。

中国人凭什么自信？中国发展走在世界前列。2002 年开始先后超过了法、英、德、日本等国，经济总量稳居世界第二，2020年突破 100 万亿元大关。中国连续 11 年成为世界第一大制造国，中国外汇储备和进出口总额居世界之首，同时，数不胜数的世界第一接踵而至。

中国人凭什么自信？中国基础设施建设堪称世界最强。2020年，高速铁路营业总里程近 4 万公里，占全球高铁里程的 2/3 以上；高速公路里程超过 14 万公里，稳居世界第一。2020 年快递业务量 830 亿件，也是稳居世界第一。2020 年"新基建"加速推进，各类新技术、新业态、新模式加速创新。5G、工业互联网、物联网、人工智能、区块链、生物技术、航天技术、深海技术、核聚变技术、特高压、量子技术的全面应用，将深刻影响中国乃至全世界未来几十年的经济发展格局。

中国人凭什么自信？教育事业发展如火如荼，人才储备雄厚。新中国成立初期，人口的80%以上是文盲，学龄儿童入学率只有20%，高等教育在校人数只有11.7万人。2018年，小学学龄儿童净入学率达到99.95%，高中阶段毛入学率达到88.8%。2019年，九年义务教育已全面普及，我们用20多年的时间走完了发达国家上百年的义务教育普及之路。① 经过70余年努力，中国有了最雄厚的人才储备，人才总数约1.8亿。从事科学、技术、工程和教学工作的劳动者已经占全世界总数的1/4，是美国的8倍，而中国拥有的熟练技术工人是美、日、英、法、德等36个国家的总和。这些都是中国未来继续发展的强大力量。

中国人凭什么自信？人民群众的日子越过越红火。人民群众有了更多的获得感、幸福感、安全感，从心底迸发出对中国特色社会主义制度的自觉选择和高度认同。中国人民对中国共产党和中国政府的信任度与日俱增。

经济的发展，社会的进步，文化的传承，使中国人坚定了对中国的制度自信、道路自信、理论自信和文化自信。随着中国的崛起和复兴，民族自信心将逐步内化进中国人的心理深层，变成中国人的心理自觉和行动自觉，这也是一种必然的心理演化趋势。

三　自我主体意识的升华

自我意识和自由意志是人类发展的一个重要标志，是心理学和哲学研究人类起源涉及的根本性问题。人类的历史是自我意识

---

① 《教育部长陈宝生：中国教育总体发展水平居世界中上》，人民网，2019年9月10日。

不断觉醒和进化的历史，自我意识的凸显和强化，使人类焕发出发展的无限生机。

自我意识由自我认识、自我体验和自我控制三种心理成分构成。自我认识是主观的我对客观的我的认知与评价，包括自我觉察、自我感知、自我分析、自我评价等，主要解决"我是一个怎样的人""我为什么是这样一个人"等问题。自我体验是自己对自己怀有的一种情绪体验，即主观的我对客观的我所持有的一种态度，包括自信、自爱、自尊、自卑、责任感、义务感、优越感等，主要解决"我这个人怎么样""我是否满意自己"等问题。自我控制是自己对自身行为和思想语言的控制，即主观的我对客观的我的制约，包括自立、自主、自制、自强、自律等，主要解决"我应当成为一个怎样的人""我怎样改变现状并成为理想的那种人"等问题。这三者的有机组合和完整统一，就成为一个人的自我意识。自我意识影响一个人的生活目标、内心信念、事业理想、个人抱负、自我控制能力、社会适应能力、人格的独立性、自尊心和归属感等。[①]

人类通过群体互动、文化浸润和心理积淀，使个体意识逐步进化形成一个国家、一个民族和一个群体的共同认识，即国家意识、民族意识和群体意识。经历百年的社会变革，中国人的自我意识和群体意识不断觉醒、进化乃至升华。

（一）从人性僵化到主体意识觉醒

70余年巨变，莫过于亿万中国人从僵化中觉醒、从沉闷中新生。新中国的诞生，是一次人性的解放。中国人民不仅在政治、经济上站起来了，更是在精神、心理上强起来了，人民群众的思

---

① 刘红松主编《军人心理学》，国防大学出版社，2000，第63页。

想道德觉悟空前提高。"铁人精神""雷锋精神""两弹一星精神"等社会主义文化重塑了几代人的心理风貌。

改革开放又是一次人性的解放。人们的心里孕育着有待喷发的巨大力量，改革点燃了人们内心希望的火焰。

1977年，停滞10年的高考得以恢复，犹如一声春雷，震撼很多年轻人的心灵，唤醒了他们的主体意识，激发了他们对未来美好生活的热望。570多万有志青年，年龄不同、身份各异，怀揣各自梦想，从田间地头、车间工厂、部队营房，从高山大漠、乡村都市义无反顾地涌向考场，形成了一道绚丽的人文景观和美丽的风景线。人们的思想观念和社会心态从封闭和束缚中走出来，形成了求真务实、进取创新的心理取向。

反映在心理层面上，最典型最重要的嬗变，即静悄悄的革命——"我"的觉醒。

1980年5月，《中国青年》杂志刊登了一篇《人生的路呵，怎么越走越窄》的署名潘晓的来信，揭开了一场全国范围的青年人生观大讨论的序幕，激起了社会的强烈关注和巨大反响。这场讨论既表达了青年一代的迷茫困惑，也唤醒了青年对自我价值和人生意义的重新认识。

随着"市场利益主体"的觉醒，人们的个性意识、竞争意识、创新意识、权利意识、进取意识和责任意识率先觉醒，催发了社会"读书热""成才热""发财热"。就业观念由等待分配转向自主择业、自我发展，崇尚自主成为青年人的人生价值观。

（二）产权变革与主体力量的焕发

"耕者有其田，居者有其屋"是中国人久远的梦想，拥有土地是农民挥之不去的心理期盼，土地对农民来讲那就是命根子。几千年的封建社会，没有解决"耕者有其田"的问题，历代农民战争和农民革命也没有解决这个问题，资产阶级通过种种改良方法也无法将农民改变为推动社会进步的力量，所有后发国家都面临解决这一世界性难题的重重困顿。中国革命和建设的推进，其中重要一点是围绕土地改革展开。中国共产党实现了彻底的土地革命，从而获得了农民的真心拥护。

在十一届三中全会解放思想的春风吹拂下，强化了农民脱贫致富的内在冲动，早期实施的包产到户，迅速在全国形成了家庭联产承包制的燎原之势，由此拉开了中国市场化改革的序幕。这种基于人性的制度设计，激发了亿万农民奋斗的热情、自我主体利益意识的觉醒，解放了生产力，焕发了人的积极性。

工业领域和企业所有权的改革，也面临同样的问题。人们对计划经济体制所造成的诸多弊端记忆犹新，政企不分，条块分割，国家对企业统得过死，经营方式单一，分配中平均主义严重，等等。为此，我国进行了所有制改革，打破了单一结构模式，形成了公有制为主体、多种所有制经济共同发展的所有制结构，实现了历史性的突破，显示了中国特色社会主义制度的优越性。

所有制的多元结构变革，动员了一切发展生产力的资源和活力，激起了无数劳动者和市场经营者的主体利益意识，激发了人们内在的潜能，极大地强化了人们的进取心、成功欲和奋斗精神，"为自己干"的潜能释放了巨大的社会力量。中国经济改革之所以成功，主要在于一开始就认识到人们自身的潜在力量，始终围绕如何最广泛地调动人们的积极性展开，始终致力于破解束缚人的体制障碍，解放人，解放生产力，更好地激发人的主体意识。

1980 年，步鑫生出任浙江省海盐县衬衫总厂厂长。在他的带领下，打破"大锅饭"体制。他以敢为人先的精神，推行了一套独特的经营管理办法，做到责权利统一，多劳多得，奖惩分明，成为新中国改革史上的重要标志。2018 年 12 月 18 日，被党中央、国务院授予改革先锋称号。

企业实施承包制，乃至今天的混合所有制改革，就是要唤醒主体意识，释放生产力。民营企业之所以有活力，就是产权清晰，经营者主体意识明确。企业发展的核心是解决治理结构问题，治理结构的核心就是产权问题。如果产权都是老板的，中高层和员工只是打工者，就会缺乏持续发展的内在力量，所以产权变革是中国经济改革必须迈过的一道坎。无论怎样改革，必须以人们的利益诉求为出发点，实现责权利的统一，真正把人们的主体意识激发出来，释放生产力和工作热情。唯有如此，改革才能成功。

四 社会分层的心理效应

有史以来，社会结构和社会阶层是不断演化的。不同的时代，不同的历史时期，不同的国家，不同的制度安排，不同的资源禀赋，形成了不同的社会结构和社会阶层。社会结构和社会阶层的优化与否，直接决定国家治理和社会治理的成效，对国家的长治久安和社会良性运行起着至关重要的作用。百年的社会变迁，中国社会结构和社会阶层也随之演变。

（一）社会分层及其心态表征

改革开放以来，我国社会结构的重组从一元系统分化为多元群体，由传统的金字塔型结构逐步向橄榄型结构转变。新中国成立以后关于"工人阶级、农民阶级、城市小资产阶级、民族资产阶级"四个阶级的划分，或"工人阶级、农民阶级与知识分子"的说法，已不适用于今天。不仅原有的农民、工人、知识分子阶层发生了变化，还产生了一些新的社会阶层。

政治学学者房宁把中国当下的社会结构分为"三老三新"六

大群体："三老"包括：干部、国有企事业单位的干部职工、务农的农民；"三新"包括民营企业家、城市中产阶层、农民工。社会学学者李强提出"土字型"社会结构的理论，即中产阶层所占比例明显上升；中下层群体所占比例依然比较大。著名社会学家陆学艺带领的"阶层研究课题组"，对中国阶层的分类做了最权威的解读。他们以组织资源、经济资源、文化资源的占有状况为标准，将中国划分为十大阶层：国家与社会管理者阶层，经理人员阶层，私营企业主阶层，专业技术人员阶层，办事人员阶层，个体工商户阶层（包括流动商贩），商业服务人员阶层，产业工人阶层，农业劳动者阶层，城乡无业、失业、半失业者阶层。

洞察今日之中国，五种社会阶层代表了中国的主要力量，反映出不同的社会心态。

一是社会管理者阶层。这种阶层具有国家赋予的权力，在国家的经济社会活动中，能够代表国家和各个层级相应的党委、政府、行业、部门、企业、团体等行使职权；他们拥有丰富的政治资源、组织资源、经济资源、文化资源和科技资源；他们是社会的中坚和骨干力量，其政治站位、思想觉悟、道德品质、心理素质、能力水平、知识结构、实践经验等对经济发展和社会治理起着至关重要的作用。

二是中等收入群体阶层。中国的中产阶层是随着产业结构由工业化初期进入中后期而生的。高等教育的普及、市场渠道的拓展、职业技能和技术的培训，逐步培育了大量的中产阶层。中等收入群体阶层比例的明显上升是改革开放40余年来的巨大社会进步，其意义在于，中间阶层崛起可以缩小贫富差距，使政策资源可以照顾到更广大的人民群众。中产群体是新时代我国所急需的高端要素的人格化代表，也是我国未来产业升级和消费升级的中坚力量。

中产群体有一定的脆弱性，有一定程度的地位焦虑和流动忧虑。只有推动经济持续增长，实现产业升级，提高经济和创新的活跃度，开辟新的中高端就业空间，提升全社会的中高端需求，完善社会保障体系，才能从根本上给中产阶层以信心，稳住中产阶层的基本盘面，同时，使更多的人进入中产阶层通道。

三是民营企业家阶层。改革开放40余年来，民营企业家群体不断壮大，在自我认同、政治诉求、经济地位、社会功能、民族情感和心理感受上有别于其他阶层，对经济社会发展有较大的影响。

第一代民营企业家出生或成长于20世纪五六十年代。他们大多有过"体制内"工作的经历，改革初期"下海"经商，其间经历了1980年、1985年、1992年三次"下海潮"。任正非是最典型的代表。这一代企业家吃苦耐劳，耐挫力和艰苦奋斗的精神较强。

第二代民营企业家大多缺乏在"体制内"工作的经历，从学校毕业后就直接开始创业或从海外回国创业，有的继承家族企业。这一代际更替大致以1998年至2003年为界。自1998年起，马化腾等第二代企业家开启了互联网创业的大潮。之后，涌现出一大批民营企业的领军人物。

第二代企业主较第一代企业主，受教育的程度更高、大多有留学经历、视野更广阔、思维更活跃、创新能力更强。这导致不同世代的民营企业家在战略定位、产业选择、经营理念、市场敏锐度、管理模式、人文情怀、社会责任感、法制观念、心理素质等方面存在差异。随着中国经济的持续发展和新经济的发展壮大，民营企业家群体的代际更替加速，一代又一代的民营企业家成长起来，成为中国未来新型工业化的先锋队。

四是新社会阶层。2013年，习近平主席在第十二届全国人民代表大会第一次会议闭幕会上讲话指出，"一切非公有制经济人士和其他新的社会阶层人士，要发扬劳动创造精神和创业精神，回馈社会，造福人民，做合格的中国特色社会主义事业的建设者"。这一讲话把"新的社会阶层人士"作为独立群体与"非公有制经济人士"并列提出。新的社会阶层人士有广义与狭义之分，广义包括非公有制经济人士和自由择业知识分子，狭义仅指自由择业知识分子。主要包括四大群体。

（1）私营企业和外资企业的管理人员和技术人员，如受聘于私企和外企、掌握企业核心技术和经营管理的专门知识者。

（2）社会组织从业人员，包括律师、会计师、评估师、税务师、专利代理人等提供知识性产品和服务的社会专业人士，以及社会团体、基金会、民办非企业单位从业者。

（3）自由职业人员，指不供职于任何经济组织、事业单位或政府部门，在国家法律、法规、政策允许的范围内，凭借自己的知识、技能与专长，为社会提供某种服务并获取报酬者。

（4）新媒体从业人员，指以新媒体为平台或对象，从事或代表特定机构从事投融资、技术研发、内容生产发布以及经营管理的活动者。

改革开放以来，随着单位制的逐步瓦解，社会结构的体制内和体制外加速分化。体制外组织人数大幅上升，约占80%以上。体制内人数大幅减少，占比低于20%。体制外的"纯粹社会人"，是游离于"组织"的流动群体。他们的思维更加活跃、观念更加多元、人格更加独立、社会参与意识更加强烈，并积极投身脱贫攻坚、救灾济困、慈善公益等公共领域，是促进我国阶层关系和谐稳定的重要群体。

当今中国，社会结构剧烈变动，新兴业态不断出现，新的社会阶层人士所涵盖的范围将不断扩充，数量持续增长，迅速崛起的新社会阶层对推进我国进一步向"橄榄型"社会过渡、突破中等收入陷阱迈向高收入国家、推动多元治理结构转型有不可忽视的作用。同时，他们诸多的心理诉求，在一定程度上决定着未来社会发展中诸多问题的走向，如何团结凝聚广大新的社会阶层人士，使其在经济社会中发挥更大的积极作用，是一个具有重要现实意义的战略学和心理学课题。

五是较弱势社会阶层。很多城市和农村的普通家庭，尽管不属于贫困人口，但收入并不高，处于温饱型阶层。比温饱型阶层次之的还有贫困阶层和特困阶层，比如无业、下岗失业或低收入者；有慢性病人等过大经济负担者。尽管脱贫攻坚解决了绝对贫困，但贫困是一个相对动态的社会问题，返贫概率始终存在。必须以人民为中心，给这个阶层群体以更多的关怀和爱护。

（二）社会分层的心理平衡效应

社会分层的演变必然引发不同的心理效应，形成不同的群体心理差异。当今，社会结构变化的最明显特征，就是社会阶层心理的分化。不同的社会阶层，反映出不同的社会认知、社会参与意愿和心理诉求，以及他们对改革和发展所持的不同社会态度。导致社会阶层心理分化的重要原因是分配制度。我国社会主义经济体制改革，最核心的问题之一是分配制度的改革。

在计划经济体制下，我国分配制度有三个显著的特点。一是少分配多积累，低工资、低待遇、低福利。社会主义国家讲福利，但因经济条件所限，这种福利是低水平的配给制。二是实行按劳分配原则，多劳多得，少劳少得。三是实行二元分配制度，这种制度是建立在户籍制度基础上的。

改革开放 40 余年，我国分配制度改革成为重点改革领域，其表现也有三个主要特点。

一是多分配少积累。鼓励消费，刺激需求，扩大市场。在农村实行了"交够国家的、留足集体的、剩下都是自己的"的分配制度改革，不仅调动了农民的积极性，也打破了平均主义的"大锅饭"格局，农产品市场加速壮大。在城市，以扩大企业经营管理自主权、增强企业活力为主的国有（营）企业改革，使国有（营）企业在产销、定价和利润留成等方面有了更多自主权。

二是分配样式多元化。由过去国家统一分配的单一模式转变为多个分配主体并存。各个省区市、地区、部门、企业、市场主体的分配样式和标准都有差异。

三是实行按劳分配与按生产要素分配相结合的分配制度。在劳动还是谋生手段的条件下，坚持多劳多得、少劳少得，不劳动者不得食，有利于提高效率。在市场经济条件下，劳动、土地、资本、知识、技术、管理、数据等各种生产要素都制约着经济的发展，而生产要素参与收入分配可充分动员和激励属于不同要素所有者的要素投入，促进社会发展。

分配制度变革，牵涉每一个中国人的根本利益，引起了社会不同阶层的利益分化和心理反应，人们也经历了一个从心理平衡到心理不平衡再到逐步实现心理平衡的发展过程。

近20年来，中国的社会阶层存在差距拉大的趋势，出现了不同程度的分化问题。中国社会阶层的分化是现代化进程中社会结构变迁的必然现象，市场经济主体的多元化和分配的差异性必然导致利益分层。从一定意义上讲，适度的阶层分化可以推动社会结构从身份到"契约"的转变，促进社会结构由刚性到弹性的转变，也具有一定的社会"激励"功能，但是，过大的分化和社会差距的悬殊，必然引起不良的心理反应，对社会造成负面影响。

随着收入差距的扩大，社会中出现了贫富悬殊的不同社会群体。在一部分先富起来的人当中，已经产生了一个富豪群体。富人和穷人开始拉开差距，利益集团开始出现，地位身份开始在认知上固化。富人心理、穷人心理、利益集团心理、中产阶层心理等形成不同色彩的心理图景。

在计划经济条件下，社会缺乏竞争机制，人们的心理相对是平衡的。在市场经济的竞争大潮中，由于收入差距的逐步扩大，人们的心理不平衡现象开始显现。处在较弱势的社会阶层，或者在改革中利益获得受到挫折的部分群体，表现出较强的不公平感、相对剥夺感、受挫感、危机感和心理焦虑。这些心理的投射，引起了消极心理，必然会制约社会的和谐发展和稳定。因此，必须干预、调控阶层分化以体现和保证社会公正，这是社会主义制度的内在要求。

邓小平指出："社会主义的本质，是解放生产力，发展生产力，消灭剥削，消除两极分化，最终达到共同富裕。"党的十八大以来，党和政府在解决贫困问题、就业问题、老百姓的收入问题等民生方面下足了功夫。党的十九届四中全会将按劳分配为主体、多种分配方式并存和社会主义市场经济体制上升为社会主义基本经济制度。强调在多种分配方式并存的情况下坚持按劳分配为主体的制度优势，在要素报酬的分配结构中增加一线劳动者劳动收入，在一次分配、二次分配、三次分配中，逐步向一线劳动者倾斜。这种分配制度的设计，是逐步实现共同富裕的根本保证，是实现平衡发展的有效措施，是由社会主义的本质决定的。

为了解决社会分化带来的心理失衡以及产生的消极效应，中央政府和全社会下大力气阻断阶层身份固化和贫困代际传递，防范上层和底层流动固化、中层下滑的危险；着重解决教育优先、就业优先、分配优先、社会福利优先、公共资源享有优先等根本利益问题；为自由、公正的社会流动提供必要的空间，鼓励社会个体更加勤奋地工作和发掘自身的潜力，并获得相应的社会地位回报。这一系列的社会治理举措，必然逐步缩小社会差距，强化人们的开放意识、自主意识、市场意识、法治意识、竞争观念和义利并重的观念，使人们的心理回归平衡，从而促进社会的和谐发展。

五　市场配置的多元心理选择

1992 年初，邓小平考察深圳、珠海等地时明确指出，计划不一定是社会主义的，资本主义也可以有计划；市场也不一定是资本主义的，社会主义也可以搞市场。1992 年召开的党的十四大，首次明确提出了建立社会主义市场经济体制，1993 年召开的十四届三中全会，明确提出要在 20 世纪末建立起比较完善的市场经济体制。时隔 20 年，十八届三中全会又一次强调了市场的重要性，提出要发挥市场在资源配置中的决定作用。

中国的市场经济改革，重在改革经济体制，经济体制的改革重点在于重新配置社会资源。改革开放几十年来，中国的社会资源配置经历了从计划配置转向计划加市场配置到以市场配置为主的转变。资源配置的变革，改变了多少年来稳定的社会结构，加速了人员跨地区、跨行业的流动，塑造了人们职业选择的多元心态，从而使社会更加有活力。

社会主义市场经济改革，松绑了机制，激发了活力，打破了计划体制下的某种平静，资源配置逐步转向市场主导。人们除了在体制内获得资源外，还可以在市场中找到自己的生存空间，选择多样化给人们带来了更多的机遇和希望，引发了更高的心理期望值。

（一）职业取向的多元化选择

20 世纪 80~90 年代，"赚钱""当老板""做生意"成为很多人的一种选择。在职业取向多元化的基础上，独立的经济体和超级个体孕育成长。人们的互动模式、人际关系和心理认知都发生了变化。

近十年来，互联网、大数据、云计算、人工智能等技术的突飞猛进，促进了数字经济和平台经济的迅速崛起，改变了生产方式、工作流程、工作方式和生活方式。工作交互模式和工作时空概念被突破，数字经济新生态孕育成形，为越来越多的自由职业者提供了新的发展空间。以大数据、云计算为基础，每一个人既可以独立完成某项任务，也可以依靠平台协同开展系统性工程，"多个服务个体"和各种"个性化需求与定制"的新场景不断涌现。在共享经济时代，人的自由支配度、时间节点、服务细则、特长等都能实现点对点的完美结合，这就使那些有一技之长的人，可以通过互联网平台，寻找到与之相匹配的工作。

随着新技术、新模式的不断崛起，不同风格的新职业也层出不穷，人们也将形成多元心态。

（二）创业创新心态的强化

资源配置的市场化，加速了社会流动。传统中国的社会结构，整体上是较为静态的，人们的婚姻、交往、贸易等活动范围一般以本区域为主。即使到了20世纪下半叶，人口流动依然很少。1992年全面推进市场经济，中国才真正进入大流动时代。统计数据显示，2014年我国流动人口达到2.53亿的峰值，近年略有下降，稳定在2.4亿左右。近些年，国家的经济增长极越来越聚焦到大城市和城市群，流动人口大量聚集在京津冀、长三角、珠三角、长江中游和成渝五大城市群。人口流动促进了经济的扩张和活跃，在不断丰富人们的选择的同时，也强化了人们的创业创新精神。

资源配置的市场化流动，加速了创业创新资源的整合，激发了各类人员的创业创新热情，打造了不同类型的创业创新模式。

大学生、企业高管、科技人员、留学归国创业者，被称为创业创新的"新四军"。北京中关村、武汉光谷、上海张江、深圳南山、广州天河、东莞松山湖等成为创业创新的排头兵。科技创新既要突破核心关键技术，又要通过大众创业、万众创新，使科技成果转化为现实生产力。众多国家自主创新示范区、国家高新区、众创空间、国家级科技企业孵化器、加速器，成为区域创业创新的核心载体和增长极，形成了创业的服务链和创新的生态链，从而固化为全社会的创业心态，激发人们的创新意识，加速推进中国迈入"创时代"，汇聚起创业创新的时代潮流和澎湃动力。

流动性的社会变革催发了人们心理的化学反应。人们有获得感、成就感，但在部分人中也存在着失落感和边缘感。社会到处显现出进取、希望的心理氛围，同时也弥漫着急躁、浮躁的复杂情绪。改革和发展必须坚持以问题为导向，弘扬积极的心态，克服消极的情绪，同时提高人们的获得感和幸福感。

六　主流价值观的跃升

价值观变革是社会变革的晴雨表。新中国成立70余年最显著的社会变迁，莫过于价值观的嬗变。价值观是人用以评价事物的价值标准并以之指导行为的心理倾向。人的价值观一旦形成，就会自觉不自觉地根据自己秉持的尺度来衡量客观事物的价值。人的实践活动是丰富多样的，与之相联系的价值观也有各种分类。

德国哲学家、心理学家斯普兰格根据社会文化生活方式，把人的价值观分为经济价值观、理论价值观、审美价值观、政治价值观和宗教价值观；雷赛尔则根据自我—他人维度，把价值观分为自我取向价值观和他人取向价值观；罗克奇根据工具—目标维度，把价值观分为工具性价值观和终极性价值观。从表现形式上看，人的兴趣、爱好、态度、信念、理想、道德感等都是价值观的体现，对人的行为的影响，也主要通过这些形式得以具体化。

在现实生活中，人的价值观存在着"义"与"利"、"得"与"失"的双向取舍。每个人的心里都有一杆秤，如果人们倾向于"义"一边，就会把精神追求和社会利益看得重一些，考虑更多的是为社会做点什么。如果倾向于"利"一边，就会把个人物质利益看得很重，患得患失，一旦个人需要得不到满足，就会闹意气。一个人表现出来的是幸福还是痛苦、是激昂还是消沉、是奋进还是懈怠，都与义和利的心理冲突有密切的关系。

（一）中国人价值观经受的冲击

新中国成立后的 70 余年，中国人的价值观经历了从理想型价值观向现实型价值观的转变。理想是人类特有的一种精神心理现象。人的理想是对未来有可能实现的奋斗目标的向往和追求，是个性倾向性的最高表现形式，是构成行为动力系统的主要心理因素之一。理想不同于空想、幻想，是"现实的我"对"未来的我"的设想。[1]

人的理想概括起来有生活理想、职业理想、道德理想和政治理想四个部分。生活理想是指人对自己未来物质生活和精神生活的向往和追求。职业理想是指人对未来工作部门、类型的向往。道德理想是指人关于自己道德面貌的想象，即要求自己成为一个具有什么道德品质的人。政治理想是指人心中所具有的政治奋斗目标，它是理想的核心内容。

新中国成立后前 30 年，中国人的价值观是革命理想型的，以

---

① 刘红松主编《军人心理学》，国防大学出版社，2000，第50页。

政治价值为主导，具有浓郁的政治色彩。在那个火红的年代，人们充满了革命理想，充满了革命斗志，充满了艰苦奋斗精神，充满了对未来的美好向往。倡导的价值观是"吃苦在前，享受在后"、个人利益服从集体和国家利益、局部利益服从整体利益、眼前利益服从长远利益。在物质相对匮乏的年代，革命理想成为人们的精神支柱和前进的巨大动力。

改革开放后相当长的一段时期，中国人的价值观更强调物质利益，强调社会竞争，强调个人奋斗，强调发展经济。这种深刻的经济社会变革，必然强烈地冲击人们的思想观念、思维方式和价值取向。

在改革开放的大潮中，中国人的价值观经受了三个方面的冲击和影响。

一是经受了个人主义和自由主义思潮的影响。改革开放使各种社会思潮奔涌而至，纷呈竞现。在引进西方国家先进技术、管理方法和资金人才的同时，西方的价值观念和思想文化也逐渐渗透进来。在社会主义优越性没有得到充分发挥，国际上资本主义和社会主义两种社会制度的根本对立没有消除之前，西方自由化思想就始终有存在的土壤和条件。

二是经受了物质欲望的冲击。改革开放之前，受经济条件和政治环境的制约，人们没有太强的物质欲望，相对清心寡欲是人们生活的常态。在市场经济改革的大潮中，发展经济，追求致富和一度"向钱看"的价值导向，使人们的物质欲望得到了极大释放。

三是经受了淡化政治思潮的冲击。以经济为中心的社会导向，逐渐淡化了人们的政治意识。

在经历以上三个方面的冲击和影响后，中国人的价值观念逐步由理想型价值观向现实性、功利型价值观和多样化价值观转变。

（二）功利型价值观凸显

20世纪80~90年代，功利型价值观主导了社会的发展。人们比较注重功利，比较讲求实惠，比较注重眼前利益，比较注重个人本位。改革开放，改变了多年来人们按部就班工作和生活的稳定格局，取消了大学生毕业分配，端掉了工人的铁饭碗，取缔了对农民的各种限制。变革转型期既是发展的机遇期，也是各种矛盾的多发期。传统的"重义轻利"的价值取向，在社会变革中解构转型，主流价值观世俗化、功利化倾向抬头。

在相当长一段时期内，"一切向钱看"成为社会时尚，社会分配倒挂现象日益严重。一些人追求生命当下的快感、实用主义和"游戏"人生，价值观开始疏离主流文化，呈现世俗化倾向，甚至出现价值观的荣辱错位现象。

（三）价值观的主流取向

价值观变迁是社会变革的折射。政治生态、社会风气、经济发展水平、思想教育取向与价值观变化呈正相关。中国社会在急剧变革的大潮中前行，有人破浪砥砺前行，有人被裹进旋涡。党的十八大以来，随着政治生态的优化、社会风气的好转、经济发展的转型、发展机会的增多、生活的富足、幸福指数的提高，社会心态逐渐调整和回归，中国人的价值观在扬弃中进入了一条正向螺旋上升的优化通道。

中国传统文化中的善恶观、仁爱观、义利观、信义观、礼仪观等价值准则被重新肯定、接受。更多人在追求个人利益的同时，注意到他人利益和社会公平；在追求物质改善的同时，注重精神意义的追寻。与以前对物质、金钱的单一追求相比，中国人更趋理性，精神境界进入一个更高的层面，致力于争取优质的教育机会，获得稳定的工作岗位，通过学习搭建更好的成长平台，努力追踪时代的科技潮流，关心时事，建立和谐的人际关系和幸福家庭。

青年人也从封闭和束缚中走出来，形成了求真务实、进取创新的价值取向。尤其是在改革开放环境中成长起来的"80后""90后"，效率观念、竞争意识、创新意识、公平意识都深深影响了他们的心理模式。互联网时代，网络文化逐步成为影响当代青年的主流文化，反映在价值观选择上，凸显出广大青年对自由的向往，对独立的渴望，对个性的追求，对新鲜事物的兴趣。

随着社会主义核心价值观的倡导和构建，青年人的价值观由多样、分化走向整合，民主、法治、文明、爱国、诚信、敬业、责任等成为当代青年认同的价值理念，民族自信心和自豪感普遍增强。

经过时代大潮的洗涤和净化，中国人的价值追求更加理性平和、价值观取向更加中性平衡、价值行为更加多元包容。比如，在政治议题投入上，主张不狂热，不冷漠；在国际多边互动上，主张和谐共赢；在社会问题评判上，主张宽容与协调；在义利取舍上，主张义利并举；在个人利益上，主张互助共享；在事业生活上，主张两者兼得；在生活方式上，主张高雅与平俗并存；在思想领域，主张求同存异。

七　社会转型时期的人格变迁

随着时代的变迁，中国人的心理演变以乡地文明为底色，逐步吸收现代工业文明、城市文明和数字文明的优秀元素。

新中国成立以后，选择重工业优先的国家工业化战略，采用苏联模式，用了两个五年计划的时间，建立起初步的工业化基础。改革开放以后，中国工业化提速，开发区、工业园区遍布全国各个行政层级。以沿海为主的园区工业高速增长，使中国成为世界制造工厂，"东莞塞车，世界断货"广为流传。

2020年工业增加值达到31.3万亿元，中国的工业产值是排名二、三、四、五名的美国、日本、德国、韩国之和。城市化进程加速，1998~2016年，中国的城市化率以每年35.89%的比例增加，截至2021年5月底，中国常住人口城镇化率超过63%。

中国的工业化同时开辟了国家工业化之外的另一条乡村工业化道路，珠三角模式、苏南模式、温州模式、闽南模式等发展模式具有较强的学习借鉴价值。

70余年史无前例的大变革、大调整、大转型、大发展和大飞跃，撼动了中国几千年来的农耕和乡村的超稳态结构，逐步由农业大国转向工业大国、农业文明转向工业文明、农村文明转向城市文明、农村社会转向城镇社会，实现了从乡土中国到城乡中国的历史转型。

今日之中国，经过几十年的心理嬗变，中国人的心理褪去了乡土型人格的色彩，淡化了农耕文明的特质，现代工业型人格特质逐渐塑造成型。瑞士精神分析心理学家荣格指出："一切文化最后都沉淀为人格。"中国的工业化进程孕育了中国人的工业人格和国民性格，实现了从乡土型人格向现代工业型人格转型的历史性心理变迁。工业型人格的崛起，推动了中国制造业的发展，重塑了中国经济新景象。

（一）保守型人格转向进取型人格

农业文明时代，日出而作，日落而息；年复一年，日复一日，周而复始，生生不息。超稳态的生活方式，宗族间的地缘交往，血缘亲缘的利益交互，构造了中国传统的生产关系和社会关系。这种农耕田园和乡村文化涵养了中国人目光短浅、小富即安、求稳惧变的性格。工业化彻底改变了农作的生产方式，改变了中国人的思维方式和行为模式。马克思曾经说，工业化激发了人们的自尊心和进取心。中国的工业化之路，是一条从自卑走向自信、从保守走向进取、从制造走向创造的创业之路，是用中华民族的工业精神铺就的一条辉煌之路。

中国人的进取精神谱写了中国工业的辉煌。继 20 世纪 60 年代原子弹、氢弹和导弹研制成功后，中国先后成功发射了第一颗人造卫星、"红旗一号"地空导弹、地对地导弹、"东风 2 号"中近程地地导弹、"东风 2 号甲"地地导弹、"东风 3 号"中程导弹、"东风 4 号"远程地地战略导弹、"东风 5 号"洲际地地战略导弹、返回式遥感卫星等。2020 年 5 月 5 日，"长征五号 B"运载火箭首飞成功，是中国载人航天事业的又一个里程碑。发电设备、输变电设备、通信设备等产业从过去的"跟跑"到"并跑"甚至走向"领跑"，已经处于国际领先地位。

中国制造业正与互联网、大数据等新兴技术深度融合。大国重器书写中国奇迹，"墨子号"量子科学实验卫星、第三代核电"华龙一号"、C919 大飞机、蛟龙号深海载人潜水器纷纷登场。中国人以"自信""自强""自立""爱国""奉献""严谨""坚韧"的工业性格，以"一万年也要搞出核潜艇"的豪迈气概，凭借一颗永不停息的进取心，翻越了一个又一个高峰，把中国制造业推到一个世界级的高度，以极高的美誉度和新形象展现在世界舞台，彻底改变了世人对"中国制造"的看法，摘去了中国人保守落后的帽子。

（二）粗放型人格转向精约型人格

农作物种植，受地质气候环境影响较大，农业靠天吃饭，农民敬畏天地，这种自然的生产方式，培植了中国人"差不多""大致""少许""马虎"的粗放型性格特征。工业化的浪潮冲击并逐渐改变了中国人这种习性。新中国成立 70 余年的工业化实践表明：中国制造业的竞争力，不是简单地体现在产业和技术上，而是几十年如一日积淀形成的工匠精神和精约文化。技术可以移植，模式可以复制，但是这种以工匠精神和精约文化为底蕴的制造业精神，却是无法移植和复制的。

一个国家的产品质量如何，与一个国家的工业人格息息相关，表象是工业品质，本质是工业人格。德国产品设计精美、经久耐用，与德意志民族追求严谨的性格有关；日本产品精湛好用，与日本民族敬业、细致、注重细节的人格特质有关；美国产品引领世界潮流，与美国人的创新意识和创新文化紧密相连；法国产品浪漫时尚，与法国人注重设计的工业性格有关。

中国产品走向世界，不断赢得好口碑，靠的是中国人精益求精、吃苦耐劳、坚韧不拔的制造业精神。李克强总理在 2016 年的政府工作报告中首次强调，要"鼓励企业开展个性化定制、柔性化生产，培育精益求精的工匠精神"。很多企业之所以长寿，核心是其在传承着一种匠心永恒、创新不变、契约不违和坚持长期主义的工业精神。

（三）散漫型人格转向规范型人格

农业社会向工业社会的转型，逐步扬弃了农作时代的散漫随意性，强化了工业时代的规范意识和纪律性。严格的纪律与规则意识是工业精神的核心内容，是工业组织取得成功的重要保障。在以机器大生产为代表的工业化时代，需要遵守劳动纪律、按时上下班、守时尽责，不能擅离岗位；需要具备按章行事和令行禁止的作风。这些纪律要求在工业化和社会化过程中，逐渐内化为人们的心理认知和情感态度，培养了产业工人的纪律性、制度意识和规范意识，锻造了企业的战斗力和执行力。

（四）"作坊式"人格转向协作型人格

大工业彻底改变了作坊式、单干式、无计划性的小农经济生产方式，大工业需要大协作。新中国70多年工业化的成功之路，很重要的一条经验，就是靠协作共赢的合作精神。分工是工业化的基本前提，合作是工业化的根本保障。分工与协作的共进均衡，才能获得可持续发展。社会的发展需要不同行业、不同区域间的统筹与协调。企业内部需要各个部门、作业单位在协作基础上进行分工，达到产销平衡、人事平衡、资金与物的平衡。

当今中国进入了大协作、大协调时代。经济增长与社会民生方面的平衡协调、东中西部的梯度发展协调、信息化和工业化的深度融合协调、工业化和城镇化良性互动协调和城市圈之间的协调发展，有力地推动了中国的现代化进程。协作协调发展是中国的最大优势，是中国经济发展的内在要求和基本规律。这种经济体制和管理模式改变了中国人的"单干型"人格，塑造了中国人的全局观、系统观、整体观的协作型人格，形成了一种合作互助的集体无意识，折射出中国和谐共存的包容性智慧。协作型人格是保障中国协调发展顺利进行的心理基础和文化动因。

（五）封闭型人格转向开放型人格

中国历史上农业强于商业，重农观念胜于重商观念，封闭多于开放。商品交换在我国从萌芽状态到现在有四五千年的历史，但自给自足、封闭自守的自然经济一直占主导地位。地缘观念的狭隘性，天朝意识的傲慢，自然经济的局限，家本位文化的约束，限制了中国人的想象力和社会交往，弱化了中国人的开放性格和开拓意识，主要表现为自给自足、封闭狭隘、安于现状、因循守旧、家长作风、追求绝对平均和各顾各分散自流等个性心理特征。

新中国成立后的前 30 年，西方世界对我国进行了长达 22 年的封锁，中国被困于冲破封锁、突出重围的过程中，被迫处于相对封闭的状态。改革开放以后，中国在冲破旧思想束缚、实现中美建交的基础上，顺应全球化潮流，积极融入全球分工体系，创造了一部恢宏的对外开放史。开放也加速了社会心理的影响和渗透。经济全球化的深入，推进了不同国家、不同民族文化的开放和交流，促进了意识形态、公众道德、价值观念、生活方式的扩散。中国企业"走出去"，中国学生留学国外，中国学者搞国际交流，中国民众游走全世界，创造了前所未有的跨文化交流的契机。时空的转换，文化的互动，更新了中国人的思维方式，培养了中国人的世界格局，扩大了中国人的国际化视野，拓展了中国人的胸襟情怀，提高了中国人的心理参照标准，锻造了中国人的全球胜任力。

百年社会变迁是一部恢宏的史诗，百年中国人的心理嬗变是一幅壮丽的画卷，百年中国人的心理跃迁连接着未来和历史的时空。未来 30 年，在中华民族复兴的征程中，中国人的心理结构和心理模式将更趋优化，中国人的心理跃迁将迈向世界高度，成为中国发展的一股永不枯竭的源泉和动力。

第三章　构筑国家安全心理防线

国家安全是国家生存和发展最基本、最重要的前提，是关乎政权存亡、主权统一、民族复兴、经济发展、社会稳定和人民福祉的根本性战略问题。国家安全如同空气一样和我们每一个人息息相关。

20世纪70年代末80年代初，根据国际安全形势的变化，邓小平做出了"和平与发展是时代主题"的战略判断，强调"国家的主权、国家的安全要始终放在第一位"。国家安全是一个系统体系，既包括传统领域的军事安全、国防安全、国土安全、核安全，也包括政治安全、经济安全、文化安全、社会安全、科技安全、信息安全、生态安全、资源安全、生物安全、粮食安全等非传统领域的安全。2014年4月，习近平总书记首次提出"总体国家安全观"的理念，十九届五中全会再次提出，实现国家安全，就是要构建大安全格局。

维系国家安全是一场同人民群众切身利益直接相关的持久战、总体战，打赢这场总体战，需要长期谋划、系统重塑、全面提升，汇聚国家和社会层面的各种资源，推进有效的战略执行。历史经验告诉我们，好战必亡，忘战必危。陆游诗云："位卑未敢忘忧国。"只有强化全民的安全意识和心理警觉度，筑牢国家安全的心理防线，凝聚全民族全社会全体人民的心理力量，增强人民群众维护国家安全的自信心、自觉性、获得感、成就感，提高国家社会治理能力和危机处置能力，国家安全才能够真正得到保障。因此，国家安全的心理治理是国家安全治理的根本性问题。

一 根治国际冲突的"心魔"

国家安全不仅是一个主权国家的治理问题，也是全球性的共同治理问题。世界和平，有赖于国际良性互动。当今世界，国际格局深度调整，世界秩序失衡加速，大国间的竞争恶化，军备竞赛和核武器扩散加剧，战争风险依然存在，种族矛盾和地区冲突层出不穷，恐怖主义肆虐，金融危机没有得到根除，难民和气候问题愈演愈烈，"黑天鹅""灰犀牛"事件频现，发达国家领导力缺位，世界发展的内卷化现象越发严重，全球治理危机日益凸显。

"善治病者，必医其受病之处；善救弊者，必塞其起弊之源。"当今世界之争，归根结底是利益之争。战争是政治的继续，政治的背后受利益驱使。利益之争的背后是人类心理需求之争。恶性需求导致人类的灾难与沉沦，甚至毁灭；良性需求促进人类的繁荣与发展。人类社会的跃升，就是人的心理需求展开的一副曼妙长卷；人类社会的罪恶和冲突，也是人的心理需要造就的另一道黑色景观。因此，化解和缓和国际冲突，需要铲除导致冲突的心理动因和心理根源，让"人性中的善良天使"主宰人类的命运、驱逐暴力的"心魔"。① 那么，导致当今人类社会和国际冲突的心理动因是什么？

（一）西方中心论的霸权心理

1492 年 10 月 12 日，哥伦布率领船队发现了美洲新大陆，

① 〔美〕斯蒂芬·平克：《人性中的善良天使——暴力为什么会减少》，安雯译，中信出版社，2015。

之后世界列强掀起了一股瓜分美洲新大陆的狂潮。地理大发现，开启了大航海时代，孕育了葡萄牙帝国、西班牙帝国、荷兰帝国、法兰西帝国和英格兰帝国。继神圣罗马帝国之后，希特勒建立了所谓的"第三帝国"，并于第二次世界大战之前崛起，给世界带来了毁灭性的灾难。第二次世界大战以后，英国衰落，美国崛起为世界第一大强国。由此看来，人类历史既是一部帝国争霸史，也是一部帝国形态的心理演变史。

几百年来，西方中心论的话语权和霸权主导世界，是造成世界冲突的重要心理原因。"西方中心论"或者"西方中心主义"，是在西方霸权影响下逐步形成的一种心理认知和思维范式，反映了西方国家的优等心理。其内涵表现为，西方制度是最先进的，西方社会是最完美的，西方人是最优越的，西方文明是最发达的。在国际关系互动中，一切应以西方话语马首是瞻，而这种西方中心论很明显带有文化歧视特征。

在历史上，有很长一段时间存在着"中学西渐"现象。意大利的旅行家马可·波罗游览中国后出版的《马可·波罗游记》，使欧洲人了解到了遥远的东方有一个如此富庶的大国。魏源的《海国图志》给当时的日本带去了强烈的震撼。法国启蒙思想家伏尔泰，把目光投到东方的中国，发出一种来自内心的钦佩。德国的伟大诗人歌德也赞美中国："在那可爱的东方，我感到月的光辉，树枝飘动的湖面上的幽光，在夏日中带来沁人肺腑的清凉。"法国思想家托克维尔在《旧制度与大革命》中提到，18世纪欧洲启蒙思想家普遍向往中国。但是，中国近代的落后彻底颠覆了西方人的观念，西方中心主义渐成主流。

西方中心主义实际上是一种观察和看待世界的选择性心理机制。在这种论调的支持下，美国把香港的"占中"看成一道"美丽的风景线"，把其民众的示威视为恐怖活动；美国白人警察开枪打死黑人的事件，往往被其媒体解读为正常执法。中国即使做得再好，很多带有制度性偏见的西方媒体也很难改变其选择性认知，也就不可能客观反映我国取得的日新月异的变化。

社会心理学有一种归因理论，看问题戴上有色眼镜，只找别人的原因，不反思自己，对自己的问题做选择性的忽视，放大别人的毛病，忽视自己的过失。作为一个发达国家，美国在很多领域采用了双重标准。这种"选择性忽视"的心理逐渐进入一种集体无意识和非理性状态。正是偏见色彩浓重的集体无意识状态，使一些西方国家缺乏深刻的反思能力，难以正视自身，难以明辨是非善恶，难以看到自身之乱，不断做出非理性的错误选择。这样的结果，最终会导致其制度体制弊端显露无遗，社会混乱现象愈益严重，恶性事故频繁发生，社会矛盾恶化和阶层分裂加速。

西方中心论塑造的不是一个相互平等、相互尊重、相互包容的世界，而这种西方中心论所衍生的封闭、自私、自大、傲慢和唯我独尊的霸权心理，是历史上乃至今天国际冲突产生的心理根源。西方大国不愿意看到中国崛起，本质上是西方中心论思想在作祟。第二次世界大战以后，美国一直居于世界主导地位，这也使其拥有天然的心理优势。布鲁金斯学会研究员安德烈·佩里认为，特朗普所推崇的极端价值观并非例外，而是反映了美国社会中存在的普遍情绪。《华盛顿邮报》知名评论员伊桑·塔罗尔也认为："作为美国政治中一股强有力的潮流，'特朗普主义'将会延续。"[①] 有着霸权主义的部分美国人无法接受发展中国家的崛起，将继续做领导世界的梦。这种霸权心态和西方中心思想不消除，世界难有真正的安宁。

---

① 《"美国回来了"？可世界已经变了》，人民日报海外网，2021 年 2 月 5 日。

（二）战略忧虑的恶性反应

大多数帝国的衰落都逃脱不了一个基本规律，就是目标和能力的不平衡使其陷入衰落的泥潭。战略意图的追求者从不缺乏理想，成败往往取决于现实条件。拿破仑兵败滑铁卢被流放到一个海岛，希特勒最终自杀，历史上奉行帝国思想的国家最终都无法跳出"目标扩张—能力不足以支撑—失败"的怪圈。

今天的美国在某些方面也是如此。"如果说冷战时期的美国试图做刺猬和狐狸的综合体，注意制定符合自身条件的战略目标，并随着形势变化不断调整策略，那么冷战后的美国则执意用强大的军事和政治力量推进一个无边的政治目标，失去了对复杂环境的敏感性和权衡代价的意识。"[1]在战略目标选择上的执拗，在战略能力上的不足，在战略执行上的失误，在力量和声望上的透支，都反映了美国目标与能力的不匹配，使其逐渐显现出一种颓势，正在慢慢落入衰落的怪圈。

近年来，西方对中国的崛起表现出普遍而又真实的"忧虑"。2021 年 2 月 4 日，美国总统拜登发表了上任后的首份外交政策演讲，表达了对中国"赶超美国"的防范之心。这表明对"来自中国挑战"的战略焦虑已在整个美国渗透和弥漫，并产生了较大的负面影响。西方霸权主义长期以来惯用唯我独尊、你输我赢的零和游戏，奉行以邻为壑、恃强凌弱的逻辑。在他们的思维模式中，以己观人，"中国崛起"与"中国威胁"相伴相生，中国强大必然走上扩张主义的道路。西方国家对中国崛起的"忧虑"，说到底是由西方国家的利益判断和追求方式、价值选择与思维特点所决定的。[2]

---

① 〔美〕约翰·刘易斯·加迪斯：《论大战略》，臧博、崔传刚译，中信出版社，2019。
② 朱锋：《中美竞合——面对中国的崛起，西方为什么忧虑？》，《人民论坛·学术前沿》2020 年第 10 期。

西方对中国崛起的忧虑，源于力量对比的变化。近20年来，中国从一个世界的"旁观者"逐渐成为"参与者"、"建设者"和"贡献者"。与此同时，西方世界正在发生多元的变化。美国的金融霸权地位正因为美元的走弱而逐渐式微。耶鲁大学经济学家史蒂芬·罗奇于2020年6月发表文章，向美元的衰落发出警告："美元作为世界主要储备货币的'过度特权'时代即将结束。疫病大流行之后美国政府预算赤字的迅速扩大，正把事情推向崩溃的边缘。"罗奇认为，"美国急剧减弱的全球领导力"将加剧美元的跌势。面对外部压力和内部困境，美国存在着较大的战略焦虑。

西方对中国崛起的忧虑，源于西方意识形态的恐慌。第二次世界大战以后，美国领导的西方资本主义阵营和苏联领导的社会主义阵营，进行了长达半个世纪的意识形态对抗。最后，社会主义阵营"败下阵来"，美国出现了"历史的终结论"。今天，中国加速崛起，"中国模式""中国道路""中国方案""中国声音"不断得到关注。西方焦虑和不安的是，西方中心主义的制度优越性遭遇了前所未有的挑战，西方的文化优越感逐渐在丧失，而这是以美国为代表的西方势力不愿看到的。2020年慕尼黑安全会议将主题定位"西方的缺失"，折射出了当今西方深刻的战略焦虑。

西方对中国崛起的忧虑，源于西方式的理论思维和安全认知。"修昔底德陷阱"这种说法恰恰体现了西方人理论思维的某个方面。持有该说法的人认为，新崛起的大国必然要挑战现存大国，而现存大国也必然会回应这种威胁，这样战争就变得不可避免。而"中国威胁论"往往以这种理论为基础。

美国政治学教授奥根斯基于1958年在《世界政治》一书中首次提出了权力转移理论，1980年他和古格勒教授合著的《战争总账》一书对该理论进行了系统性的建构。权力转移理论是国际关系中关于战争的周期性理论。奥根斯基认为崛起性大国常常对现有的国际秩序"不满",而主导性大国是最大的既得利益者,属于"满意国家"。这就形成了两者围绕着国际秩序主导权的争夺和冲突。"当不满意的国家认为有机会通过战争赢得秩序主导权的时候,他们就会毫不犹豫地通过战争来争取改变现状。"一般认为,当两个竞争国家的权力相对均衡时,爆发战争的可能性会减小。但是,国际关系史告诉我们,当两个国家"权力持平"之时,战争爆发的可能性最大。

当前,一些深陷战略性焦虑的西方人士往往以此理论为依据来判断中国的走向。认为大国的发展逻辑似乎必然是从经济大国走向政治大国,并走向军事大国,对外军事冒险将在所难免。美国政治学学者约翰·米尔斯·海默提出"进攻现实主义"的战略性选择,认为对抗性政策符合美国民众的共同意志,美国民众愿意接受强硬的对华政策。

忧患感是每个民族、国家、社会和个人共同的心理状态。但是,为了政治而"忧患",为了私利而"忧患",为了打败对手而"忧患",就是扭曲心理在作怪。从美国对国际事务的反应上可见一斑,表现在行为上,极端不自信;表现在对外政策上,更加"内向";表现在军事上,具有更强的进攻性;表现在对华政策上,将中美关系推到了"新冷战"的边缘。2020年以来,由中美贸易战扩大到高烈度的科技战、外交战、人才战、媒体战、价值观战,大搞贸易摩擦,实施压制。

(三)民粹主义思潮极化演进

民粹主义是根植于平民性、大众性、民族性和排外性的基础上形成的社会思潮,是一种激进的社会群体心理和社会行为反应,具有反建制、反精英、反多元主义和极端化的特征。民粹主义萌芽于19世纪40~50年代的俄国,之后在世界各地传播。20世

80 年代掀起新一轮高潮，当今泛滥于欧美地区。民粹主义被各种政治势力和民间组织所利用，掀起了一阵阵的狂飙和波澜。近年来，民粹主义导致了西方国家政坛恶斗、街头运动和反全球化浪潮。

民粹主义为什么如此泛滥呢？中国学者萧功秦 2013 年就写过《美国的福利民粹主义困境》一文，通过自己在美国的观察，得出结论：福利主义加上民粹政治，是 21 世纪发达国家困境的根源，福利民粹主义的"大锅饭"又以另一种形式造成社会的不公平。当前，福利民粹主义成为西方头号难题。民粹主义的主要诉求就是经济权利或经济福利。在法国，从医疗体系、家庭福利制度、育儿教育、住房到失业保障、养老补贴、退休待遇等方面都有很健全的保障机制。与此相伴的是，法国财政支付开始吃紧，经济发展趋缓，中低收入群体购买力下降，生活负担加重。2018 年 11 月 17 日，因政府加征燃油税，害怕福利降低的民众，发起了旷日持久的"黄背心"运动。

长期以来，英国人同样享有很高的福利。2008 年全球金融危机发生后，英国的福利逐步削减，民众的不满情绪开始膨胀。2016 年举行"脱欧"公投时，"英国人的工作机会和福利都应留给英国人"这句口号迎合了很多人的心理。

欧美发达国家正遭遇"囚徒困境"，即"福利民粹主义综合征"。伦敦商学院经济学教授埃莲娜·海伊认为，"福利民粹主义综合征"正从发达国家向发展中国家蔓延，并成为政治危机的催化剂。西方国家普遍面临着高福利、高赤字、低增长的结构性困难，推行了几十年的福利政策难以为继。受选举政治的影响，西方政治家往往被民粹主义、狭隘的民族主义和短期民意绑架，被政治程序锁定，在改革福利政策和维持政治稳定之间摇摆不定。"黄背心"运动爆发之时，法国立即停止了燃油税改革；玻利维亚一闹，总统辞职，国家陷入混乱。而在智利，地铁票涨价同样遇到了阻力。西方国家和部分新兴市场国家难逃这种陷阱。①

贫富差距是民粹思潮盛行的经济根源和社会心理根源。2019年10月，智利爆发严重的暴力骚乱。2018年智利人均年收入1.6万美元，政局也相对稳定，却因地铁票上调30智利比索（约合人民币0.3元）而引发社会冲突。智利示威者看重的不是30智利比索，而是表达对过去30年贫富差距和制度模式的强烈不满。据美联储2019年公布的统计数据，美国10%最富裕的家庭占有全国70%的财富，而十年前这一数字是60%。2008年金融危机爆发以来，超级富豪群体受益于紧缩性财政政策，中产阶层的地位今不如昔，迈向中上收入阶层的通道遇阻。相当一部分民众没有获得感，最终导致对美国对外政策模式的强烈不满。所有这些经济不公和沮丧情绪都成为民粹主义滋生的温床。

面对西方这种困境，2021年1月26日，法国总统马克龙通过视频在世界经济论坛"达沃斯议程"中说："在当前的环境下，资本主义模式与开放经济行不通了。"而当下战胜新冠肺炎疫情的"唯一办法"，就是打造一个"更加专注于消除贫富差距的经济"。

极端民粹主义的演化，必然导致国内政策的内卷化和外交政策的保守性，成为全球化和国际合作的阻碍因素，成为国际冲突的导火线。

（四）种族主义的心理歧视

种族主义是基于不同种族的遗传状态、精神信仰、智力水平、国民性格等心理品质差异的偏执认知和行为反应；是自己人种、民族、国家优越于其他种族团体的心理倾向和社会思潮。常常表

---

① 《从"黄背心"到"脱欧"者，福利民粹主义成西方头号难题》，《环球时报》2019年11月26日。

现为偏见、歧视、暴力与迫害。种族主义是美国乃至西方一些国家的乱源之一。

1870 年美国《宪法》第十五条修正案，禁止各州以任何形式剥夺黑人的选举权利，但大部分白人仍然反对黑人参加选举。南方各州相继在 1890 年以后通过法律取消黑人的选举权。直到 1961 年通过的《宪法》第二十三条修正案，明确规定，在美国公民进行投票时，各州不得因投票人的种族或肤色而剥夺其投票的权利。150 余年的努力仍然没能消除美国种族主义的痼疾。美国一些政治家和学者认为，"种族主义暴力致死"写在美国基因里。种族歧视给非美裔特别是非洲裔美国人带来了无限的痛苦和长久的恐惧。"跪杀黑人"事件后，一位 10 岁的男孩迷茫地问自己的父亲，"弗洛伊德的事如果发生在我身上怎么办"？非洲裔美国人感叹：五代人后还在为平权抗争。

相当一部分身处优势地位的美国白人"心魔"难除。奥巴马上台使得少数族裔对种族歧视的感知减弱，却使白人群体对移民的恶意显著增加。一些白人民众质疑少数族群受到照顾，抱怨遭到有色人种的"逆向种族歧视"。21 世纪以来，随着美国制造业的空心化和"机器代人"的发展加速，劳工的失业现象日益严重，中下层白人的生活每况愈下，很多人感受到了就业前景暗淡、加薪无望、教育费用上涨的残酷，进而转化为满心怨恨。曾经有人喊出"白人的命也是命"，一些人开始寄希望于极端右翼组织。

美国白人有一种很深的社会焦虑感。美国政治学家亨廷顿在《谁是美国人？》一书中提出了身份政治冲击美国国家特性的问题。2020 年初，美国总人口约为 3.3 亿。盎格鲁·撒克逊白人约占 62.1%，拉美裔约占 16.9%，非洲裔约占 13.4%，亚裔约占 5.9%，印第安人和阿拉斯加原居民约占 1.3%。过去白人人口是多数族群，近 50 年内白人人口比例不断下降，预计到 2045 年将跌破 50%。白人人口和少数族裔人口的此消彼长，将会对美国政治结构、文化价值认同、社会治理等造成不可估量的影响。奥巴马上台以后，白人强化了这种社会心态。

从社会心理学角度看，不同的种族群体有保持"我们"和"他者"的"差别感"的需要，有保持自身优势的心理需求，"非我族类，其心必异"。这种群体心理极易引发冲突。特朗普提出的"让美国变得再次伟大"的口号受到中下层白人的狂热支持，上台以后，煽动种族仇恨，激化社会心理冲突和种族的对抗性。当今美国，平民主义、右翼势力崛起，种族主义更加泛滥，"系统性的种族主义"危机频发，这是美国社会解不开的"心理结"。

种族主义和排外心理如幽灵般徘徊，给人类带来了巨大的灾难。极端民族主义在盲目的民族优越感、强烈的排他意识与"我族中心主义"的充斥下，不惜煽动民族仇恨，甚至制造民族屠杀。历史反复证明："血统高贵论""民族优越论""劣等人种论"，煽动排外仇外情绪乃至种族灭绝，是战争发生和社会冲突的重要心理根源。

（五）极端宗教主义意识

极端的宗教意识是引发宗教战争的心理根源。在历史文化的演变中，宗教信仰往往杂糅进民族历史，积淀为民族心理，涵化为民族文化，从而形成巨大的社会动员能力。如果这种动员能力为极端民族主义者所利用，将会产生巨大的破坏作用。宗教战争以虔诚、狂热的宗教信仰和信徒强烈的复仇心理为思想精神基础，致使战争更加激烈残酷。

欧洲历史是一部战争史，荷马史诗、希波战争史、伯罗奔尼撒战争史做了最生动的反映。中世纪欧洲爆发的"十字军东征"战争，几乎涉及所有的西欧国家。

宗教战争既发生于不同宗教之间，亦发生于同一宗教的不同教派之间。宗教改革运动之后，天主教和新教发生尖锐对立，1618 年到 1648 年爆发了 30 年战争，又称"宗教战争"，欧洲主要国家纷纷卷入，史称第一次全欧洲大战。这场战争造成了巨大的伤亡，日耳曼各邦国的男性有将近一半阵亡；路德城维滕贝格 75% 的人口阵亡，波美拉尼亚 65% 的人口阵亡，西里西亚 25% 的人口阵亡。

极端宗教主义意识是恐怖主义的心理土壤，恐怖袭击行为受极端的变态的仇恨心理所驱使。恐怖主义是全人类的公敌。不分人种、年龄、性别、肤色、宗教信仰以及社会地位，都可能是恐怖主义犯罪分子所攻击的对象，不特定人群的生命、健康和安全受到威胁。21 世纪以来，恐怖主义犯罪手段不断翻新，跨国际性趋势愈加明显。恐怖主义分子煽动民族仇恨，制造宗教狂热，鼓吹所谓"圣战"，大搞暴力恐怖活动，残杀无辜群众，挑起暴乱骚乱。恐怖袭击对人类造成了深远的心理影响。中国也面临恐怖主义、分裂主义、极端主义"三股势力"的袭扰。我们同"三股势力"的斗争，是一场维护祖国统一、民族团结和社会稳定的生死较量。

人类祈求和平，反对战争；世界期盼合作，拒绝冲突。冲突在于"心魔"，消除冲突在于铲除这种"心魔"。当代世界的治理，需要释放人类的善良因子。增强中西文化之长，补齐中西文化之短，矫正全球认知，厚植全球情感，扩大全球共识，实现跨文化的心理融合。

当代世界的冲突，在利益纷争的背后，很大程度上是文明价值观的冲突。全球 200 多个国家和地区、2500 多个民族，形成了不同的文化风格，拥有 6000 多种语言。不同国家和民族存在着不同的文化样式，也就必然造成文化价值观、社会心理、生活方式、组织形式、生活习惯、世界理念等方面的巨大差异。同时，世界又是相互依存的。从多种视角可以看出，数字化和网络化深刻改变了信息传播方式，超越时空实现了文化的"零距离""零时差"传播，促进了文化交流。经济的全球化流动，产业链和供应链的深度依赖，文化产业的跨界发展，必然促进国际经济往来和文化交流的全面加速，加强全球合作和不断增强文化包容性已经成为当今世界发展的必然选择。

如何化解冲突和风险，必须携起手来，加强国际合作，找到利益的交汇点，在生态环境保护、防范恐怖主义、化解经济危机、预防人类疾病等"共同威胁"问题上找到合作的突破口。拜登上任后强调，要"在符合我们利益并增进美国人民安全的时候与我们的对手和竞争者进行外交接触""在符合美国利益时与北京共事"。未来中美合作是有空间的，中国与西方一些国家合作也是有空间的。无论国际风云如何变幻，各国都必须坚持加强团结合作的基本价值观和原则，走对话而不对抗、结伴而不结盟的国与国交往新路，消弭国家之间的误解和敌视，摆脱国际冲突的困境。

与此同时，中国要把自己国内的事情做好，厚积战略周旋的资本，改变美国人的战略认知，逐步改变西方一些政要的心态，破解导致冲突的心结，增进良性互动，促进人类的和平与发展。

二　构建人类命运共同体

当今世界，安全问题的联动性更加突出。安全问题同政治、经济、文化、民族、宗教等问题紧密相关，非传统安全威胁和传统安全威胁相互交织。安全问题的跨国性更加突出。"安全问题早已超越国界，任何一个国家的安全短板都会导致外部风险大量涌入，形成安全风险洼地；任何一个国家的安全问题积累到一定程度又会外溢成为区域性甚至全球性安全问题。各国可谓安危与共、唇齿相依，没有哪个国家能够置身事外而独善其身，也没有哪个国家可以包打天下来实现所谓的绝对安全。"① 所以，携起手来构建人类命运共同体是当代世界最佳的战略选择。国家安全需要立足于全球的不对抗、不冲突，相互尊重、合作共赢，建立新型的国际关系。

（一）增进战略互信

互信是一个心理学问题，战略互信是战略心理学的范畴。中国古代有一则寓言，叫"疑人偷斧"。当怀疑一个人偷斧头，怎么看，这个人都像一个小偷。当误会解除后，再怎么看，这个人也不像小偷。心理学有一种定势理论，人们对事物的判断，都会受自身的认知模式和思维定式的影响。西方国家强盛了几百年，"逢强必霸"是其奉行的行为逻辑，也是西方政治家的思维定式。战略认知的误区，必然导致战略决策的误判、战略决策的失真，必然引起冲突。这就是造成当前国际困境的心理逻辑。

中国学者李君如举过一个例子：大多数美国人不知道中国人是怎么称呼他们国家的国名的。在 1844 年签订的中美《望厦条约》中，美国的国名 United States of America 曾经被译为"亚美理驾洲大合众国"。后来几经变化，被译为"美利坚合众国"，简称为"美国"。"美国"在汉语中的含义，就是"美丽的国家"。而美国几乎没有几个人知道中国人的这种美好善意，更没有几个

① 习近平：《坚持合作创新法治共赢 携手开展全球安全治理——在国际刑警组织第八十六届全体大会开幕式上的主旨演讲》，《人民日报》2017 年 9 月 27 日。

人知道中国人从小接受的是这样的教育。[①]文化心理的巨大反差，往往成为实现战略互动和互信的心理障碍。

中国文化的天下情怀和包容性特质，几千年来不曾改变。化敌为友是中国天下世界观的基本精神，这种天下观的文化特质恰恰是西方文化所不具备的。各国历史、文化和社会制度不同，"心智模式"存在很大差距。中国文化崇尚和谐，中国的先人早就知道，"国虽大，好战必亡"。1405~1433 年，郑和率领当时世界上最强大的船队，七次远航太平洋和西印度洋，到访了 30 多个国家和地区，没有占领一寸土地，留下的是同沿途人民友好交往和文明传播的佳话。人类需要相互理解，走出"心灵洞穴"，消除心理认知误区，读懂世界，增进情感交融，减少"理解赤字"，彼此相互接受。

增进战略互信，需要调整战略思维。化解世界各国的矛盾冲突，首先需要调整认知模式和心态。以美国为例，其不愿看到其他国家的发展和强大，是当代国际社会不和谐发展乃至存在冲突的心理乱源。2020 年 8 月 30 日，中国外长王毅在法国国际关系研究院发表演讲并回答现场嘉宾提问时说，世界将走向多极化，国际关系也需要实现民主化。一个健康、稳定的世界不应该只由一两个国家说了算。各国主权平等是《联合国宪章》的基本原则。美国作为世界强国，更应采取包容的态度对待其他国家的发展，更应意识到其他国家的人民和美国人民一样，都有权利过上美好的生活。如果全球 70 亿人民都能走向现代化，这将是人类社会的巨大进步。

2021 年 1 月 25 日，习近平主席以视频方式出席世界经济论坛"达沃斯议程"对话会，并致特别致辞《让多边主义的火炬照

---

① 李君如:《中美关系未来如何发展？"读懂中国"是关键》,《人民论坛》2020 年 3 月 12 日。

亮人类前行之路》，对"新冷战"提出警告，指出："在国际上搞'小圈子'、'新冷战'，排斥、威胁、恐吓他人，动不动就搞脱钩、断供、制裁，人为造成相互隔离甚至隔绝，只能把世界推向分裂甚至对抗。一个分裂的世界无法应对人类面临的共同挑战，对抗将把人类引入死胡同。"

战略互信首先发生在战略层面上，与各国领袖人物的认知模式、情感态度、个性特征和行为风格等心理素质有很大的关联。政治领袖居于国家政治权力的核心地位，发挥着引领者的轴心作用，代表了国家和人民的意志，领袖的心理素养和核心能力是国家发展的"压舱石"。领袖心理学成为现时代需要探讨的重要命题。

当今世界，政治领袖人物稀缺和自身心理的缺陷是一些国家衰落的"加速器"，是国际社会出现不同程度的混乱的重要原因。总结美国和欧洲的历史，华盛顿、杰斐逊、林肯、罗斯福、丘吉尔、戴高乐等领袖人物对维护世界和平都发挥过积极的作用。综观当今世界面临的乱局，一些西方大国的领袖心理对抗、无视多极化发展的大趋势是较大的因素。

由此可见，重塑良好的国际秩序，推进世界的和平与安宁，构建人类命运共同体，需要世界各国领袖提升自身的引领力、影响力、号召力、掌控力。

（二）构建心理沟通平台

任何国家都面临着发展问题，也都面临着发展中的困境。人类拥有解决全球性问题的共同诉求，全世界都想找到一种解决经济、政治、生态、文化危机乃至军事冲突的方案。为此，习近平主席以大国领袖的责任担当，提出"一带一路"倡议，着眼于构建人类命运共同体。通过共商、共建、共享的国际合作，搭建国际公共平台，实现政策沟通、设施联通、贸易畅通、资金融通、民心相通，构建国际经济合作和安全治理的新模式。

不同国家有不同的利益诉求和价值追求。实现"五通"的前提是民心相通，共同的价值观和文化心理认同是国际秩序得以维系的先决条件。无论是政府，还是民间社会，有了高度的认同感和战略互信，合作就有了坚实的心理基础，彼此连接就会十分顺畅。近年来，中国"一带一路"建设取得了较大的成就，但是也遇到了一定的阻碍，归根结底，不是资金问题、技术问题，也不是建设周期问题，而是来自政治价值观、国际社会舆论、民众群体认同等文化心理层面的差异和冲突。

西方有人把"一带一路"倡议比作"马歇尔计划"，即美国在1948年至1952年期间帮助重建西欧的旗舰援助计划，认为"一带一路"倡议是一种地缘战略博弈，将成为中国对抗西方的一件地缘政治工具。针对这种错误解读，中国向世界表明，"一带一路"是中国向世界提供的国际公共产品。它不是什么"马歇尔计划"，也不是地缘战略构想。中方从提出"一带一路"倡议伊始，就坚持共商共建共享原则，秉持透明开放包容理念，遵循国际规则和各国法律，追求绿色环保可持续，致力建设高质量、高标准项目，并注重财政的可持续性。这些重要的主张和理念，与中方长期奉行的互利共赢开放战略一脉相承，也是我们与各国共同构建人类命运共同体的生动实践。①

"一带一路"倡议是一种新型全球化大战略思路，具有更强的包容性。坚持不另起炉灶，而是实现战略对接和优势互补；不搞封闭，而是开放包容。倡议旨在通过对接各国发展战略，深化产业链、供应链合作，搭建投资贸易便利化通道，开拓新的合作

---

① 《王毅："一带一路"不是"马歇尔计划"，而是共建人类命运共同体的生动实践》，新华网，2018年8月24日。

空间，发掘新的合作潜力，实现共同发展和共同繁荣，促进人类的和睦相处。几年来，"一带一路"合作不断走深走实，成果超出预期。"一带一路"倡议在世界范围内产生了巨大的引力效应，越来越多的国家和地区表现出强烈的合作意愿。截至目前，中国已同 140 个国家和 31 个国际组织签署了 200 余份共建"一带一路"合作文件，共同开展了超过 2000 个合作项目。2021 年一季度，中国同"一带一路"沿线国家新签承包工程合同额、完成营业额同比分别增长 19.4% 和 12.4%。中欧班列开行 3398 列、发送货物 32.2 万箱，同比分别增加 75%、84%，这些亮眼成绩充分展现出共建"一带一路"强劲的动力。①

在"一带一路"倡议的践行中，要始终以善之心，以诚之心，以利他之心，以和谐共生、各美其美、美人之美、美美与共之心，打开心结，破解心理障碍，增进国际认同，架构心灵桥梁。在长期的实践中，淡化全球性的"文化冲突"，释疑民粹主义的思想困顿，顶住全球化的逆流，促进国际社会的心理互联互通。

三 筑牢反和平演变的心理壁垒

"当今世界，意识形态领域看不见硝烟的战争无所不在，政治领域没有枪炮的较量一直未停。"② 长期以来，西方资本主义国家不断使用武装侵略、军事遏制、经济封锁等手段，企图扼杀社会主义政权，在未能达到其预期目的时，便强化"分化、西化、弱化、矮化、妖魔化"的"和平演变"战略。

一部冷战史和国际政治史，就是一部和平演变与反和平演变

---

① 数据来源于外交部 2021 年 4 月 27 日例行记者会。
② 习近平：《在中共统战工作会议上的讲话》（2015 年 5 月 18 日），载中共中央文献研究室编《习近平关于社会主义政治建设论述摘编》，中央文献出版社，2017。

的历史。和平演变战略其实质是西方发起的一种综合性心理战，对社会主义国家构成较深层次的威胁。从新中国成立 70 多年的历史来看，有两条基本经验：对内反腐败，对外反和平演变。这两条做不好，就有亡党亡国的风险。

和平演变战略的形成有着深刻的国际历史原因，是帝国主义制度在与国际共运较量中长期采取的一种战略。回顾百余年国际共运的历史不难看出，自共产主义诞生以来，反对势力就不断用各种手段绞杀社会主义，在理论和实践上形成了以美国为代表的西方资本主义国家的和平演变战略理论体系。

美国和平演变战略先后经历了凯南的遏制战略、艾森豪威尔的解放战略、杜勒斯的和平演变战略、肯尼迪的和平战略、尼克松的不战而胜战略、卡特的人权外交战略、里根的促进民主运动战略、布什的超越遏制战略、奥巴马的妙实力战略等花样翻新而本质不变的演变。遏制战略所使用的战略手段，主要侧重于军事和政治上的"硬对抗"，超越遏制战略更加突出文化和心理的"软对抗"。用接触代替遏制，攻心为上，企图不战而屈人之兵。1989 年 7 月，布什访问波兰、匈牙利期间，公开支持波匈"自由和独立的浪潮"，要求实行民主和政治多元化，加强同西方的联系等。力图运用多种手段互相配合，政治上影响，军事上威慑，经济上拉拢，意识上渗透，心理上瓦解，以期不战而胜，促进社会主义国家实现和平演变。

中国改革开放大门的打开，客观上为西方国家和平演变战略明火执仗的实施提供了便利条件。意识形态是客观存在，但更多的是看不见摸不着，没有硝烟，悄无声息。意识形态战线是特殊战线，意识形态战争是特殊战争，意识形态阵地是特殊阵地。意识形态的战斗和战争始终在进行，且更加你死我活。意识形态工作具有高度的方向性、系统性、根本性、战略性、全局性特点，又具有隐蔽性、动态性、敏感性、颠覆性等显著特征。[①]意识形态安全是"总体国家安全观"的重要构成部分，抵御和平演变是新发展阶段的重要战略任务。

（一）抵制颜色革命的心理影响

1989 年东欧剧变，1991 年 12 月 25 日苏联解体，第二次世界大战后开启的近半个世纪的冷战以"西风压倒东风"的胜利落下了帷幕。随着中国改革开放的深入发展和综合国力的不断增强，国际战略格局发生了重大变化，出于顽固的冷战思维和对共产主义的敌视，一些西方国家转而将和平演变的主要矛头对准中国。企图通过长期的心理渗透手段，使中国走西方多党制、议会制和私有化的道路，把社会主义中国演变成"西方的附庸"。习近平总书记指出：长期以来，国内外敌对势力对社会主义国家实行"和平演变"战略，并采用各种手段对中国进行"西化"和"分化"。

意识形态战略贯穿美国外交政策的始终。美国历史学家迈克尔·H. 亨特著有《意识形态与美国外交政策》一书，追溯了 20 世纪美国外交政策中意识形态战略的历史和文化根源。认为美国人的自由主义价值观、白人的种族优势观念、对革命的态度是影响美国外交政策的关键要素。从社会心理学角度分析，美国的外交政策深受美国意识形态领域心理因素的影响。自由价值、种族观念、革命意识三种因素的相互作用，构成了美国倚重意识形态外交重要的文化传统和国民心理。

20 世纪 90 年代以来，美国不断调整意识形态领域斗争的方法和手段，启动了新一轮的"颜色革命"，利用所在国"经济发展缓慢、政权腐败、地区矛盾与族群对立"等内外部矛盾，先后策

---

① 贾立政：《关于新发展阶段意识形态领域使命的思考》，《人民论坛·学术前沿》2020 年第 24 期。

划了格鲁吉亚的"玫瑰色革命"、乌克兰的"橙色革命"、吉尔吉斯斯坦的"郁金香革命"、乌兹别克斯坦的"棉花革命"、阿塞拜疆的"紫罗兰革命"等，企图建立"亲美"政权。

中国进入了新发展阶段，意识形态安全不可小觑，抵御颜色革命的思想不可松懈。广泛而深刻的社会变革，导致不同的利益诉求和价值追求，人们的思想观念、道德准则和生活方式发生剧烈变化，意识形态领域不稳定、不确定、不安全因素明显增多，各种潜在风险不断增加，传播方式和阅读方式变革加剧了这种风险的演变。

应对意识形态领域的演化，需要构建"人心—人—阵地"的安全链条。马克思主义认为，如果从观念上来考察，那么一定的意识形态的解体足以使整个时代覆灭。把握意识形态主动权和发展大势，必须尊重意识形态建设的固有规律，对"人心—人—阵地"这一安全链条进行缜密的逻辑建构。做好意识形态工作，关键在人。牢牢掌握意识形态阵地，最重要的是要了解与掌握各种社会群体的需求和心理特质，更好地把握"人心是最大的政治"这一核心问题，做好这个"最大的政治"。[①] 为此，需要深入研判社会心理走向，弘扬社会主义核心价值观，举旗帜、聚民心、育新人、兴文化、展形象，用主流意识形态的张力调适社会"异质性"思潮，整合形形色色的碎片化思想观点，增进社会共识。

（二）心理拒阻战略

当代战争是总体战，胜负取决于系统对抗的能力和运作效率。当代和平演变的心理战，也是总体战。对付和平演变心理战，需要综合运用政治、经济、科技、文化等战略要素，进行最广泛的

---

① 贾立政：《关于新发展阶段意识形态领域使命的思考》，《人民论坛·学术前沿》2020年第24期。

民众动员，在没有硝烟的"战争领域"实现系统对抗。

西方势力极力推行和平演变战略，大肆兜售他们的政治观点和思想文化，妄图首先从腐蚀人们的心灵、演变人们的心理开始，变心、变人、变江山。人对客体的关系，既是受动的，又是能动的。人的生命、意识、心理活动依赖于客体，服从于客体，受客体制约。但是，人在反映客体时，又具有主观上的选择性。仁者见仁，智者见智。对同一事物，由于主体状况不同，做出反应的方式、角度也迥然不同。

因此，反和平演变，一方面要不断净化社会环境，为人们的健康成长创造良好的外部条件。另一方面要增强自身的心理免疫力，不断改造内因，加固心理防线，增强拒腐防变的能力。俗话说："篱笆扎得紧，野狗钻不进。"根深，狂风拔不起；心正，邪恶攻不破。只有构筑牢固的心理防线，才能有效地抵制和平演变的进攻。

1. 确立理性的认知模式

当今，随着国际形势的发展变化，在外部，出现了社会主义信念的确立与瓦解的斗争。在内部，出现了社会主义信念的巩固与动摇的社会心理冲突。因此，社会主义信念的确立与瓦解、巩固与动摇，是资本主义和社会主义两大思想体系和社会制度在意识形态领域所进行的一场心理战，同时又是和平演变心理战与反和平演变心理战的焦点。

实施心理拒阻战略，首先需要确立社会主义信念，强化制度自信。人的信念是心理结构的最高水平。社会主义信念是人们对社会理想坚信无疑、毫不动摇的观念体系，是抵制和平演变至关重要的心理防御机制。不同的社会理想是人类在不同历史阶段进步的标志。东晋时期陶渊明写的《桃花源记》，描绘了一个人人平等、相亲相爱、男耕女织的世外桃源；历代农民起义，提出了"均贫富、等贵贱"的美好社会理想；资本主义初期，英国托马斯·莫尔所著的《乌托邦》、意大利康帕内拉所著的《太阳城》均对理想社会提出了自己的看法；圣西门、傅立叶、欧文奠定了空想社会主义的理论基础。历史上不同阶级的社会理想，都在特定条件下，起到了唤起民众、促进历史发展的作用。但由于阶级和历史的局限性，他们提出的社会理想，往往成为"海市蜃楼""空中楼阁"。

确定社会主义信念，至关重要的是要确立理性的认知模式，掌握最基本的思维方法。

一是排除主观臆断的认知模式。主观经验主义的思维方式，对外部信息的认知有很强的选择性，表现是排除一切不符合主观感觉的信息，把自己的认知禁锢在以自我为中心的环形轨道上，无法理智、冷静、客观地观察事物和思考问题，从而丧失了分辨是非的能力。

二是建立科学的比较参照系。比较是一种基本的思维方法。社会主义信念只有在对不同制度的科学比较的基础上才能确立。进行科学的比较，首先要明确发展的前提条件和起点。社会主义国家和资本主义国家相比，孕育的时间、发展的基础、成长的条件、后续发展潜力均不同。因此，把比较的参照系放在同一时期，就会得出客观的结论。

三是树立理性的国情观。欲教人喻大义，必告人以实情。确立科学的历史观、现实观、未来观和国际观，才能更好地认知事物。了解中华民族上下五千年创造的辉煌文明和近代以来至新中国成立前的艰苦历程，增强振兴中华的使命感；从客观现实出发，实事求是；从未来的视角，客观看待中国社会发展的客观规律，正确把握发展道路的必然性；从国际比较维度看，既不故步自封、自我陶醉、夜郎自大，也不妄自菲薄、自暴自弃、自损自贬。

对国情的正确认识，是在心理上接受社会主义思想的生长点。资产阶级自由化思潮也曾对社会主义的发展产生一定的影响，教训不可谓不深刻。人们对社会主义的接纳程度，取决于他们对国情的认知和理解程度。中国共产党对社会主义道路的选择，也是对中国国情的不断摸索而逐步形成的一种科学认识。[①]

2. 抵制西方价值观的渗透

当前世界各国之间的摩擦，最根本的就是价值观的冲突。价值观是一种比较持久的信念，能够指导规范行为的心理机制。它可以确定个人或群体或社会选取什么样的生存形态、行为模式或交往准则，以及如何判别是非、好坏、美丑、爱憎。小至个人的喜怒哀乐，大至一个群体、一个社会甚至一个国家，对各种社会现象和生活方式采取什么样的态度，做出什么样的反应，以及制定什么样的政策法令，莫不与其所持的价值观有关。因而，价值观渗透是西方势力推行和平演变战略的重要心理武器。西方某些国家往往以"民主、自由、人权"为旗号，鼓吹西方"自由世界"的社会观、政治观、人生观、道德观等文化心理观念，企图抵消社会主义意识形态对人们心理的影响。

20世纪50年代，美国国务卿杜勒斯首先提出向社会主义国家输出西方的价值观念，之后历届政要都强调输出价值观是和平演变战略的重中之重，并不断变换手法。

一是社会交往。交往是现代社会一种重要的行为。人的习惯、模仿、暗示等心理现象都受到社会交往的影响。社会横向交往的扩大，为各种社会态度和生活习惯相互融合创造了条件，推进了固有的心理特征和文化心理观念的变革。因此，西方势力把社会文化交往看作进行价值观渗透和生活方式熏陶的重要手段。早在

---

① 屈全绳、刘红松主编《和平演变战略及其对策》，知识出版社，1990。

1956 年，艾森豪威尔就主张美苏间进行"大规模人民对人民的交流"，意在把美国的价值观输送到苏联去。

二是传播社会文化思潮。社会思潮是社会心理和社会舆论的一种集中表现，对调整人们的思想道德行为起着重要的作用。一种积极的社会思潮，有利于创造良好的社会风气，增强人们的社会责任感；消极的社会思潮，就会使人们产生不健康的甚至扭曲的社会心理。大众传播媒介是社会文化思潮传播的主要途径。大众传播对社会心理的影响具有潜在性、暗示性和渐变性，通过对公众天长日久、潜移默化的影响，在公众心理中必然会产生价值观转型的社会心理效应。

三是宗教渗透。尼克松多次谈到宗教的作用。他在《真正的战争》一书中说："由于教皇约翰·保罗二世凯旋回到波兰，苏联人不得不认真思索斯大林 20 世纪 30 年代说过的一番话。当时他曾经带着轻蔑的口吻问：'教皇有多少师？'教皇没有装甲师，但是他拥有的力量不是苏联的坦克所能粉碎得了的。不理解宗教信仰的人往往低估这种力量。"①

实施心理拒阻战略，需要构筑牢固的心理防线，自觉抵制西方价值观的渗透。在政治层面，抵制多党制的民主价值观，完善人民代表大会制度和社会主义协商民主制度；在经济层面，抵制私有化价值观，坚持社会主义经济制度，完善以公有制为主体的多种所有制并存的格局；在社会层面，抵制个人主义价值观，弘扬集体主义价值观、爱国主义价值观、为人民服务的奉献价值观；在意识形态方面，抵制自由主义价值观。②

在当今和平演变与反和平演变的斗争中，西方势力主要以个

---

① 秦汉：《警惕后疫情时代我国宗教领域的"灰犀牛"风险》，《科学与无神论》2020 年第 5 期。
② 屈全绳、刘红松主编《和平演变战略及其对策》，知识出版社，1990。

人主义价值观向社会主义国家进行渗透和腐蚀。个人主义价值观和集体主义价值观的形成都有其深远的历史根源和文化根源。个人主义作为一种价值观念，在西方有源远流长的历史。17世纪英国哲学家霍布斯，最早从哲学和心理学角度分析，认为人都是利己的，所有的人按其本性来说都只关心个人的利益，都是为了满足和发展个人的欲望，都是为了追求个人的幸福。英国思想家洛克对有关"个人"的思想做了进一步的发展，认为每一个都是一个道德上的存在，每一人的生活目的，都是为了保全自己。

个人主义是一切以个人为中心，一切从个人出发并为了实现个人的需要、愿望的一种观念体系。这种观念在反封建主义斗争和资本主义的建构中，产生过积极的作用。但是，由于个人主义会诱发人们私欲的不断膨胀，必然造成与社会、国家的疏远分离，涣散社会凝聚力。抵制西方势力的和平演变，必须在充分重视人民群众切身利益的基础上建构集体主义价值观，坚持集体主义价值导向，形成抵制西方价值观渗透的社会心理机制。

四　打赢舆论心理战

舆论心理战是当今西方势力针对中国进行战略博弈的重要手段，这种博弈将伴随中华民族复兴的全过程。舆论是社会生活运行中一个极其重要的参变量和元素。西方国家将舆论及其所依附的新闻媒介与利益集团、非执政党、宗教势力等一并归之为"第二决策圈"，认为是社会的"第四种权力"，并且始终影响着国家的战略选择和政策走向，因此西方势力十分重视舆论心理战。

由于历史的变革，心理战也经历了重大的战略性调整。随着西方战略的转变，心理战的战略方针由过去主要服务于战争转到主要服务于对社会主义的和平演变。1951年，杜鲁门首次建立了心理战领导机构——心理战略部。每年拨款 13100 万美元用于宣传活动。朝鲜战争爆发后，杜鲁门向美国驻世界各地的外交使团发布了一项总统密令："用更有力的心理战武器来对付日益扩大的共产主义威胁。"1953 年，艾森豪威尔为了加强对社会主义国家的心理战，建立心理战协调局，增设了新的职务——总统心理战问题助理，随后创建了美国新闻署。

20 世纪 80 年代以来，美国战略研究机构纷纷总结战后多年的经验，认为用武力无法消灭和战胜社会主义。只能用经济竞赛、和平演变和发动无数次低烈度或中烈度的舆论攻心战，融化或鲸吞社会主义。1986 年，美国提出新的战略转移，将以军事武装进攻为主，转移到以价值观、生活方式、政治、经济的攻心战方面来，旨在打一场没有硝烟的"新的世界大战"或中烈度的心理战争。其战略策略是抓两手：一是贩卖西方的价值观念和生活方式，破坏社会主义国家的社会风气，腐蚀民族素质，摧毁社会主义的精神文明；更为重要的一手是制造谣言，搅乱人心，挑起矛盾，涣散人心。[1]

2020 年以来，西方一些国家涉华舆论持续恶化，掀起了新一轮"话语之战"的舆论心理战。法国著名哲学家米歇尔·福柯指出，话语就是权力，可以为特定的政治目标服务。"话语之战"其实就是"叙事之战"。他们通过"编故事""讲故事"，造谣说谎，搅混世界一潭水，扰乱世界视线。企图切断中国与世界产业链、供应链和高新技术的合作，恶化中国的外部战略环境，减损中国与外部世界之间的信任感，离间中国与世界的关系。

可以说，西方一些国家把对中国的舆论心理战上升到"政治战"。正如美国学者斯蒂芬·哈尔珀所说的，"打赢如今的战争靠

---

① 屈全绳、刘红松主编《和平演变战略及其对策》，知识出版社，1990。

的不是最好的武器，而是最好的叙述方式"。"话语之战"是中国必须面对的一场巨大考验，必须寻找更加有效的对策。

（一）辟清谣言

散布谣言是舆论心理战最普遍运用的宣传方式。谣言是一种复杂的社会心理现象，用一种最松散、最自由并且缺乏根据的信息传播方式，是故意捏造的假消息。谣言可能来自敌对国家，也可能来自内部的破坏分子，一旦出现，就会在社会上四处扩散，产生不利影响。

谣言不只害人杀人，而且乱国、害国。东汉王充在《论衡·言毒》中讲："人中诸毒，一身死之；中于口舌，一国之溃乱……故君子不畏虎，独畏谗夫之口。谗夫之口，为毒大矣。"讲的是人中了各种毒，就会身亡；君王听信谗言，一国便会逐渐衰亡。所以君子不害怕虎，唯独害怕谗夫的口。英国哲学家培根在《残篇·论谣言》一文中认为："叛逆之徒与招致叛乱的谣言和毁谤是兄妹，一阳一阴。""在所有谈论政治的著作中没有一种题目是比谣言更少受人论及者，也没有一种题目是更比它值得讨论者。"20 世纪50 年代初，艾森豪威尔也说过："在宣传上花一个美元等于在国防上花五个美元。"

谣言欺诈多采用"黑色宣传法"。美国战略学家柯林斯是大战略理论的主要奠基者，他在阐述心理战略时，曾这样描绘谣言（即黑色宣传）在心理战中的作用："黑色宣传，蓄意伪造消息来源，不必考虑声誉问题。它可以在没有矛盾的地方制造矛盾。如果宣传必须在敌国或中立国领土上开展活动，采取黑色宣传尤为合适。"

抵制和辟清谣言，必须研究谣言产生、流传和变化的心理活动规律。谣言发生和广为流传，主要受个体心理因素的制约，因而产生不同的心理效应和传播效果，而其传播的速度和效果主要受以下几种心理因素制约。

信息障碍。在情况含糊、事实不明、信息不对称、舆论混乱的情况下，最容易产生谣言并得到传播。在危机发生的早期阶段或战时状态，也极易产生种种谣言。在危机发生初期，如果真实信息未能及时得到传播，人们就会依靠地下传播网络，听信民间的"马路消息"。

情感障碍。人们在遇到战争、灾荒、政治动乱、生态危机等时，往往容易出现恐怖感、紧张感和惶惑不安感，出现情感障碍，并容易听信谣言，热衷传播各种未经证实的信息。情绪色彩会增强人们认识的倾向性，降低人们的逻辑推理能力，往往会不问"为什么"而接受一些谣言。

心理迎合。谣言之所以能够被接受和传播，是因为很多谣言符合人们的主观意愿和心理需求。人都有一定的思想准备和心理定式，当谣言和个人需要愿望接近时，人们会更乐于接受，谣言的传播就会呈现加速趋势；反之，谣言也没有生存空间。

暗示联想。为了避免遇到辩论、发生冲突和抵抗，谣言传播往往会采用暗示的方式，达到传播某种思想和政治目的的意图。暗示是通过人的心理联想活动实现的，暗示宣传就是通过诱导接近联想、相似联想、对比联想和关系联想，从而影响人们的心理状态。暗示诱导的心理战手法早在第二次世界大战就被广泛应用。德国 1941 年建造的几十艘潜水艇即将下水，需要招收几千名潜艇水手。正当许多青年争相报名参加杜尼海军上将的潜水艇部队时，美国海军的一个代号 OP-16-W 的秘密部门精心设计了一种传单：潜水艇被画成了一个"钢铁棺材"，并写上这样的文字：潜水员危险、寿命短，长时期同外界隔绝。结果，许多德国青年因对潜水员职业产生恐惧而放弃了报名，招募工作被拖延了好几个月。

谣言通常会利用人们的从众心理、盲目心理。造谣者往往都会利用这一群众心理。在社会心理学家勒庞看来，一个孤立的人融入群体往往会丧失部分自我意识。在群体中，个人的才智和个性被削弱，个体被同质化，并形成集体无意识。谣言的传播有一定的规律性，往往是开始缓慢，然后不断加速，当达到了峰值，又变得缓慢起来。谣言对社会的破坏作用是显而易见的，应予以严格控制。

其一，预先告示。对可能的谣言攻势做预防性警告，目的在于使人们对可能遇到的谣言攻势做好心理准备，强化"敌情"观念。同时及时揭露敌对势力造谣中伤、挑拨离间的手法。如无中生有，片面夸大；攻其一点，模棱两可，半真半假，等等。敌对势力惯用"据说""可能"等词汇，进行所谓"客观""中立"的报道，并摆出"关心""同情""公正"的姿态，进行攻心战，削弱听众的"传播防卫"能力。预先告示，可以使人民群众对敌对势力的负面宣传始终保持高度警惕，从而削弱其宣传媒介的攻击力和迷惑力。

其二，及时辟谣。谣言传播的范围与传播的时间成正比，传播时间越长，其谣言的"流出量"越大，受影响者越多。一旦发现有谣言在传播，就应立即制止，从而减弱谣言的破坏作用。对于谣言不宜采取静默或回避的态度，而应采取调查分析的方法，收集分析各种谣言，做出积极正面的解释，提高民众抵制谣言的理智程度。同时，可以通过广播、报刊和新媒体等途径，澄清矛盾荒诞的谣言，公布真实的消息，以正视听。①

其三，提高信息透明度。信息越不透明，就越容易给谣言传播提供空间。新冠肺炎疫情期间，正是因为我国政府不瞒报、漏报、错报信息，健全信息披露机制，才营造了一个信息透明的传

① 屈全绳、刘红松主编《和平演变战略及其对策》，知识出版社，1990。

播环境，并取得抗疫的胜利，实现了疫情的常态化管理。

（二）破解"切香肠"之术

意识形态领域的渗透，往往看不到疾风骤雨。思想和心理的演变，要经历潜移默化的嬗变过程。"切香肠"之术是舆论心理战的惯用伎俩。"灭人之国，必先去其史"。历史虚无主义的渗透，就是借助新媒体和网络空间，通过碎片化、娱乐化、多变化的传播形式，瓦解人们的思想。比如，那些丑化革命先烈、抹黑英雄模范、攻击领袖人物、戏说社会的行为，否定优秀传统文化的思想，其实质就是意识形态领域的心理战。

习近平总书记指出："苏联为什么解体？苏共为什么垮台？一个重要原因就是意识形态领域的斗争十分激烈，全面否定苏联历史、苏共历史，否定列宁，否定斯大林，搞历史虚无主义，思想搞乱了，各级党组织几乎没任何作用了，军队都不在党的领导之下了。最后，苏联共产党偌大一个党就作鸟兽散了，苏联偌大一个社会主义国家就分崩离析了。这是前车之鉴啊！"[①]瓦解"之术"，可以用"切香肠"手法，在"细雨润无声"之中切断源头，在未被迷惑之前快速觉醒，在机体未被侵蚀之前治未病。

（三）以斗争求主动

当下，针对西方势力的舆论攻势，必须以斗争求发展，以实力求和平。要充分发挥主流媒体、新媒体和民间正义之声的协同作用，广泛调动社会各种有效战略资源，立足于打赢一场"不愿打、不怕打、不得不打"的旷日持久的舆论心理战。

---

① 中共中央文献研究室：《十八大以来重要文献选编》（上），中央文献出版社，2014，第113页。

五 构建心理威慑机制

近年来，西方一些国家主导的"印太战略"，企图对我国构建更广泛的战略包围圈，进行多层次的立体式围堵。为了破解这种战略围堵，我们需要实施反介入／区域拒止战略，提高反介入／区域拒止能力。

实施"区域拒止战略"，需要在注重军事实力提升的同时，构建心理威慑防线。威慑力量的主体由物质和精神心理两大要素构成，国防有物质防线和心理防线。物质要素是构成国防威慑力量的基础，主要包括经济力量、军事力量、科学技术和自然地理因素等，没有物质力量作后盾的国防，是不具备威慑力的国防。和平时期，强大的军事存在，同样可以发挥国防的心理隐形功能。精神心理要素主要包括政治道义、民族自尊、国民意志、爱国精神、战斗士气等，精神心理要素是一种具有广泛的渗透力、凝聚力和震撼力的无形要素，可以增大物质力量的效能，弥补物质力量的不足，为发挥物质力量的作用提供驱动力。

中国国防威慑的物质力量具有雄厚的基础和明确的发展战略导向。2015年5月，中国政府发表了《中国的军事战略》白皮书，重申中国继续奉行新形势下的积极防御战略方针。在力量建设上采取以下措施。

陆军按照机动作战、立体攻防的战略要求，实现区域防卫型向全域机动型转变，加快小型化、多能化、模块化发展步伐，适应不同地区不同任务需要。组织作战力量分类建设，构建适应联合作战要求的作战力量体系，提高精确作战、立体作战、全域作战、多能作战、持续作战能力。

海军按照近海防御、远海护卫的战略要求，逐步实现近海防御型向近海防御与远海护卫型结合转变，构建合成、多能、高效的海上作战力量体系，提高战略威慑与反击、海上机动作战、海上联合作战、综合防御作战的综合保障能力。

空军按照空天一体、攻防兼备的战略要求，实现国土防空型向攻防兼备型转变，构建适应信息化作战需要的空天防御力量体系，提高战略预警、空中打击、防空反导、信息对抗、空降作战、战略投送和综合保障能力。

火箭军按照精干有效、核常兼备的战略要求，加快推进信息化转型，依靠科技进步推动武器装备自主创新，增强导弹武器的安全性、可靠性、有效性，完善核常兼备的力量体系，提高战略威慑与核反击和中远程精确打击能力。[1]

随着国防现代化的深入发展，中国空军向战略空军转型，从高空走向空间一体化；中国海军向深蓝海军转型，从近海走向远洋。中国的战略空间和战略纵深不断拓展。近几年，中国军事力量的提升令世人印象深刻。反舰弹道导弹、潜艇与空中力量一道，构成了支撑中国"拒止战略"的主要武器系统。东风21D、东风26、东风41、东风17等导弹相继问世，自造航母下海，新型战略核潜艇潜入海底，歼—20/31战机飞上蓝天等等，构成了一道道"拒阻"的物质防线和心理威慑机制。

威慑可以发挥巨大的心理效应。在强大军事力量的震慑下，达到不战而屈人之兵的目的。威慑是以实力为后盾的威胁，通过物质性威胁的显示，在对方心理上构成一种非物质性的障碍，使之认识到由于面临无法承受的后果而不敢贸然采取行动，或使其行动有所收敛，或被迫停止某些行动，从而达到慑服对手的目的。国防威慑是国家间凭借各自防卫力量的显示和运用，从心理上遏制对方，以使自己的国家利益和国家安全不受侵犯。

---

[1]　中华人民共和国国务院新闻办公室：《中国的军事战略》，人民出版社，2015。

威力巨大的核武器是超级大国实施外交政策的主要工具，核战争的恐怖给人们造成沉重的心理压力，世界和平悬挂在"恐怖的均衡"之中。第二次世界大战以后形成的两大阵容的世界格局，以及随之发展起来的核力量，就是以心理威慑为基础。时至今日，再也没有发生大规模的世界大战，究其原因，其中很重要一点，就是人类拥有可以把自己毁灭无数次的核打击能力，极度的核心理恐惧使决策者更趋理性。

威慑与稳定是对立的统一体。人们无法指望世界在短期里完全停止军备竞赛，但是，可以从威慑战略的应用中看到暂时的稳定。威慑力量来自威慑机制。中国的国防发展战略就是要根据世界军事和战略武器发展的态势，面向科技最前沿，不断更新和发展尖端的武器装备，锻造自己的撒手锏，建立起力量强大的威慑机制和反威慑机制，在世界军事力量抗衡中，充分发挥心理影响。

未来 30 年，中国面临着更加严峻的安全挑战，国家安全战略必须做出坚定而灵活的应对：在"树欲静而风不止"中把控风头，在冷战思维的零和博弈中赢得主动权，在"卡脖子"中攻克技术难关，在高歌猛进中防范"黑天鹅"或"灰犀牛"事件，在民族复兴充满希望之时保持临深履薄的心态。未雨绸缪，严阵以待，提高警觉性，强化忧患意识，锻造快速反应能力，不断筑牢国家安全的心理防线。这些都是未来国家安全心理战略的着眼点和立足点。

第四章　构建心理和谐社会

邓小平有两句话，富含深远而又重大的战略意义。一句是"发展是硬道理"，另一句是"稳定压倒一切"。发展是解决一切问题的总钥匙，稳定关乎国家存亡。稳定是发展的前提，没有稳定就没有发展，没有发展也稳定不了。这两句话充满了哲学辩证思想，也是被历史和实践所证明的真理。抓住了这两个问题，就抓住了中国建设和改革的总枢纽。

稳定是指一个社会处于良性运行和有序发展的和谐状态，是指各种社会矛盾处于相对缓和、社会系统中各大分支系统相互协调的相对平衡。中国的发展不是一帆风顺的，尤其是在近代，19世纪初的清王朝政治腐败，经济萧条，民生凋敝。中国从1840年进入半殖民地半封建社会到新中国成立前的100多年间，西方殖民主义者搅得中国山河破碎、动荡频仍。1949年新中国成立以后，红色政权在保卫中巩固，社会在稳定中进步和发展，取得了辉煌的成就，这都得益于中国社会的有效治理，得益于和谐社会的建立。

一　建设和谐社会的心理根基

21世纪初以来，中国共产党将建设"和谐社会"作为执政的战略任务，将"和谐"的理念作为建设"中国特色社会主义"过程中的价值取向。2004 年 9 月 19 日，党的十六届四中全会首次提出了构建社会主义和谐社会的历史任务，明确提出，形成全体人民各尽其能、各得其所而又和谐相处的社会，是巩固党执政的社会基础。2006 年 10 月，党的十六届六中全会审议通过《中共中央关于构建社会主义和谐社会若干重大问题的决定》，提出建设一个民主法治、公平正义、诚信友爱、充满活力、安定有序、人与自然和谐相处的社会。2007 年 3 月，胡锦涛进一步阐明了构建社会主义和谐社会必须坚持"在共建中共享，在共享中共建"的重大原则。

胡锦涛指出，实现社会和谐，建设美好社会，始终是人类孜孜以求的一个社会理想，也是包括中国共产党在内的马克思主义政党不懈追求的一个社会理想。马克思主义认为，未来理想社会是社会生产力高度发达和人的精神生活高度发展的社会，是每个人自由而全面发展的社会，是人与人和谐相处、人与自然和谐共生的社会。社会主义和谐社会，指的是一种和睦、融洽并且各阶层齐心协力的社会状态。和谐社会包含个人自身的和谐、人与人之间的和谐、社会各系统各阶层之间的和谐、个人和社会与自然之间的和谐、整个国家与外部世界的和谐。

"中国之治"植根中国大地，在深厚的中国文化母体里孕育成熟。历史证明，凡是能够持续稳定并不断发展的国家，必然与其所对应的历史文化和社会心理相契合，必然有稳固的文化传统和心理基因作为基础。中国文化自孕育、发展到今天，始终贯穿"和谐"的思想，和谐是中国社会稳定的文化心理基因。

中国自古就有追求和谐共生的理想，推崇和衷共济、政通人和、和而不同、和谐为美。和谐是中华文明的精髓。大同社会代表了中国古代理想和谐社会的最高境界。中华文化在发展中形成了一整套关于和谐的思想体系。

在人与自然的关系上，主张天人合一。《老子》说："人法地，地法天，天法道，道法自然。"在人与社会的关系上，主张"以德治国""以仁施政"，强调政治和谐、经济和谐、文化和谐。

在人与人的关系上，强调"人和"，遵循仁、义、礼、恭、宽、信、忠、恕、孝的社会准则，如《大学》所说："为人君，止于仁；为人臣，止于敬；为人子，止于孝；为人父，止于慈；与国人交，止于信。"提倡宽和处世，由己及人。

在族与族、国与国之间，主张和谐共处。《尚书·尧典》说，"百姓昭明，协和万邦"。《象传上·乾》有云："首出庶物，万国咸宁。"孔子提出"四海之内皆兄弟"。在心与身的关系上，强调自省、自律、理性、学习，"正心"以"修身"。

和谐思想的源头最早可以追溯到《周易》。《周易》被誉为"大道之源"，群经之首。国学大师汤一介先生在《"太和"观念对当今人类社会可有之贡献》一文中认为，如果人们能更加重视儒家的"太和"观念，对它做出适应现代社会生活的诠释，并使其落实于操作层面，应该说对今日和将来人类社会的发展是非常重要的。"太和"见于《易传·象传上·乾》："乾道变化，各正性命，保合太和，乃利贞。"意思是说，天道大化流行，万物各得其正，保持完满的和谐，万物就能顺利发展。"太和"是指"普遍和谐"，如儒家所认为的，"太和"观念包含着：自然的和谐，人与自然的和谐，人与人的和谐（即社会的和谐）以及人自我身心内外的和谐四个方面，这样大体上构成了"普遍和谐"的观念。①

儒家强调，首先是自我身心内外的和谐，进而达到人与人的和谐、人与自然的和谐，最后实现自然的和谐。人自我身心内外的和谐，即"欲理合一"；人与人的和谐，即"人我合一"；人

---

① 汤一介:《"太和"观念对当今人类社会可有之贡献》,《中国哲学史》1998 年第 1 期。

与自然的和谐，即"天人合一"。正如《大学》所说，遵循正心、修身、齐家、治国、平天下的逻辑，实现管人治国之道。"正心"是起点。只有实现身心内外的和谐，才能够实现人与人的和谐、人与自然的和谐和自然的和谐。可见，"心理和谐"是社会和谐之基。

中华民族是以遵道而为、和谐合作而闻名于世的。中国人基于"万物负阴而抱阳，冲气以为和"的中庸哲学，追求万物平衡统一，万事以和为贵，渴求社会稳定，痛恨社会动乱，讲求顺乎天道，合乎人意，社会在协调稳定中向前发展。儒家倡导的"和为贵""中庸"都蕴含了心理和谐思想。这种心理和谐思想，实际上是儒家一贯追求的中庸平和之境界在心理上的体现。

心理和谐包括个体的知、情、意相互统一的内心和谐，也包括社会、群体和整个民族心理的相通相融。和谐社会建立在心理和谐的基础上，构建和谐社会和社会稳定格局，就必须从构建社会的和谐心理开始。心理和谐战略是社会治理的核心战略。

维护社会稳定和防止社会动乱是一个问题的两个方面，影响社会稳定的因素同时也是造成社会动乱的因素。维稳治乱要从治心入手，社会心理的调适对于消除社会隐患具有特别重要的意义。构建心理和谐社会，建设幸福美好的家园，是中国人的理想抱负和历史使命。

二 社会凝聚战略

社会凝聚力又叫社会内聚力，原为物理学概念，指物质结构中分子与分子、原子与原子之间黏合在一起的某种内在力量，是一种相互吸引力。社会心理学借用这个名词，意指群体对个体以及个体之间的相互吸引力。社会凝聚力是国家各类组织和社会群体对所有成员的吸引力、成员对群体的向心力、成员之间的亲和力与协同性的综合体现。群体可以分为松散的群体和严密的群体。松散的群体不具备组织功能。严密的群体也称为集体，集体具有组织、协调、规范功能。松散的群体如果不能很好地进行引导、调整、规范和控制，就有可能酝酿成群体冲突、群体事件和恶性事故，对社会产生极大的破坏性。

法国社会心理学家古斯塔夫·勒庞创作的《乌合之众：大众心理研究》，是一本研究群体心理学的著作，被誉为社会心理学领域的里程碑。1895年出版，至今已被翻译成十余种语言，再版三十余次，开了群体心理研究之先河，在世界上引起了较大的影响。美国社会心理学代表人物高尔顿·奥尔波特评价道："在社会心理学领域已有著作中最有影响的也许非勒庞的《乌合之众》莫属。"

勒庞认为，不是随便聚集在一起或同处一个时空里的一群人，就是群体。一群在广场上闲逛的人，互不相识，关注点不尽相同，没有统一的心理诉求，不能称之为群体。假设，此时突然发生火灾，人群骚动，四处躲逃，由于拥有了逃跑、求生的共同心理，才能够形成群体。股民未必同处一时间和地点，但拥有了相同的心理诉求，所以就形成了一个"群体"。勒庞把这种群体称为"乌合之众"。

"乌合之众"具备独有的心理特征：群体的智力水平，时常低于个人水平；人们形成群体后，智力水平会下降，其智力水准与群体中智力最低的人一致。一般情况下，群体只接受简单明了的号召和主张，不关心证据和论述，不进行分析和判断。越是迎合基本需求的主张，越容易得到拥护和支持。由于群体智力下降，特别容易接受暗示的误导，容易相信并传播谣言，甚至是稀奇古怪的信息。[①]

---

① 〔法〕古斯塔夫·勒庞：《乌合之众：大众心理研究》，戴光年译，新世界出版社，2011。

面对日益严峻的国际形势和国内出现的问题，面对变革社会的复杂局面，如何提高社会治理能力和治理水平，如何把中国人民团结和凝聚在一起，形成强大的心理内聚力，构建心理和谐社会，实现中华民族的伟大复兴，是一个重大的历史性战略课题。

（一）增强国家民族认同感

自古以来，江河湖海，山川丛林，大漠草原，都是孕育文明的摇篮。黄河是中国的母亲河，秦岭被称为中国的父亲山。农耕地区、草原游牧地区、山林农牧地区、江河地区维系在一起，推动着中国传统农耕文明、草原游牧文明、山林农牧文明、江河地区文明成为一个整体。几千年来生生不息的发展，逐步形成了大一统的中华文明。

中华文明经过诸阶段的发展，在一次又一次大规模的迁徙、重构、同化中不断演化，逐步打破了血缘、地域、民族的封闭性，形成了中华大一统的社会共同体。五千年以来，从黄帝、尧舜禹时代聚集的"部族群体"开始，发展为夏、商、西周、春秋战国时代的"华夏民族国家"，到秦国统一以来"书同文，车同轨，量同衡，行同伦"的交汇融合，开启了中国统一的多民族国家发展的历程，大一统的中华古代文明开始确立。

从 3 世纪初至 13 世纪中叶，是大一统的中华族群、中华国家、中华文明的辉煌发展阶段。从 13 世纪中叶至 19 纪中叶，是大一统的中华族群、中华国家和中华古代文明普遍发展与局部更化阶段。19 世纪中叶至 20 世纪中叶，是中华民族和中华文明的重大转型阶段。1911 年，结束了持续两千多年的君主制体制，开始向现代国家体制转型。从 20 世纪中叶开始，中华民族重新确立了自身独立自主的主体地位，开始走向伟大的复兴。[①]中国历史的演变，逐步形成了共同语言、共同地域、共同经济生活条件和共同心理素质的中华民族共同体。

几千年来，中华民族以语言文化符号为载体，以经济政治条件为基础，以共同地域生活为背景，创造了灿烂辉煌的物质文明和精神文明，形成了独特的文化特色。中国人在代际传承和历史进程中塑造、陶冶和沉淀了自身的心理结构，凝结为共同的基本人生态度、情感方式、思维模式和价值观念的心理模式，构成了巨大的民族文化"心理场"，强化了民族的文化认同心理和民族共同意识。这种民族的共同心理素质是中华民族几千年永续发展的源泉和动力。

"中华民族"一词虽然出现在近代，但是，自秦汉开始出现统一的多民族国家起，中华民族就处在形成过程中，民族文化认同感在历史演变中得以强化。近代中国的屈辱史，强烈刺激了中华民族的自觉意识，强化了"振兴中华"的主体自觉。在民族构成中，人的语言可以变化，地域可以变化，共同经济生活条件可以变化，但是，人的共同心理素质是民族构成中最长久、最具生命力的要素，随着时代的变迁愈益重要。我是"中国人"的主体意识，在一代又一代中国人的血液中流淌。就像《我的中国心》这首歌所唱的："洋装虽然穿在身，我心依然是中国心。"

习近平总书记指出："树立和突出各民族共享的中华文化符号和中华民族形象，增强各族群众对中华文化的认同。"文化认同是核心。中国社会的治理，必须强化民族心理认同，强化中国人的共同心理素质，强化中华民族"共同体意识"，强化在这种心理认同基础上形成的爱国情感，汇聚起同心共筑中国梦的磅礴力量。

---

① 姜义华：《中华文明的根柢：民族复兴的核心价值》，上海人民出版社，2012，第11~14页。

强化民族心理认同，加强社会的凝聚力，构建心理和谐社会，最为重要的是要扛起爱国主义的大旗，世世代代地加强爱国主义教育，让爱国主义情感在代际传承中不断升华。爱国主义情感教育是一项长期的全民心理建设工程。国家承载着无数人的情感脉络，构成了我们共同的精神心灵家园。爱国主义精神是中华民族的根与魂，是中国人民自强不息的力与本。每一个中国人都必须心忧祖国，休戚与共，命运相连，同舟共济。"得其大者可以兼其小"，要将"小我"融入"大我"，扛起民族复兴的责任担当。

加强爱国主义情感教育，需要重视历史教育。历史是最好的教科书，也是最好的清醒剂。必须注重传承和弘扬中华优秀传统文化，从五千年中华文明塑造的民族意识、民族性格、民族气概的历史传承中汲取营养和智慧，树立和坚持正确的历史观、民族观、国家观、文化观，自觉延续文化基因，增强民族的自尊心、自信心、自豪感、归属感、认同感、尊严感、荣誉感。

广泛开展党史、国史、改革开放史教育，从新中国成立70余年生发的精神信仰、精神品格和精神力量中吸取力量。大力宣传各个时期涌现出的英雄烈士、模范人物、时代楷模、道德模范、最美人物和地方先贤，利用革命博物馆、纪念馆、党史馆、烈士陵园等红色基因资源，讲好党的故事、革命的故事、根据地的故事、英雄和烈士的故事，发挥榜样的引领作用和社会心理示范效应，以榜样力量激励和鼓舞人。唱红色歌曲、看红色电影、读红色经典、走红色道路，继承革命传统，弘扬革命精神，传承红色基因，筑牢信仰根基，坦然面对世界风云变幻和复杂严峻的形势。增进心灵契合、互信认同、知情意行的统一和谐，厚植爱国主义的大情怀。

加强爱国主义情感教育，需要面向全体人民、聚焦青少年。"青少年兴则国兴，青少年强则国强。"要把青少年的爱国主义情感教育作为重中之重，将爱国主义精神贯穿于学校教育全过程，牢牢把握思想政治教育的时代主题，推动爱国主义情感教育进课堂、进教材、进头脑，紧紧抓住青少年阶段的"拔节孕穗期"，引导学生立志、勤学、明辨、修德、笃实、践行，培养他们爱国、爱党、爱社会主义的深邃情怀。新时代"爱国主义"的所爱之"国"，非过去可同日而语；"爱国主义"的"爱"之形式更加多样化；"爱国主义"的"主义"内涵更为丰富深刻，爱国主义情感教育必须应时而变，顺势而进，升华内容，更新模式，拓宽渠道，找到人们的心理契合点，提高教育成效。

　　加强爱国主义情感教育，需要注重发挥情感教育的隐性功能，做到显教性和隐教性相统一。充分利用各种仪式礼仪、重大纪念日、重大历史事件、传统节日、自然人文景观、文物古迹、传统村落、民族村寨、传统建筑、农业和工业遗迹、各类非物质文化遗产等所蕴含的爱国元素和教育资源，创新方法手段，适应分众化、差异化传播趋势。组织开展成体系、成系列的接地气、聚人气、有生气、有情感、有深度、有温度的主题教育，讲好祖国故事，寓教于学、寓教于乐、寓教于行、寓教于日常生活之中。使广大人民群众感悟中华文化，接受社会文化价值观、信念、习俗和法律的洗礼，涵育爱国情感。把情怀教育和爱的教育贯穿个体成长的全过程，建立起终身教育体系，解决"爱谁""谁爱""怎么爱"的问题。培育中国人的家庭情怀、学校情怀、家乡情怀、国家情怀，厚植爱家庭、爱学校、爱家乡、爱国家的博大胸襟。①心之所系，情之所归，形成自觉的民族共同体意识，血脉相连，休戚与共。

---

①　《新时代爱国主义教育实施纲要》（2019 年 11 月 12 日）。

（二）建立和谐的人际关系

在世界文化演变过程中，希腊文化偏重于人与自然的关系，古印度文化偏重于人与神的关系，中国文化偏重于人与人的关系。以重视人际关系为主导的治理模式和制度体系，以血缘、亲缘、地缘构成的族群社会和宗法文化，维持了中国几千年的社会秩序。在中国共产党的领导下，社会主义制度造就了特有的社会群体。从中央到地方到基层，从社会到企业到个人，从国家到社区到家庭，都具有更紧密的连接性。中国是一个严密的网格化社会，中国的社会群体具有更强的组织性和纪律性。

中国社会治理的现代化，应该着眼于把无数个松散的群体和非正式组织群体凝聚演化为集体。集体由群体发展而来，是群体的最高形式，是具有高度心理亲和力的群体。良好的集体心理气氛对社会、组织和个人的发展至关重要。人际关系中的相互理解、信任、关心和友爱，会营造良好的集体心理气氛，促进集体成员之间的团结合作，增强集体成员的责任感和认同感，提升人际关系的和谐度，使集体保持稳定、融洽、高效而有序的状态。

1. 发挥"社会助长"作用

人的心理和行为在集体环境的影响下往往会发生异乎寻常的变化，有人在场或者许多人在一起共同工作的效率高于单独工作的效率，这叫作"社会助长"作用。在体育类竞技比赛中，"啦啦队"可以起到"助长"作用，被"啦啦"的一方会感到欢欣鼓舞。发挥"社会助长"作用，需要增强社会竞争和群体活动的正向效应。马克思主义认为，在大多数生产劳动中，单是社会接触，就能引起竞争心和特有的精神振奋，从而提高每个人的工作效率。人们具有自尊自爱等需要，希望获得别人的认可。从人性的角度看，个体对别人评价的期待能更好地激发自己，促进自己把事情办得更好。在集体成员的交往中，当个体的行为表现符合集体规范和集体期待从而得到赞许与鼓励，就会进一步强化积极行为，增强个人的信心、决心和潜力，也必然会使内部更团结。

因此，需要净化社会环境，形成风清气正的心理氛围，弘扬群体的正能量，崇尚英雄和榜样，宣扬身边的好人好事，发挥"社会助长"的正向心理效应。人际关系中的相互认同、相互期待、相互携手、彼此关爱，就会营造良好的集体心理氛围，更好地激发人产生向上的力量。

发挥社会助长作用，需要提高群体目标和个人愿望的一致性。个人赞同群体目标，才会对群体产生认同感。如果群体确认的目标，既具有整体价值，又具有个人意义，实现后既增强了群体的力量，提高了群体的威望，又能满足多数成员的愿望和需要，那么这个群体的凝聚力就会增强。习近平总书记提出的"人民的愿望就是我们奋斗的目标"，就是把人民愿望和国家目标有机地结合起来。这样就会促进人民想国家之所想，急国家之所急；大家就会畅所欲言，步调一致，增加克服困难的信心和勇气；就会自觉地抵制各种不良作风的消极影响，发挥"社会助长"的正向效应，防止不良事件的发生和演变。

2. 引导社会从众心理

群体性事件往往是在从众心理的负向作用下产生的。从众是个人与多数人保持一致并获得安全感和被接纳感的心理现象。从众行为有积极和消极意义之分。它取决于引起从众行为的事物或信息的性质。如果所"从"的是正确的"众"，无疑会产生积极的效应。如果所"从"的是错误的"众"，就会起消极甚至破坏作用。在一个正不压邪的群体里，从众行为必定产生不良后果；而在一个团结坚强的集体中，从众行为对集体建设有促进和加强作用。

通常情况下，群体成员意见越一致，人们的从众性就越强；群体规模越大，从众率就越高；群体成员越有专长，其对群体就越信任，也越容易受到群体的影响。具有不同心理特征的人，从众的倾向会有所不同。一般而言，文化水平低者较文化水平高者更容易从众；判断能力低者较判断能力高者更容易从众；易受外界影响的情绪不稳定者较情绪稳定者更容易从众；自信心弱者较自信心强者更容易从众；个人掌握的有效信息越少，也越容易从众。

3. 增强群体心理的相容性

心理相容是指群体成员之间的相互吸引、相互尊重、相互信任和相互支持。不相容，就会相互排斥、相互猜疑、相互攻击和相互歧视。心理相容是团结的心理基础，也是实现群体目标的重要保证。每一个群体成员所扮演的角色不同，完成的工作也不同，存在明显的差异性。个体之间存在社会背景、经济地位、政治角色、职业身份的社会性差异，也存在智力水平、爱好、态度、价值观、宗教信仰的心理差异。只有不同的人共同协作，取长补短，互相补偿，才能形成良好的人际关系，增强凝聚力。

人际关系的平等性是增进集体心理相容的基本条件。人在社会组织中的交往往往是上下级之间的交往，这种交往既体现民主和平等，也体现集中和服从。集体行为的服从性与平等性并不是相互对立的。服从性主要体现在工作关系上，是正式组织意义上的等级关系，是非情感性的；平等性是就人格和态度而言的，包括政治上的平等和情感上的相容。下级只有感到在政治上与上级完全平等，在人格上受到尊重，才会自觉服从命令，听从指挥。上级热情、关怀、支持的态度，能获得下级的好感、拥护和合作。上级对下级缺乏情感，态度冷漠，方法生硬，相互之间只存在领导与被领导、发号施令与唯命是从的关系，必然导致人心的背离。

外部压力是心理相容的重要条件。一旦群体成员充分意识到集体的生存价值，就会极大地增强群体的凝结性。在外部压力的推动下，集体成员之间更容易形成共识，彼此更能产生情感共鸣，在行动上更能达成一致。因此，危机教育和国家安全教育必不可少。[1]

三　社会均衡治理

中国仍然处在社会主义发展的初级阶段，人民日益增长的美好生活需要与不平衡、不充分的发展之间矛盾依然突出。有矛盾就有冲突，矛盾需要调节，冲突需要平衡。不调节、不平衡就会失衡。失衡既表现在社会的外在层面，也表现在人们内在的心理层面，失衡就会破坏社会结构稳定和心理和谐。构建心理和谐社会，实现有效的社会治理，首先要解决社会平衡问题，重视社会失衡心理的治理。

（一）均衡发展战略

中国是一个人口大国，自然环境复杂，地区发展不均衡，在社会主义市场经济深入发展的进程中，必然产生各种不平衡不协调现象。

不均衡必然带来社会心理失衡，为社会稳定埋下隐患。社会心理失衡现象存在于社会各个阶层。收入差距、区域差距、人口分布、行业差异会导致心理失衡。攀比者有之，迷茫者有之，失落者有之，焦虑者有之，嫉妒者有之，不满者有之，怨恨者有之。因此，必须采用均衡发展战略，实施综合治理，在变革中求平衡，在深入改革中阻断分化。

---

① 刘红松主编《军人心理学》，国防大学出版社，2000，第70~71页。

解决公平问题，实现社会平衡，最根本的是解决发展问题。发展是化解社会主要矛盾的总钥匙。"发展的不平衡要靠发展来解决。国家应当积极进行结构性改革，把握好公平和效率之间的关系，采取有效政策措施避免收入分配失衡加剧，应对好新技术和市场竞争给部分地区、行业造成的冲击，使民众可以从不断发展中普遍受益。我们只能在做大蛋糕的过程中寻求更好地切分蛋糕的办法，决不能停下来、就切蛋糕的办法进行无休止的争执。诿过于人也无助于问题解决。"① 为此，应始终把经济发展问题作为中国发展的重中之重。

在区域经济协调发展层面，按照主体功能区的空间布局，形成优化开发、重点开发、限制开发和禁止开发的区域发展格局。积极发挥东南部沿海的龙头带动作用，大力促进中西部地区快速崛起，重振东北老工业基地的雄风，带动区域经济社会协调发展。通过高质量发展，加快供给侧结构性改革，促进区域间生产要素合理流动和优化配置，提高劳动生产率和全要素生产率，不断增强自主创新能力和国际竞争力。

在解决城乡差距和贫困问题的层面，促进工业化、信息化、城镇化和农业现代化的同步发展，实施乡村振兴战略，提高农民的收入水平，缩小城乡收入差距。加大对欠发达地区的支持力度，建立以政府为主导、以市场为纽带、以企业为主体、以项目为载体的互惠互利机制，调动各方参与扶贫济弱的积极性，不断缩小经济发展差距，推进基本公共服务均等化，通过持续发展普惠于民。

解决公平问题，实现社会平衡，需要建立利益协调平衡机制。在新的历史发展阶段，我国社会主要矛盾发生了变化。"人民日

---

① 《王岐山在世界经济论坛 2019 年年会上的致辞》，新华网，2019 年 1 月 24 日。

益增长的美好生活需要"取代了"人民日益增长的物质文化需要"。"美好生活需要"几乎涵盖了人民的所有需要。社会治理必须坚持人民性，想人民之所想，急人民之所急。始终把人民群众的冷暖和关切放在心中，始终耐心地细致地倾听社会各个阶层的呼声，关注每一个社会群体的利益需求，尤其是关注社会弱势群体、中等收入群体、农民工群体、大学生群体、老年群体、儿童群体的切身利益。

通过第一次分配和第二次分配的收入调节，建立社会补偿机制，构建完善的社会保障体系。真正做到幼有所育，学有所教，劳有所得，病有所医，住有所居，老有所养，弱有所扶。始终把就业问题摆在经济发展的重中之重，始终把"教育可以改变命运"当作政策设计的基本理念，始终把"扶贫不助懒，扶贫先扶志"当作工作的基本思路。尽力满足各类社会群体的心理预期，增强对未来生活的信心。

解决公平问题，实现社会平衡，需要树立正确的公平观。不公平感是在主观对比中产生的，公平与否在很大程度上取决于人们的主观感受。当下，人们的经济生活条件和收入水平已经有了大幅提高，但仍有不少人认为社会发展不尽如人意，并有生活水平下降的感觉。对比的标准、角度和方式不同，所依赖的参照系不一样，就会产生不同的心理感受。普通人有时候会有一种"得到的东西感觉比别人少，失去的东西感觉比别人多"的心理定式。不公平感长期累积，就会产生心理失衡，甚至演变为对社会失去信心。因此，需要引导人们明确地认识公平与能力、公平与贡献、能力贡献与利益获得、社会有效供给与社会有效需求相互匹配的社会运行规律，建立科学的认知模式。

解决公平问题，实现社会平衡，要注重提高人们的社会心理承受力。变革中的社会，适度的分化是不可避免的。从根本上说，社会稳定程度取决于人们对社会变动的心理承受力。较高的心理承受力能够抗御各种意想不到的困难、矛盾和挫折，能够平和地应付各种挑战。因此，要找准最大多数人的共同利益与不同阶层的具体利益的结合点，充分考虑和兼顾不同地区、不同行业、不同阶层、不同群体的利益，充分考虑社会各方面的承受能力，掌握好社会变革的节奏，蹄疾步稳，配套实施，久久为功，逐步提高人们的心理"阈限值"，实现心理平衡。

解决公平问题，实现社会平衡，需要着力解决社会差距固化问题。社会分化现象在西方国家较为突出。以美国为例，自1776年建国开始，美国经历了从农业资本主义到工业资本主义的发展。20世纪80年代，已经完全变成了金融资本主义国家，财富越来越集中于少数人手中。1895年意大利经济学家维尔弗雷多·帕累托在研究国家的财富分配时，发现了一个很有趣的现象：国家的财富呈现一种分布方式，少部分人占据大部分财富，而大部分人拥有少量财富。在一些西方国家中，马太效应日益显著，阶级分化越来越严重，贫富差距越来越大。

法国经济学家皮凯蒂在《21世纪资本论》中，提出"世袭贵族社会"的概念，并指出亿万富翁精英阶层与普通人的生活会持续分离。美联储报告显示，2020年美国最富的前1%和10%人口分别占全部家庭财富的30.5%和69%，而最穷的50%人口仅占全部家庭财富的1.9%，且这种差距呈加速拉大趋势。美国社会分化往往是各种社会危机的根源，大众抗争政治由此而生，主张大众权利的"运动型社会"凸显。

不可否认，在中国，由差距导致的心理失衡现象客观存在。利益获取遇到挫折或无法获取理想利益的人群，内心是浮躁和不安的，浮躁会滋生焦虑，焦虑会滋生"不满"，"不满"会滋生怨懑，更有甚者，会由怨懑演化为暴力。社会阶层差距引起的消极心理，必然会制约社会的和谐发展和稳定。

因此，要从物质与精神的结合的角度实施扶贫救困计划。在教育、就业、分配、社会保障、公共资源共享等方面进一步深化改革，普惠于民，普惠于全社会。下大力气防止阶层身份固化，阻断贫困的代际传递，构建合理、公正、畅通、有序的社会性流动格局，搭建横向流动桥梁、纵向发展阶梯，激发全社会昂扬向上的创新创业创造活力，实现社会相对均衡发展。

（二）完善意见表达机制

中国经济高质量高水平的发展和社会的全方位变革，促进了社会结构的深刻变化，形成了不同的利益群体和利益诉求。这就需要建立以利益调节为核心的社会整合机制，建立规范的对话和协商机制，引导各个利益群体以理性、合法的形式表达利益诉求，妥善处理各种利益关系，正确处理各种社会矛盾，消除人们的失衡心理，实现社会心理和谐发展。

建立意见表达和情绪宣泄的心理平衡机制，对于社会治理是具有全局性意义的战略措施。《国语·周语上》曰："防民之口，甚于防川，川壅而溃，伤人必多，民亦如之。是故为川者，决之使导；为民者，宣之使言。"意思是阻止人民说话的危害超过了堵塞河川的危害。从中国的历史变迁中可以看到一种现象：过度粗暴压制社会言论，完全不顾民意，就会加剧社会矛盾。当社会矛盾达到临界点，必然会发生乱局，给社会生产力造成极大破坏。

根据"社会安全阀"定律，如果群体与个人不同利益诉求的实现经常受阻，意见表达缺乏畅通渠道，不满情绪得不到及时有效的化解，潜在的社会矛盾就会不断累积。宣泄是实现心理平衡的一种重要方式。宣泄一词是由精神分析心理学家弗洛伊德提出来的，就是把内心的不满和忧郁情绪通过一定的形式发泄出来。

我国著名心理学家陈立认为，"发表就是减轻"。但宣泄过分，发牢骚的人过多，就会形成一种强大的舆论和集体气氛，构成一股社会压力，使许多人出现顺从群体的意愿，从而引发各种意想不到的社会事件。

建立有效的情绪宣泄机制，实现制度化与经常性的沟通，排除社会冲突因素，就可以实现社会安定团结。

当前，中国社会正处于转型期，各类矛盾的存在是一个客观事实。那些不满和怨恨情绪，如果得不到及时引导和疏散，长期积累，就容易以某种过激的方式突发，造成社会动荡。在社会治理中，尤其是要关注群众团体、利益集团、社会组织、民营企业和公众利益诉求者的舆情，因为他们比个体具有更强的政治表达能力，应该积极呼应他们的需求，倾听他们的声音。麻痹松懈，态度消极，不闻不问，哪怕是一个局部的小问题，都有可能酝酿成为全局性的大事件，这种风险是长期存在的，必须给予高度的重视。

消解社会矛盾和冲突，必须斩断造成人民群众不满情绪的源头，着力解决好人民群众所关注的社会热点问题，如分配不公问题、腐败问题、环保问题、教育问题、个人财产安全问题等。广泛建立社会协调机制，改革完善信访制度。以畅通信访渠道为主线，以解决群众信访问题为核心，以基层信访工作为重点，依法保护群众正当的信访权利，保证人们的意见畅通和心理畅通，让群众的不满情绪能及时以某种社会秩序允许的方式得到宣泄，真正关切老百姓的诉求。态度强硬，方法简单，主观臆断，盛气凌人，官僚拖延，对那些的确有正当诉求而又"解决无门"的群众采取强推硬堵，动辄运用强制手段，把群众推向对立面的做法，绝对是万万不可的。

正确处理好"堵"和"疏"的关系。做人的工作，"堵"和

"疏"都是必要的。"堵"是堵塞、制止、阻止和隔绝。国家和社会治理涉及很多"不准""禁止"。国家的法律，对那些有犯罪思想和犯罪动机的人，是非常有力的"堵"；部队的条令纪律，对那些纪律观念淡薄、自由散漫的人，也是一种很好的"堵"；中央关于党风党纪建设的各项禁止规定，对各级干部具有强大的威慑作用，使他们"不敢腐、不能腐、不想腐"，这更是一种强大的"堵"。"疏"是导向、引导、疏导、疏通。做人的心理工作和思想工作，"堵"是堵住下坡路，"导"是导向阳光道，"疏"和"导"是治本。人的思想觉悟的提高，不是一朝一夕就能做到的事情，"堵"要靠"导"去提升。

对于群众的各种意见，不能"堵"而要"疏"。在社会治理中，把群众的意愿作为社会决策的依据和社会运行的第一信号。注重信息反馈，把握民心的向背。因此，要扑下身子，乐于同群众同甘共苦，对他们的喜怒哀乐有切肤之感。群众的一些批评意见，往往是他们对现实的一种直观反映，观点不一定是那么全面规范，讲话不一定是那么温和，态度不一定是那么谦让，这都需要宽容理解，换位思考，明于体察，善于引导。否则，任其负面情绪自然滋生、集聚、蔓延，就很有可能被别有用心的人所利用，最终酿成悲剧性后果。同时，立足于早发现、抓苗头，把各类矛盾和纠纷解决在当地、解决在基层、解决在萌芽状态。

四　社会危机管理

"危机中育新机，于变局中开新局"，危机是可以转化的。危机最早写作"危几"，《易传·系辞下》中说："知几，其神乎！君子上交不谄，下交不渎，其知几乎！几者，动之微，吉之先见者也。"意即真正具有远见卓识的人，能够见微知著，在事情萌发阶段做出预知、判断和正确的应对。所谓"动之微"，喻示"几"很渺小，是事物发展过程中微妙的趋势和细微的征兆，或者是一种不易察觉的苗头。"知几"就是能够把握这种变化。所以"危几"一词最早是指祸患或灾难在萌芽状态。后来写作危机，含有机会、机遇的意思。危和机是一对辩证关系。危中寻找机，机中透视危。《老子》的"祸兮福所倚，福兮祸所伏"，就体现了化危为机的理念。

在国家治理层面，历史上不乏化危为机的先例。汉武帝刘彻即位之后，面对内含政治隐患、外临强敌入侵的潜在危机，以雄才大略和英雄气概征服匈奴，以隐忍的历史耐心化解内部矛盾，开疆拓土，打通丝绸之路，使汉朝走向强盛。张居正面对国家治理的积弊，启动了整顿吏治、重振纲纪、强化集权、整饬戎事、恢复经济的深层改革，使明朝政治有了重大转机。面对苦难深重的中国，毛泽东领导的中国革命，用 28 年时间，化灾难为神奇，创造了一个崭新的屹立于世界东方的新中国。红军长征史，就是一部不断遭受毁灭打击而又一次次转危为安的壮丽史诗。

改革开放，使中国的经济发展跟上了全球化的步伐，避免了因经济落后"被开除球籍"的风险。2008 年，世界发生了自 1929 年以来危害最严重的金融危机，中国立足于全球发展大局，为世界经济做出了巨大贡献。毋庸置疑，2020 年 1 月暴发的新冠肺炎疫情也是一次重大危机，中国以无可争辩的事实再次证明，中国处置危机的能力无与伦比。

构建和谐社会，实现社会稳定和国家长治久安，就是要不断化危为机。危机防范和处置需要独特的制度优势，需要超常规的危机领导力，需要特殊的心理品质。危机的转化过程是一个拼智慧、拼意志、拼能力、拼集体力量的社会心理过程。

（一）强化战略认知力

战略认知力是对事物和重大性事件发展走向的认知能力，是对趋势性风险和机会的心理预判。具有警觉性、洞察性、前瞻性的特点。战略认知力是战略决策、战略布局和战略运作的基础，是处置危机和保持战略定力的先决条件，是各级领导干部和企业家的核心心理素质之一。

战略认知力的缺乏和弱化，必然导致认知的错位、判断的失真，造成决策的失误。战略认知力的延伸，包括政治认知力、经济认知力、科技认知力、文化认知力、军事认知力等。"政治认知力"是保障国家治理的方向性、避免犯颠覆性错误的综合分析判断能力。[①]

任何国家、企业、组织和个人的发展，都面临着战略性风险和战略性机遇。每一个发展阶段都会面临诸多瓶颈、阻力和困顿。政府管理者和企业家有不同的认知模式，政府管理者是"家事国事天下事，事事关心"，企业家是"你事我事他人事，事事分清"。强化战略认知力，对企业发展来说也是至关重要的。企业发展具有较高的风险性，按照企业发展的规律，其平均寿命不到十年。这意味着，大多数企业将面临生存的挑战和战略选择的考验。每一次全球性危机，都会给企业带来致命威胁。"黑天鹅"和"灰犀牛"事件频发，也会给企业造成意想不到的灾难。作为一家企业的掌舵人，企业家的每一个决策都影响着一个公司的前途。决策的科学和适用与否，首先取决于企业家的战略认知力。

无论是政府还是企业，发挥战略认知力的作用，都需要深刻透视和把握每一个历史节点的趋势性机会。从近 20 年来看，存在着很多经济发展的机会性节点。1999~2009 年是 PC 互联网时代，世界级互联网公司应运而生。2009~2019 年是移动互联网时

---

① 杨光斌：《"政治认知力"是一种国家治理能力》，《北京日报》2020 年 4 月 27 日。

代，消费互联网开始崛起。如今进入了工业互联网、物联网、直播互联网时代，人工智能、大数据、云计算、区块链将逐步走向经济舞台中央。

面对世界产业变化的趋势，地方如何进行战略性布局？企业应该进入哪些领域？参与到什么程度？这都需要超凡的战略认知力。有的地方政府部门和企业顺势而上，抓住了机遇；有的地方政府部门和企业反应迟缓，丧失了机会。能否及时应对客观现实的变化，战略认知力的强弱至关重要。只有保持高度的战略警觉，强化对世事变化的敏感度，及时做出快速反应，才能成为时代的弄潮者。

（二）淬炼战略定力

战略认知力和战略定力是处置危机的两种核心能力，是一种高心理素质。任何正确的决策在执行过程中，如果缺乏战略耐心，都会前功尽弃。定力是指人的意志心理活动，是在目标确定、决策选择和行为控制过程中表现出来的坚定性、恒定性以及控制力、坚持力。从国家层面看，战略定力是对国家发展战略的认知力和坚持力。保持战略定力，关乎党和国家的前途命运。

在前进的道路上，只要认准了，看清了，只要被实践证明是正确的，只要对中国发展有利的事情，就要毫不动摇地实施战略聚焦。对每一个领导干部和中国人来说，需要聚焦理想信念不动摇，聚焦正确的道路不动摇，聚焦改革开放不动摇，聚焦正风肃纪反腐不动摇，聚焦以人民为中心解决民生问题的决心不动摇。只有涵养和凝聚起这种不动摇的战略意志，确立大国的战略心态，才能把握未来发展方向，实现战略构想。

面对当前复杂的国际环境，需要保持国际战略定力。目前而言，美国对中国的战略认知发生了深刻变化，对华的遏制战略已经形成，如何应对战略博弈，要求各级领导干部有历史耐心和战略韧性，做好持久的心理准备：强化战略思维，高瞻远瞩，统筹布局；磨炼辩证思维，抓住关键，求真务实；锻造创新思维，顺势应变，推陈出新；夯实底线思维，做最坏的打算，往最好的结果努力。

面对西方一些国家的技术封锁和产业链、供应链围堵，需要秉持自强不息的奋斗精神和坚持不懈地自主创新，逐渐摆脱困境。针对美国对中国高科技企业的管制措施升级，我们虽没有能力实现速胜，但也必须不断积累实力，实现技术的升级和迭代。

只有未雨绸缪，激发中国人的斗志，保持战略耐心，坚定不移地攻艰克难，才能打赢这场没有硝烟的经济战、科技战。正如毛泽东在《别了，司徒雷登》中所说："封锁吧，封锁十年八年，中国的一切问题都解决了。"

（三）提升危机领导力

随着科技革命的迅猛发展，信息呈现裂变性的爆炸增长，知识迭代效应无限放大，社会组织和企业组织进化加速。当今世界进入了易变性、不确定性、复杂性和模糊性时代。守常和无常交织在一起，"战时"和平时相互交替，危和机只有一步之遥，因此需要各级领导者锻造敏锐和高超的危机领导力。

1.快速反应能力

快速反应能力是一种军事术语。战场情况瞬息万变，具有高度的不确定性，快速反应能力就是为适应战争、战役、战斗的突然性和战场情况的急剧变化，而迅速做出决策和采取应变行动的作战能力。在非传统安全领域，也有很多不确定性的应急环境，需要具备快速决策和行动的能力。企业竞争日益激烈，外部环境加速变化，同样要求具备快速反应能力，即拥有敏锐的环境分析能力、快速的产品创新能力、先进的产品制造能力和灵活的销售能力。

自然灾害的突发性强，很难提前做出预判，很多偶发性事件，也没有预先征兆。危机处置就是一个字：快。2020年1月，新冠肺炎疫情暴发，党中央和各级政府快速决策、迅速行动，打赢疫情防控阻击战。世界卫生组织总干事谭德塞赞许："中方行动速度之快、规模之大，世所罕见，展现出中国速度、中国规模、中国效率，这是中国制度的优势，有关经验值得其他国家借鉴。"[①]

提高快速反应能力，需要建立健全社会预警体系，完善突发事件应急机制，包括信息采集和自动汇总机制、网络应急指挥机制、资源动员机制、社会治安保障机制等，提高保障公共安全和处置突发事件的能力。快速反应能力来自平时的常态化管理，没有平时的周密安排和危机处置机制，就不可能有快速反应。平时补短板强弱项，做好预案，搞实兵演练，就能按部就班、有序运作。平时思想麻痹，情绪松懈，心存侥幸，"战时"一定打乱仗。心理学家艾宾浩斯有一句名言：灵感从来不来到无准备的头脑。因此，提高快速反应能力，需要在任何时候、任何情况下保持风险意识和敏锐直觉，强化危机感与忧患意识。

2. 社会动员能力

危机处置需要动员民众，凝聚人心，倚重强大的社会动员能力。对国家而言，需要全国人民的参与和凝聚；对企业而言，需要全员凝心聚力。领导力是领导者在组织和群体中承担领导角色、做出正确决策、凝聚组织共识、影响组织成员行为、对外部环境变化做出快速反应的能力和心理素质。社会动员能力就是领导力的一种表现。无论常态，还是危机状态，领导者都需要具备社会

---

① 《习近平会见世界卫生组织总干事谭德塞》，《人民日报》2020年1月29日。

动员能力，尤其是在"战时"，具备社会动员能力对危机的处置更加重要。

社会主义中国为什么能有如此强大的社会动员力？主要依赖于制度优势、文化优势和治理优势，关键取决于生产资料公有制的经济体制、文化心理的集体主义价值观、基层社会的网格化管理和各级干部的先锋带头作用。锻造和提升社会动员力，必须首先重视基层组织建设和基层治理能力的提高，夯实执政大厦的根基。这次抗击新冠肺炎疫情，基层组织发挥了重要作用。因此，需要针对基层组织分散化、松散化、流动化的特点，杜绝"党员见不到、政策送不到、活动管不到"的薄弱现象。坚持领导干部往基层走、钱财物往基层投、优惠政策向基层倾斜，激发"神经末梢"的活力，畅通网格化管理通路，提升基层组织的黏合度和民众的支持度。

3. 统筹驾驭能力

危机处置要着力提升统筹能力，增强各级领导干部统筹的本领。"统"的要义就是要有大局意识，抓本质、抓要害、抓根本，做到提纲挈领，达到纲举目张。"筹"就是筹划、谋划、运筹。统筹能力就是要做到科学性与可操作性、长远性与现实性、理论性与实践性、局部与全局的统一。提高统筹能力，就是要学会十个手指弹钢琴。善于分清主次，抓住重点，区分缓急，掌握平衡，及时应变，各个击破。

社会治理经常会遇到常态和非常态的转化。从常态到非常态再重归常态，是一个艰难的认知和执行的过程。需要有化险为夷的魄力、迅速做出决策的果断、超乎平常的智慧、执行到底的坚持、不达目的绝不收兵的决心。过去国家社会治理经常出现"一管就死，一放就乱"的现象。在危机和艰难时刻，"该管起来就能够迅速地管起来，该放开又能够有序地放开"，"收放自如，进退裕如"。

2020 年以来，中国打赢了新冠肺炎疫情的阻击战，经济实现了平稳增长，这既体现了国家应对突发公共卫生事件的超常能力，又体现了恢复生产、发展经济的统筹驾驭能力。

提高国家治理水平，实现国家治理现代化，构建心理和谐社会，关乎中国社会稳定和人民的福祉。只有形成政治上目标追求的一致性、经济上生产发展的持续性、制度上革故鼎新的有序性、军事上威慑能力的强大性、外交上对话的主动性，才能深得人民的拥护和支持，才能具有强大生命力，才能使社会保持长久的良性和谐运行状态。

第五章　经济心理强国

当今世界的竞争，归根结底是经济的竞争。中国的发展，经济为先，经济是基础。经济活动的主体是人，人是生产力中最活跃的要素。人的经济活动是由经济心理支配的，人的一切消费行为，都由消费心理支配。进行生产和供给，首先需要洞察消费者的心理，研究消费者的需求，把握消费者的爱好和兴趣，掌握消费者能接受和认同的价格，提高消费者的满意度和忠诚度，提升消费者的预期值，加强与消费者的心理沟通。

经济学的基础是心理学。早在 110 多年前，意大利经济学家维尔弗雷多·帕累托就曾强调过："政治经济学的基础，或者从更广义的层面来说，每门社会科学的基础显然都是心理学。有朝一日，我们肯定能从心理学原理推导出社会科学的规律。"近年来，心理学家或有心理学背景的经济学家获得了诺贝尔经济学奖，他们的获奖让越来越多的人意识到心理学基础对于经济学研究的重要作用。

2002 年 10 月 9 日，瑞典皇家科学院宣布，美国普林斯顿大学心理学教授丹尼尔·卡尼曼与经济学教授弗农·史密斯获得诺贝尔经济学奖。丹尼尔·卡尼曼被称为是最有影响力的社会科学家之一。2002 年诺贝尔奖授予他的理由是："将心理学的前沿研究成果引入经济学研究中，特别侧重于研究人在不确定的情况下进行判断和决策的过程。"卡尼曼与史密斯最经典的发现是"损失厌恶"。人类对损失和获得的敏感程度不对称，对损失的厌恶感，大大地超过对收益的愉悦感。如果某个人在路上捡到了200元，然后又丢了200元，那他的心情会变得更差。基于"损失厌恶"，他们提出了著名的前景理论，认为内在激励是主导行为决策的主要因素，大多数人面临获得时趋于规避风险，而在面临损失时却偏好风险，人们对损失比对获得更为敏感，人类对避害的考虑远远大于趋利。

2017年10月9日，诺贝尔经济学奖揭晓，芝加哥大学心理学教授理查德·塞勒获奖。他被誉为"首位将心理学引入经济学，开创了行为经济学"的学者。塞勒在接受主办方的祝贺时说，他的研究揭示了人作为经济行为和决策的主体，并不是完全理性的，会受到各种心理作用的影响。诺贝尔经济学奖评审委员会成员彼得·加登福斯说，塞勒是将心理学与经济学相结合进行研究的先行者，他重点分析了有限理性、社会偏好和自制力缺乏三种心理活动可能导致的经济后果。他的经济分析研究更加符合人性，不仅对每个人有帮助，对整个经济市场的研究、决策和国家制度设计也很有帮助。塞勒用心理学理论解释了许多和百姓日常生活、投资息息相关的问题。比如，股民为何"割肉"难？"剁手党"为何难自控？赢来的奖金为何花得快？基民为何总被"骗"？从心理学的角度，观察理解经济现象和消费行为，成为一种趋势。

当今，新一轮科技革命和产业变革蓬勃兴起，中国经济发展正处在一个重大转型期，中国企业也面临战略抉择。如何调整发展思路，实现战略转型？如何从心理学角度把握经济发展规律，寻求更大的经济心理发展空间，做大做强中国经济？这是中国经济建设面临的一项全新的战略性任务，也是中国企业家肩负的历史使命和社会责任。

一　激活消费心理动能

经济学常把投资、消费、出口比喻为拉动 GDP 增长的"三驾马车"。这三种动能在不同的时期发挥了不同的作用，过去中国经济发展主要依赖投资和出口，消费动能相对较弱。但随着中国经济结构的深层调整，开发消费动能具有更大的潜力。我国总人口是美国总人口的四倍多，但消费总额和美国市场相当。如果实现人均消费水平的赶超，我国的消费市场规模将是美国的 3 倍以上，将大大推动中国经济的发展。未来中国经济发展的战略重点，必须以全民的经济心理为基础，开发心理潜能，满足现实需求，提升消费层级和消费能力，引导消费预期。中国经济体量的壮大，需要一次消费心理革命。中国人消费行为的现代化，需要一场社会心理变革。

（一）以消费为导向的战略调整

2008 年金融危机后，逆全球化思潮逐步升温，世界分工进程放缓，全球供应链出现收缩，新一轮的产业重构加速，外向型经济受到重创。2020 年新冠肺炎疫情暴发以来，中国面临的外部战略环境更加险恶，经济形势更加严峻复杂，不确定性和不稳定性加大。为此，2020 年 7 月 30 日中央政治局正式定调："从持久战的角度加以认识，加快形成以国内大循环为主体、国内国际双循环相互促进的新发展格局。"这一重大战略部署是一次战略大调整，形势所迫，时代所需，国之所为。这种战略大转型来自经济发展模式自身内在变革的规律性要求。

"双循环"的战略要点，就是以供给侧结构性改革为战略方向，推动经济质量变革、效率变革，提高供给水平；以扩大内需为战略支点，紧紧围绕国内社会终端需求，开发需求潜能，满足全体人民日益增长的对美好生活的需要。着力打通生产、分配、流通、消费各个环节，从供求两端精准发力，做大做强供给端和需求端，实现供给和需求两端的自我强化，促进总供给和总需求在更高水平上实现动态平衡。更多依托国内市场实现良性循环，且以更加开放的决心和包容的姿态，通过内循环塑造外循环，以外循环推动内循环，实现良性互动，螺旋上升。

具体来说，以内循环为主导，需要畅通四个链条：创造创新链、强化产业链、稳定供应链、提升价值链。努力实现优势领域、共性技术、关键技术的重大突破，打破关键零部件、关键原材料依赖国外的瓶颈。加深中国与全球创新链、产业链、供应链的嵌入度；增强国际国内两个市场和两种资源的黏合度；提高"中国制造"与"中国创造"、中国工业与中国服务、中国产品和中国品牌、中国设计和中国标准的匹配度。从代工贴牌转向自主知识产权、自主品牌、自主营销渠道的发展，从全球产业链的低端进入中高端，全面提升我国产业在全球价值链中的地位。

实现双循环的相互促进，内需是关键。中国经济的最大底气，来自内需市场。我国正处于消费升级的关键时期，消费对经济发展起着基础性作用，是经济增长的内生动力，是稳定经济运行的压舱石。"中国经济是一片大海，而不是一个小池塘。""狂风骤雨可以掀翻小池塘，但不能掀翻大海。"中国实现国内大循环符合现实能力条件。2020年，国内固定资产投资总额518907亿元，全国社会消费品零售总额391981亿元，消费对GDP增长贡献率达到54.4%。中国经济具备"两个80%"特征：80%的劳动力、资金、原材料、能源等生产要素由国内供应；80%的产出在国内市场销售。国内的储蓄率也较高，2020年12月末，本外币存款余额218.37万亿元；2021年4月末，国家外汇储备余额为3.19万亿美元。可见，中国经济可以释放出巨大的消费潜能。

扩大内需，首先需要扩大最终消费。为此，应采取三大战略举措：以稳就业为前提，以提高收入为核心，以财政政策为重要手段。我国拥有 14 亿多人口、8.8 亿劳动力、4 亿多中等收入群体。人口规模创造了市场规模，也提供了源源不断的创新动力。如果再用十年时间，实现中等收入群体倍增计划，使中等收入群体达到 8 亿 ~9 亿人规模。与此同时，实现低收入群体减半计划，由现在的 6 亿低收入群体减到 3 亿以下，这就会为中国创造无限广阔的市场空间。如果再用 15 年时间，到 2035 年前后，使中国的城镇化率由现在的 63.89% 提升到 75% 以上，切实解决好农民进城的住房和社保问题，提高农民的就业率，真正使农民进城无后顾之忧，使他们有能力消费，也愿意消费。

中国幅员辽阔，东部和中西部地区发展差异甚大且正在形成梯度发展格局。东部沿海地区的发展势头迅猛，中西部后发优势明显，地域广，后劲强，周期长，腾挪空间大，可以为中国赢得 20~30 年的发展机遇期。世界经济发展给我们提供了借鉴：美国在 1815 年之后经历了从国际大循环到国内大循环的艰难转型，直到南北战争之后，"国内大循环为主体"的新格局才最终形成。由于推行国内大循环经济发展战略，美国在 30 年的时间内不仅崛起为世界第一工业强国，而且还引发了国内区域经济和工业布局的重大变化。从 1850 年到 1890 年的 40 年里，美国的制造业中心向西移动了 225 英里，人口中心向西移动了 243 英里；1840 年，美国西部地区创造了全国总收入的 17%，而到了 1920 年这一数字上升到了 54%。[①] 只有实施以国内大循环为主体的发展战略，我国区域发展布局、城市群建设和西部大开发战略才能得到全面展开和提速，也才能实现战略纵深迂回。

---

① 贾根良：《国内大循环：经济发展新战略与政策选择》，中国人民大学出版社，2020。

扩大内需要加大再分配力度，实施更加公平的收入分配机制，缓解城乡间、行业间和地区间的收入差距。同时，要着力解决好"未富先老"问题。目前，中国的老龄人口规模较太，也是制约经济发展的一个最重要因素。老龄化是一个全球趋势。中国人口的变化会经过两个转折点：第一个转折点是劳动年龄人口增长由正转负，大约从 2010 年开始，人口红利逐渐消失；第二个转折点是总人口增长从正到负，按照近年人口增长态势，预计约 2030 年中国总人口将达到峰值。如果国家顺利推进"三孩"政策，这个峰值期将延后。从第七次全国人口普查的数据来看，"我国人口平均年龄为 38.8 岁，总的看依然年富力强。"相比较而言，美国人口平均年龄为 38 岁，日本、德国均超过 45 岁，法国 42.3 岁，英国 40.5 岁；人口大国中印度的平均年龄只有 28.4 岁；一些非洲国家的平均年龄不到 20 岁。中国尚处于"轻度老龄化阶段"。[①]

在人口变化的过程中，必须解决经济增长下行以及由此带来的收入分配恶化问题。"双循环"的重中之重，靠提高居民收入。居民收入有三个重点：收入增长、收入分配和再分配。"十四五"时期，若我国经济保持每年 5% 左右的增长速度，到 2025 年前后，我国人均国民收入将达到约 13770 美元，超过世界银行 2019 年划分的 12616 美元高收入线，就有极大可能跨过所谓"中等收入陷阱"。未来中国，只有大幅度地加大再分配力度，才有可能与收入分配、收入增长一起共同支撑中国的内需增长。[②]

综上所述，如此规模的经济体，如此大的发展潜力、弹性和韧性，如此广阔的经济战略腹地，如此深厚的消费潜能，使中国

---

① 《仍年富力强的中国，需未雨绸缪》，《环球时报》2021 年 5 月 18 日。
② 蔡昉：《加大再分配力度才能支撑中国内需增长，外需仍然重要》，澎湃新闻，2020 年 8 月 22 日。

拥有较大的经济战略潜力和回旋腾挪空间，这是中国经济持久发展的基础优势，必将助力中国实现百年复兴梦。

（二）推进消费革命

改革开放 40 多年来，中国孕育和推动了一场消费革命，中国人的生活质量迈上了一个又一个新台阶，中国的消费市场呈现出蓬勃发展的趋势。未来 30 年，中国经济增长主要靠消费拉动，消费者是最重要的战略资源。只有持续推动消费革命，深入了解消费者的心理，不断满足和提升消费者的需求，开发消费潜能，强化消费行为，才能为经济发展提供不竭的动力。

1. 消费的时代变迁

中国人不断增长的消费需求，推动了中国的消费变革，促进了中国的消费和社会转型。20 世纪 70 年代末 80 年代初，经济短缺，物资匮乏，市场发育不健全，人们处在温饱时代，人们的主要需求是吃饱和穿暖。20 世纪 90 年代，随着人们收入的提高，温饱型消费开始向提升生活质量型消费转型，千家万户开始购买冰箱、洗衣机、电视机等实用型家电。这个时期是以家庭消费为主的时代，促进了整个家电零售企业快速崛起。苏宁电器、国美电器，就是这个时代快速发展起来的。京东也是通过家电切入市场，发展电子商务、物流、金融等综合电商平台。

21 世纪初，中国经济进入了产能极大丰富的时代，物质极度丰富。人们的消费从注重价格到更注重性价比、品牌、服务、技术内涵的全面转型。

随着"90 后"和"00 后"的成长，消费也开始由大众化向个性化、情感化、品牌化转变。新生代相较他们的父母辈，生活条件相对优渥，用户价值和理性消费意识较强，美学意识和品牌鉴赏能力也较强，对数字化和新媒体有更强的兴趣，正在成为主流消费群体。他们的消费更加追求自我和个性，更加注重新潮和全新体验，更加注重自身价值的实现。短视频和直播带货的爆发式增长，更加凸显他们的标签化和个性化消费趋势。针对目标年龄层推出的某一款产品、一个场景、一个 IP、一个人设、一个故事，更能吸引他们的眼球。

个性化需求和科技的发展，正在引发新一轮消费革命和生产方式革命，打造新一轮个性供给与需求相匹配的新的消费方式。大数据、云计算、人工智能和智能制造时代已经来临，供给方可以从前端通过应用程序、物联网、传感器等，进行用户定制的信息采集，同时在后端由智能化制造工厂把流水线作业变成个性化智能生产，通过供给和消费的匹配，从而涵养更大的、更广泛的、更高层次的消费市场。

2. 生存、享乐与数字消费升级

当今，中国人的生存消费正面临全面升级。民以食为天，因此餐饮市场具有巨大的潜力。2020 年中国餐饮收入近 4 万亿元。以陕西省岐山县为例，举全县之力做大"一碗面"，实施"一碗面"战略，打造中国臊子面之乡、岐山擀面皮非遗传承基地、陕菜之乡、周礼之乡金字招牌。"一碗面"经济的市场总产值已达 125 亿元，其中一产的原料种养，年总产值 32 亿元；二产的食品加工和制造业，年总产值 58 亿元；三产的餐饮、旅游、物流、电商、线下销售等行业，年总产值 35 亿元。"一碗面"经济带动了第一、二、三产业的协调发展。[1]仅从"一碗面"做到上百亿元这一点，可以窥见中国消费市场潜力之大。

中国的消费结构，正在由生存型消费向享乐型消费转变。根据国家统计局数据，2013~2018 年，住宿餐饮类消费在总消费中

---

[1]《宝鸡岐山：做大"一碗面"经济 让特色美食走出去》，中央广电总台国际在线，2020 年 12 月 8 日。

的占比为 1.9%，国内旅游花费占总消费的 5.4%，文化体育娱乐类消费占总消费的 1.7%，2019 年私家车人均拥有量为 0.18 辆。2019 年美国、日本和韩国的私家车人均拥有量分别为 0.84 辆、0.62 辆和 0.48 辆。我国居民的享受型消费比例仍然偏低，但这种局面在中国正在发生改变，如 2020 年全国居民每百户家用汽车拥有量为 37.1 辆，同比增长 5.2%。

世界银行的数据显示，中国卫生支出在 GDP 中的占比由 2007 年的 3.7% 上涨到 2017 年的 5.2%。近十年来，医疗机构和医疗保险发展速度呈扩张之势。2020 年初，新冠肺炎疫情的暴发更进一步扩大了对更高品质医疗卫生服务的需求，刺激了医疗、健康保险、医药、医疗技术创新、康复、养生等大健康产业的巨大扩张。

新冠肺炎疫情使数字经济得到快速发展。2020 年我国数字经济规模突破 40 万亿元大关。网上购物占社会消费品零售总额的比例达到 30%。疫情的暴发进一步增强了线上消费需求，线上化、云端化、智能化成为生产和消费的主要模式。从购物到服务、从生产到消费、从国内到国际、从社区到政府，上线、上云的进程得到了全面提升，经济社会运行的信息化、数字化、智慧化趋势愈加明显，数字经济的发展步伐进一步加快。全球性的线上办公、线上教育、云会议、云论坛、云交易会、共享办公成为工作交流的主要形式。数字化为各个行业带来巨大的发展动力，尤其是 2020 年中国政府推出的"新基建"，以 5G、大数据、工业互联网、区块链为基础的新型互联网体系逐步建立，将会催生更大的社会需求。

3. 不同人群的消费潜力

随着消费者年龄结构的改变、消费需求的分化和不同消费群体的形成，中国的消费市场也会更加多样化和多元化。由儿童消费、女性消费、男性消费、学生消费、老人消费和文化消费、社交消费、学习教育消费、娱乐体育消费、旅游休闲消费、美容保健消费、心理体验消费等构成的消费图谱，加之5G带来的对商品、消费者和场景关系的重构，将为智慧零售带来新模式、新场景、新服务、新产品和新体验的"五新"发展机遇。5G新场景催生的远程教育、远程医疗、智慧家庭、智能交通、智慧城市等消费新需求，所释放的消费能量将成为激发中国经济发展的澎湃动力。

中国的"一小一老"产业蕴含着巨大的市场潜能。当下，儿童——"小太阳"产业如日中天，老年消费服务也展露新的曙光。未来，随着老龄人口的逐步增多，其消费结构将会产生实质性的变化。文化消费、精神消费、保健消费、养护消费、旅游消费、社交消费、心理消费、品牌消费将成为主流，所释放的消费能量是巨大的，"银发产业"将成为朝阳产业。同时，适合年轻人的"夜经济"消费也大有燎原之势。据统计，2019年青岛夜间消费啤酒量同比增长268%，在21时至次日凌晨5时，外卖订单同比增长70%。以夜间消费为代表的全天候消费，将成为"新消费"的重要领域。

4. 心理消费时代已经来临

心理消费时代已经来临。人们不但需要消费物质，更需要消费精神、文化、心理。消费需求由满足日常需求向追求品质转变，消费体验化逐步成为一种潮流。人们更多地追求心理、精神层面的满足，品牌消费、绿色消费等将渐成热点。随着居民生活水平的提高，消费行为将由注重商品和服务功能向注重价值消费转化。

在心理消费时代，中国正在兴起"心经济"，就是与心理消费相适应的经济形态。随着收入水平的不断提高，消费者不再把"低价"作为消费最重要的考量，体验式消费渐成主流。消费者更看重商品的情感价值，注重消遣，减轻焦虑，降低压力，追求愉悦感；更注重商品的生活和生命价值，以期改变生活，实现自我以及超越自我；更注重产品的"温度"和人性化关怀，赢得自信和自尊。

5. 新一轮国货消费的兴起

近年来，新一轮国货消费潮正在兴起。历史上，中国曾经掀起过"国潮"运动，1915 年 2 月 20 日巴拿马万国博览会在美国旧金山开幕，中国的丝绸、瓷器、茶叶、白酒等产品获得世界青睐。当天到中国馆参观的人数达 8 万人，其中包括美国总统、副总统和前总统，以及各部门的高级官员。中国产品第一次登上世界舞台就揽获 74 项大奖，金牌、银牌、铜牌、名誉奖章等共1200 余枚，在 31 个参展国中独占鳌头。

当下，"国潮"消费文化逐步形成。以体育品牌公司李宁为例，自 20 世纪 90 年代创建以来，发展跌宕起伏。最后，以"中国风"和"科技潮"的定位重新赢得了消费者。2018 年 2 月，李宁参加纽约时装周，以"悟道"为主题，坚持国人"自省、自悟、自创"的精神内涵，以运动的视角表达对中国传统文化和现代潮流时尚的理解，在世界顶级秀场上完美演绎了 20 世纪 90 年代复古、现代实用街头主义以及未来运动趋势三大潮流方向，以经典的红黄配色将中国复古元素与时尚设计巧妙融合，引发如潮的好评。①

未来，新国货、老字号、新锐的中国品牌，都将迎来一次巨大的发展机遇，而年轻一代正在成为中国经济和新兴消费市场的生力军。

面对新消费时代，企业需要把握顾客消费心理和消费行为模式的变化趋势，精准洞察消费者的心理需求，了解消费者的所思、所想、所愿、所为，打造出具有竞争力的产品，以消费

---

① 《李宁首次亮相纽约时装周 网友惊呼：李宁居然这么好看了！》，《重庆晨报》2018 年 2月 8 日。

者的需求变化促进转型升级。同时，把握消费群体的心理取向和从众消费行为。网络社交工具日益丰富多样，消费从个人行为向社群传播拓展，传播速度之快、范围之广都是前所未有的，而网络平台上的口碑和评价将成为影响消费者决策的重要信息来源。因此，必须掌握群体对产品的追捧心理、群体对产品传递语言的心理接受度、群体对产品的情感态度、群体对产品的消费习惯以及"粉丝经济"的演变规律。持续进行产品创新、服务创新、体验创新、商业模式创新；连通线上和线下，以互动体验为中心，让消费者参与产品的设计、生产等前置环节，增强消费者对产品的认同感；建立供需匹配的高质量生产体系，使供给与需求相对应、产品功能与心理需求相吻合、服务要素与情感体验相联结，这样就可以持续创造新的经济心理动能和新的经济增长点，做大做强中国市场蛋糕。

二　优化营商心理环境

激发市场主体活力是发展经济的根本举措。市场主体是在市场经济运行中从事经济活动的各类组织，实际上指的是不同类型、不同层级的企业。国有企业、民营企业、外资企业、港澳台资企业以及个体工商户等各类市场主体数量众多，已经成为经济发展中的重要力量，在创造中国经济奇迹的过程中，发挥了不可替代的作用。市场主体是国家经济的基础和命脉，是经济发展的毛细血管和细胞，是经济增长的重要支柱，决定着生产力解放和社会发展的程度与水平。"保护和激发市场主体活力"关乎国家的繁荣昌盛和前途走向，是经济发展的大战略。经济兴则国家兴，经济衰则国家衰。经济安全与否决定着国家的命运。

改革开放之初，我国有市场主体约49万户，其中包括国有工业企业 8.37 万户、集体工业企业 26.47 万户、个体工商户 14 万户。2020 年底，我国市场主体总数达 1.4 亿户。其中国有企业、集体工业企业 4000 多万户，个体工商户 9000 多万户，这是我国经济发展的一股强大的内生力量。

企业的发展水平和创新活力如何，与外部的经济体制、社会机制和制度环境紧密相关。改革开放 40 余年来，企业不断释放活力，同时取得了巨大成就，主要依靠经济体制和市场机制改革，调动广大企业内在的积极性。一个地区的发展，短期靠项目，中期靠政策，长期靠环境。企业是鱼，市场经济是水。只有在清洁、互通的江河湖海里，鱼才可能活得健康、活得有活力。激发企业的活力，需要为企业生存构建良好的生态系统，加快建设市场化、法治化、国际化的营商环境。

营商环境是否稳定、透明、可预期，是影响投资者投资决策的重要因素。优化营商环境，需要充分发挥市场在资源配置中的决定性作用，激发市场主体的发展潜力和活力。中国改革开放成功的基本经验，就是发挥了两种力量和用好了两种资源：政府力量与市场力量、社会资源与企业资源。有为政府与有效市场的相互结合，成就了中国独特的经济发展模式。有为政府就是刀刃向内，自我革命，持续推进"放管服"改革和依法行政，构建"亲清"的政商关系。

近年来，中国营商环境得到了长足的改善。2019 年 10 月 24 日，世界银行正式发布《全球营商环境报告 2020》，报告显示，中国营商环境总体得分 77.9 分（即中国达到了全球最佳水平的 77.9%），比 2018 年上升 4.26 分，排名跃居全球第 31 位，提升了 15 位。世界银行报告称，由于大力推进改革议程，中国连续第二年跻身全球营商环境改善最多的经济体前十。在世界银行 10 项评估指标中，中国办理建筑许可、保护中小投资者、办理破产、跨境贸易、纳税、获得电力、执行合同、开办企业共 8 项指标排名上升。排名前 40 的经济体中，澳大利亚、德国、加拿大、俄罗斯、日本分别排在第 14、22、23、28、29 位，中国排名第 31 位，法国紧跟其后排名第 32 位。[①]

然而，这套指标并不完美，企业反映的一些突出问题，未能体现在这套指标中。中国营商环境，还有很大的改善空间。《2019 中国城市营商环境报告》在对标世界银行营商环境评价体系标准、参照国际同行的评价指标，兼顾中国特色的原则上，重点围绕与市场主体密切相关的指标维度，构建起中国城市营商环境的评价体系。按照"要素 + 环境"的理论框架，由基础设施、人力资源、金融服务、政务环境、普惠创新构成五个维度评价体系，全方位评估了各城市营商环境水平。在综合评价排名中位列前十的城市分别是北京、上海、深圳、广州、重庆、南京、杭州、成都、天津、宁波。

营商环境的好坏，企业的感受最真实。营商环境优化的着眼点应该在心理环境建设上。心理环境是德国心理学家库尔特·勒温在拓扑心理学中提出的一个基本概念，指对人的心理事件发生实际影响的环境。环境分为物理环境和心理环境，心理环境对人的行为影响更大。企业需要公平竞争的法治环境、开放有序的市场规则、包容审慎的监管模式，更需要激励干事创业的浓厚氛围和被社会承认的社会风气，需要有更多的获得感。企业家希望各级政府能够创造一个更加宽松的社会心理环境，提供更高的安全感。

营商心理环境的改善，尤其是要关注民营企业，提高其心理预期，强化其信心。民营经济所发挥的作用不可低估：贡献了中国经济 50% 以上的税收，60% 以上的 GDP，70% 以上的技术创

---

① 《世界银行全球营商环境报告 2020：中国排名升至第 31 位》，新浪财经，2019 年 10 月 24 日。

新成果，80%以上的城镇劳动就业，企业数量占全国市场主体总数的90%以上。民营企业市场敏感度高，产权明晰，机制灵活，运作有效，成本低廉，对国民经济的提升和扩容具有重大意义。

营商环境没有最好，只有更好。力争用15年时间的奋发，到2035年全面对标国际一流营商环境，达到世界前列水平，使营商的物理环境和心理环境同步优化，促进企业的经济效益和心理满意度同时提升。这种局面一旦形成，必将焕发出市场主体的无限生机和活力。

三　企业转型的心智革命

企业的内在能力必须与外部环境相匹配，企业的目标必须与现实条件相吻合，这是企业必须遵循的基本战略原则。企业内在能力较强，如果未能适应外部环境的变化，就可能丧失机遇；如果内在能力太弱，也会遭遇淘汰。环境适应能力是战略的核心，适者生存法则仍然适用于企业的发展。从来就没有一成不变的战略定位，也没有一家企业始终执行一种战略方案，更不能采用"刻舟求剑"式的战略管理模式，必须因时、因势、因地、因人而变，必须深刻把握消费者心理的变化和经济心理活动规律，适时进行战略调整。

拉里·博西迪和拉姆·查兰被誉为"转型"理论的奠基者，曾经讲过："到了彻底改变企业思维的时候了，要么转型，要么破产。"他们认为："对企业及其所有者而言，最大的持续的破坏不是由低劣的管理方式带来的，而是因为没有能够面对现实实现转型。"而导致企业管理者不能面对现实的主要原因，是由于片面的信息过滤、偏听偏信、痴心妄想、恐惧心理、过分倾情以及市场奢望等不良心理习惯的存在。现代企业管理的理论和实践表明，勇于面对现实进行变革，是企业和企业管理者走向可持续发展的基本法则。

当前，中国企业面对的是"市场的冰山、融资的高山、转型的火山"，而转型将是一个重大的考验。转型之路是凤凰涅槃的心理蜕变之路，是企业家心智模式升华的自我革命之路，转型需要具备异乎寻常的勇气和胆识。为此，企业家需要运用战略思维，调整心理认知，拨开迷雾，提高战略判断和预测能力，强化战略意志力，适时果断地实施战略转型。

（一）强化战略转型的把控能力

中国企业要想长治久安，做成百年老店，就需要充分认识企业的生命周期，正确把握企业的战略转折点。伊查克·爱迪斯是美国最有影响力的管理学家之一，曾用20多年时间研究企业发展、老化和衰亡的生命历程，创立了企业生命周期理论。他认为企业发展就像人的成长一样，有一个生命周期。心理学讲的生命周期是指人的出生、成长、衰老、生病和死亡的过程。企业生命周期包括三个阶段十个时期：成长阶段（包括孕育期、婴儿期、学步期、青春期）；成熟阶段（包括盛年期、稳定期）；老化阶段（包括贵族期、内耗期或官僚化早期、官僚期和死亡期）。每个阶段都孕育着成长的机遇，也面临着死亡的威胁。

一些企业的生命周期可以延续几十年甚至上百年，而实际上很多企业的生命周期更短。爱迪斯认为："成长和老化既不取决于企业大小，也不在于时间长短。百年老企业仍可灵活如初，年仅十岁的企业却可能官僚无比。"

英特尔前总裁安迪·格鲁夫在企业战略管理中，全面系统地阐述了战略转折点的思想。他在《只有偏执狂才能生存》一书中多次阐述了战略转折点。什么是转折点？数学上，当曲线的斜率变化比率由负转正的时候，就遇到了拐点。物理学上的转折点，是指凸面线转化为凹面线的那一点。

格鲁夫认为，战略转折点"就是企业的根基所在即将发生变化的那一时刻。这个变化有可能意味着企业有机会上升到新的高度，但也同样有可能标示着没落的开端"。在转折点上，旧的战略图景被新的所代替，顺应了潮流，就上升到一个新高度，反之如果逆流而上，可能就此滑向低谷。在他看来，发生"战略转折点"的突变，可能来自技术创新，可能来自竞争对手的策略，也可能来自企业自身组织结构的调整。然而，这种变化难以在事前的计划中预测到，能否把握这种变化成为胜败的关键。

企业何时面临转折点呢？在转折点中何时采取战略行动？格鲁夫认为，所谓转型的黄金时刻，就是现有战略仍然有效，企业业绩仍在上升，然而雷达屏幕上却出现了值得警惕的重要光点的那一时刻，此时就应该把资源转到新领域。从旧产业、旧任务或旧产品中调动资源的时间如果太早，只能成事之80%，只要再添一把劲，就能大获全胜。过早行动的后果远不及太迟行动的后果严重。①

在转折过程中，企业家怎样做一个战略的模范带头人呢？格鲁夫认为，明确前进的方向万分重要，即我们追随什么，不追随什么。要表现出对该战略方向的兴趣，积极关注与新方向相适应的各个细节，从不适应新方向的行业收回注意力、精力和投资。

宝洁公司1837年成立，至今历经184年，有过无数次战略转折，仍保持了旺盛的生命力。2018年12月18日，世界品牌实验室编制的《2018世界品牌500强》揭晓，宝洁排名第18位。2020福布斯全球企业2000强榜单，宝洁排名第71位。2020年

---

① 〔美〕安迪·格鲁夫：《只有偏执狂才能生存》，中信出版社，2014，第146~147页。

营业额 676.84 亿美元。长寿而强大的秘籍在于：稳健地驱动产品、市场、用户、组织的战略转型，找准起点、目标、环境和路径的战略方向，确立"先画靶子，再打枪，最后开炮"的战略决策和执行过程，聚焦一个核心问题："任何情况下，都必须满足的条件"是什么。正如亚马逊创始人杰夫·贝佐斯所说："不要问'未来十年会发生什么可能影响你公司的变化'这样的问题，而要问'未来十年什么事情不会改变'，然后把所有精力和努力放在这样的事情上。"

华为在激荡的时代潮流中，历经一次又一次的战略转型，把企业推向高峰。华为在初创时期，遵循的是"农村包围城市"的发展战略。当时的通信领域强者林立，诺基亚、爱立信、摩托罗拉、西门子、富士通等国际巨头几乎垄断了整个通信市场。弱小的华为只能从农村市场切入，逐渐向城市市场拓展。1998 年前后，启动了第二次战略转型，实施差异化的全球竞争战略。华为的第三次战略转型，是从单纯面向运营商向运营商、行业客户、企业客户三个不同的 BG 业务领域进发。很少有企业能同时服务于三类不同类型的客户群，而华为做成功了。

目前，华为正面临一次新的转型。华为以前的通信网络主要是连接千家万户，现在利用 5G 和工业互联网技术，主要的连接对象是机场、港口、煤矿、钢铁、汽车制造、飞机制造等不同类型的企业，转向做大做强平台经济。华为的战略转型之所以成功，靠的是利益分配、流程再造、组织变革、人员调配、干部培养、战略执行等各种管理体系的集成，发挥综合统筹协调作用；靠的是企业决策者敏锐的战略眼光和把握战略机遇的领导力；靠的是以客户为中心、以奋斗者为本的企业文化和团队建设。

如何促进企业稳健和持续发展，最为关键的一点，就是能够科学把握战略转折的时机、节奏和路径，并根据企业的外部战略环境和内部现实条件，果断做出战略抉择和付诸战略行动。

（二）确立换道超车的战略思维

几十年来，中国经济发展主要依赖人口红利，围绕人口红利为背景构建的发展模式是中国经济成功的关键。具体来说，就是通过大量廉价的劳动力，生产低端的产品，卖的是便宜的价格，从而取得竞争优势，并进军国际市场，逐渐发展成为世界制造大国。2010年中国成为世界第一大制造业国，究其原因，成本要素发挥了根本性的作用，中国企业是在成本优势的赛道上竞争。

中国经济发展经历了从短缺经济向过剩经济的转变。改革开放之初，企业很少考虑竞争力、品牌和技术开发问题，考虑更多的是成本问题。很长一段时间内，只要企业加大马力，加快生产，就不愁没有市场。这个阶段，中国企业缺乏战略层面的运作，客观上也不太需要战略的考量。

1992年，邓小平发表"南方谈话"，提出市场经济改革的方向。从那个时候开始，外国的化妆品、日常用品、饮料业、家电业、汽车业、电脑业，全方位打入中国市场。市场接近饱和，竞争日益激烈，尤其是在竞争充分的行业，比如家电行业，价格战此起彼伏，逐渐进入"红海"市场。此时，中国企业还是以成本优势为主导的发展模式。

20世纪末至21世纪初，产能出现过剩，市场竞争白热化，产品同质化，薄利时代来临，盈利模式亟待突破。在政府主导下，各地纷纷实施产业集群发展战略。广东省搞专业镇产业集群。比如，佛山市顺德区做家电；乐从镇做家具，当年成为全球最大的家具市场；中山市古镇做灯饰，占全球市场份额第一；广州花都区搞皮革制品产业集群。阳江市是著名的刀剪之乡，产值占中国刀剪出口的50%以上；东莞市虎门镇重点做大做强服装产业、长安镇重点发展五金设备产业。

近十年来，中国的人口红利优势逐步褪色，成本要素逐渐上升。工资福利成本、生产资料成本、财务成本、环保成本、物流成本、社会成本等呈现出全方位上涨的势头，依赖成本优势的发展模式难以为继。当代企业的竞争，最根本的是人才的竞争，人才制胜战略决定企业的成败。毋庸置疑，中国企业必须转变竞争心态，确立换道超车的战略思维，从依靠人口红利转向依靠人才红利，从成本优势竞争转到综合要素竞争的赛道上来，从而确立新的竞争优势。

1980 年，美国学者约瑟夫·奈提出"软实力"。传统文化、社会制度、对外政策、高素质人才都是软实力的体现。软实力强大与否，决定一个国家的综合实力。企业最重要的软实力是人本资源。今天中国企业面临的最大瓶颈就是人才瓶颈，所以开发企业的人本资源是企业的第一战略任务。

过去通常把企业的资本分为物质资本和货币资本。其实，人力资本和社会资本是企业不可或缺的战略资本。员工创造了价值，就叫人力资本；社会资源创造了价值，叫社会资本。当前正处在一个由人力成本管理向人力资本管理转型的阶段。过去把人力资源视为一种成本消耗，现在需要把人力资源作为一种人力资本的战略性资源来看待。

中国的经济增长和企业发展，人的重要性不可低估。现在正处于从人口红利向人才红利的转型期，这也是中国最大的人力资本优势和软实力。

当今中国，人才竞争的大幕已经拉开，各大城市有关人才的政策频出，利用各种人才优惠措施吸引更多的人才。企业身在其中，一定要从战略的角度，换道赛车，争抢人才高地。以锲而不舍的精神，重点培养和引进战略型企业家、资源整合型人才、创新型人才、工匠型人才和高素质管理团队；改革完善企业的选人用人育人机制，把人招得来、留得住、用得好，实现人才战略转型。

（三）强化自主创新能力

当前，逆全球化在上演，一些国家对中国的科技企业采取了抵制措施。孙子曰："投之亡地而后存，陷之死地然后生。"核心技术、关键装备和基础材料是关系一国经济的发展前景和综合实力的提升。提升技术水平，中国需要走自主创新之路。

走自主研发和自主创新的道路，也是突破当前中国经济发展瓶颈的必然选择。我国人口约占世界的1/5，如果采用传统工业化模式，所需的资源是巨大的。例如，美国在其工业化过程中共消耗了300多亿吨石油和近50亿吨钢，日本则用了30多亿吨石油和近11亿吨钢，英、美、日在其工业化期间，人均累计钢消费量分别为22吨、20吨和17吨。我国实现工业化所需的资源量也是巨大的。如果不采用新型产业发展战略思路，我们将面临资源、能源和环境的硬约束。走资源消耗式的发展道路肯定行不通，唯有走集约化的自主创新之路才是正道。

中国的自主创新有着雄厚的基础和很美好的前景。受创新驱动战略的引领，"十三五"期间，科技创新取得重大成就，硕果累累。量子卫星首发成功、首艘国产航母下水、世界最大单口径射电望远镜"中国天眼"FAST落成启用、人类探测器首次在月球背面软着陆、北斗导航系统完成全球组网，一大批工业互联网、人工智能企业快速成长……近五年间取得的重大成就，都是持续投入、厚积薄发的成果。"十三五"期间，我国科技创新投入快速增长，规模优势显著。2019年国家财政科技拨款达到10717.4亿元，是2015年的1.53倍；我国研发经费投入强度（与GDP之比）从2015年的2.06%提高至2019年的2.23%，已超过欧盟平均水平。

我国目前正逐步由人口大国向科技人力资源大国迈进。研发人员全时当量由 2015 年的 375.9 万人年，增长到 2019 年的 461 万人年，连续多年居世界首位，占全球研发人员总量的比重超过 30%。知识创造能力显著增强，专利产出稳步提高，逐步由专利大国向专利强国转变。国内发明专利授权量由 2015 年的 26.3 万件增长到 2019 年的 36.1 万件，居世界首位。2019 年每万人有效发明专利拥有量达到 13.3 件，PCT 国际专利申请量达到 5.9 万件，是 2015 年的 2 倍，跃居世界第一位。[①]

面对全球化竞争和国内经济发展背景，中国企业需要强化创新意识，提升自主性创新能力。要坚定信心，矢志不移，坚决搞技术研发，大企业可以搞大研发，小企业可以搞小研发；大企业可以搞大创新，小企业可以搞微创新。

• 逆向开发创新

逆向开发相较正向开发而言，源于正向思维和逆向思维。正向思维从过程推导结果，逆向思维从结果推导过程。逆向开发是一种"反求工程"。日本企业在二战后迅速崛起，很大程度上得益于"反求工程"。"反求工程"是以战略设计为指导，以现代设计理论、方法、技术为基础，运用各种专业人员的工程设计经验、知识和创新思维，对已有新产品进行解剖、深化和再创造，是已有设计的设计。强调再创造是反求的灵魂。20 世纪 60 年代初，日本提出科技立国方针："一代引进，二代国产化，三代改进出口，四代占领国际市场。"为了更好地对别国的产品进行消化、吸收、改进和挖潜，日本企业普遍建立了"反求工程"，在汽车、电子、光学设备和家电等行业遍地开花。"反求工程"的大量采用，为日本制造各种新产品、研发各种新技术奠定了良好基础。

---

① 佘惠敏：《科技创新厚积薄发》，《经济日报》2020 年 10 月 3 日。

"反求工程"是一种"反向设计",是针对"正向设计"而言。正向设计解答的是"怎么做",即设计任务提出后,怎样实现和达到预定目标;反求回答的是"为什么要这样做",即已知目标后,要探索和掌握这种目标的设计者是如何一步一步实现的,反求别人脑袋里是怎样想、怎样做的,要摸清设计意图、所用技术和设计理论与方法。从这个意义上说,正向设计是主动的创造,而反求是先被动后主动的创造。

• "借势"创新

孙子兵法中有一种"借势、顺势、造势"的思想。用今天的语言表达,就是"借船出海""借鸡下蛋""借势乘船"。"借势"首先要借用孵化器生产"战略鸡蛋"。随着科技的进步,科技孵化器和实验室经济成为重要的经济形态。实验室经济能够把知识转化为技术,也能够极大地帮助企业把技术转化为产品或产业。世界上第一个企业孵化器于1956年产生于美国纽约,20世纪70年代中期,企业孵化器开始作为一种产业兴起。1987年6月,我国第一家企业孵化器诞生于武汉东湖新技术创业中心。经过几十年的发展,孵化经济逐步成为一个完整的生态链。软件、集成电路设计、新材料、生物医药、光电信息等一批专业孵化器运行平稳。

强调自主创新,并不能完全否认一些企业承接外包业务和贴牌生产。做外包和贴牌也是被"孵化"的过程。不同规模和性质的企业,处在不同的发展阶段,应该有不同的应对策略。一些中小企业,在技术不成熟,品牌还未培育起来的阶段,承接外包业务和进行贴牌生产是很现实的选择。中小企业在这个过程中可以借势逐步从价值链的低端走向中高端,从贴"小牌"转向贴"大牌"、从OEM生产模式转向ODM设计生产模式,提高贴牌产品附加值。一方面贴牌,另一方面研发生产自己的产品,逐步实现由贴牌到创牌，由跟进到超越。在学习中借鉴，在借鉴中创新。同时，加速培养国际化人才，掌握国际化企业运作方式，抓住发展机遇，实现战略跃迁。

• 超越式创新

超越式发展战略是针对循序发展战略而言的。循序发展往往是一步一个脚印，梯度推进。循序发展是企业不可绕过的战略模式和创新路径，但要避免陷入"引进—落后—再引进—再落后"的怪圈。

中国用几十年时间走完了西方国家几百年的路程，选择的是一种超越式发展模式。今天，中国仍然需要大跨度推进，实施跨越式创新。瞄准世界科技前沿，聚焦经济主战场，迈向世界产业高地，加大战略性新兴产业和数字化产业的研发和投入，走出一条新型工业化、信息化和智能化的道路。加快用数字化、智能化手段改造传统产业。

• 梯度式创新

1966 年，美国哈佛大学教授雷蒙德·弗农在《产品周期中的国际投资与国际贸易》一文中首次提出产品生命周期理论。产品生命周期是指一种新产品从开始进入市场到被市场淘汰的整个过程。弗农认为：产品生命是指市场上的营销生命，要经历一个开发、引进、成长、成熟、衰退的阶段。产品生命周期分为三个阶段，即新产品阶段、成熟产品阶段和标准化产品阶段。这个周期在技术水平不同的国家里，呈现出产品的梯度式分布和空间上的不同布局。

20 世纪 80 年代，中国开始导入产品生命周期的梯度推移理论。中国的东南沿海地区属于高梯度区，中部地区属于中等梯度区，西部地区属于低梯度区。经过 30 多年的发展，我国逐步形成了"重点突破，梯度推进，共同发展"的全新区域经济格局。

东南沿海地区的产业产品和技术创新正在加速且大幅度地向中西部梯度转移。

梯度发展不是平推发展，而是集中资源和力量发挥比较优势，通过全面创新，取得重点地区和重点行业的突破，以点带面，然后扩大到面。梯度发展战略其实质是一种集中战略，先聚焦"主航道"，集中优势兵力各个击破。企业需要充分借鉴和运用梯度发展战略思想，集中优势资源，攻克技术难关，打造高质量产品，抢占市场前沿阵地。同时，根据企业和产品的生命周期规律，洞察市场的变化态势，逐步形成梯度式创新格局。做好产品技术线规划，加强战略预备队建设。

（四）确立产业发展的前瞻意识

从经济和社会发展的角度看，2020 年一定是人类历史上值得铭记的一年。工业时代历经百年形成的全球经济体系和治理体系，因为新冠肺炎疫情造成的困难而加速了变革，并把 2020 年变成了人类从工业文明到数字文明演化的一个重要分水岭。人类文明正在呼唤数字经济时代的新社会秩序。

中国错过了前两次工业革命的发展机遇，第三次工业革命只是一个参与者，面对第四次工业革命，中国将成为引领者之一。第四次工业革命就是数字革命。以互联网、大数据、人工智能、云计算、区块链等为代表的数字生产力，正在深刻改变工业时代形成的生产模式，对于信用、效率、创新等提出了革命性的要求。新基建的扩容、升级和提质，加速了数字文明时代的转型，推动研发、制造、营销、物流供应等为一体的融合发展。新的商业模式、新的商业契机和相关产业潜力将得到进一步释放，新业态、新技术、新产品不断涌现。面对数字化浪潮和数字革命，中国企业要加快"触网""触云"，加快构建生态链，加快数字化场景的应用。

数字化经济时代，平台经济竞争更加激烈，企业的比较优势地位加快位移，如何保持竞争优势是未来企业需要考虑的核心问题。这就需要企业在"核心业务竞争"和"边缘业务竞争"的动态环境中实现平衡。成功的企业在面对变化带来的新机会时，会充分考虑新机遇和自身能力，从而决定是否需要"跳跃"到"核心业务"外，抓住新的机会。一旦条件具备，它们会迅速切入，通过"连续跳跃"，聚焦"边缘业务竞争"，不断进行调整和优化。① 这就是未来企业发展的重要趋势，能否把握这个趋势，决定企业的发展。

四 聚焦隐形冠军之路

中国的经济发展需要更多的世界五百强企业，也需要各个行业、各个领域有更多的隐形冠军。赫尔曼·西蒙教授是极负盛名的世界级管理大师、著名管理学思想家和"隐形冠军"理论之父。他在《谁是全球最优秀的公司：隐形冠军》一书中首次提出隐形冠军概念。所谓"隐形冠军"是指那些拥有全球领袖地位的中小企业，它们甚至拥有各自所在市场 60%~90% 的全球市场份额。

《隐形冠军》一书自 21 世纪初介绍到中国来，广为传播，深得认同。越来越多的中国企业家对隐形冠军的概念耳熟能详。中国和德国有许多相似之处，有深厚的制造基础和大量的中小企业，中国的中小企业有 4000 多万家，"隐形冠军"理论在中国有着广泛的应用前景。②

---

① 谢祖墀：《新时代背景下企业战略转型之道》，《清华管理评论》2018 年第 11 期。
② 〔德〕赫尔曼·西蒙：《隐形冠军：未来全球化的先锋》，张帆等译，机械工业出版社，2019。

相较于大型企业，中小企业小而不精、多而不强的问题突出，在人才、资金、技术等方面处于劣势，很多处于价值链中低端，无力与大型企业抗衡，因此专业化、精细化、特色化、新颖化是其最佳战略选择，走专心的聚焦之路是必由之路。培育一批聚焦主业、创新能力强、市场占有率高、专注于细分市场的"专精特新"的"小巨人"企业，促进这些"小巨人"企业逐步成长为单项冠军或隐形冠军企业意义重大。

隐形冠军之路是一条充满荆棘的艰苦之路，给企业领导者的意志和定力带来了较大的考验。尽管不是每一个中小企业都能够达到预期目标，但只要沿着隐形冠军的新路标笃定前行，持续发力，就一定能够让梦想照进现实。隐形冠军之路的探索，蕴含着企业家的执着专注精神，透视着企业家的远见和视野，嵌入了企业家的胸襟和情怀。走隐形冠军之路，不仅需要企业在战略层面上做出战略调整，也需要企业家在心理层面做出心理调整。

走隐形冠军之路，做隐形冠军企业，必须以国际化眼光和全球化视角，把握企业发展的未来。未来 5~10 年是中国企业转型升级的一个重要窗口期，也是中小企业兴衰进退的一个历史周期。中小企业领导者需要运用历史观、哲学观、战略观审时度势，乘势而上：抓机遇、调结构、重创新、育品牌、强服务、补短板、降成本、创优势、理思路、校定位，使企业跃升到一个较高级的发展阶段，走一条"专精特新优"之路。

（一）走开放的全球化之路

隐形冠军的"隐形"强调的是低调朴实，常常不为外界所关注。所谓"冠军"就是几乎主宰各自所在的市场，或占领着自己所在市场的极高份额。如何成为隐形冠军？赫尔曼·西蒙主张，隐形冠军企业实行经营专业化与区域全球化战略，产品经营是专业化的，市场开拓是全球化的。由于多数隐形冠军企业的产品是单一的，在一个国家或地区会很快触到"天花板"，因此必须拓展国际市场。

中国是世界第一大货物贸易国，2020年进出口贸易总额达到32.16万亿元，其中很大的份额是中小企业尤其是东南沿海地区的中小企业实现的，可以说，长三角、珠三角、京津冀等地区有着较多的隐形冠军企业。

构建人类命运共同体，建立全球大市场，这是未来世界经济发展的必然趋势，也是中国中小企业走全球化之路千载难逢的大机遇，经济成长空间巨大，产业互补性极强，未来前景广阔，是打造"隐形冠军"的绝佳舞台。中国中小企业必须坚定地"走出去"，利用发展时间差、产业迭代差、人力成本差，发挥比较优势，以贸易为先，逐步布局产能，提高在全球市场上的占有率。

（二）走精约化之路

隐形冠军的"隐形"，隐在专注而不是分散，隐在坚持而不是放弃，隐在长久而不是短暂，隐在内敛而不是外显。中小企业常会存在摊子过大、涉面过宽、资金融不上、人才配不上、管理跟不上、精力顾不上等问题。

赫尔曼·西蒙的隐形冠军思想就是倡导专注，专注核心业务、专注客户关系、专注员工忠诚度；倡导持续改善和培育企业生态价值链；倡导守持愿景和战略使命，不顾及彷徨其他。中小企业管理者需要调整心态，培育实业工匠精神。凝神聚气，心无旁骛，咬定青山，聚焦一个行业，专注一个产品，执着一种市场，做好一项服务，匠心永恒。做精、做专、做特、做优是绝大多数中小企业的战略选择。如山东默凤投资集团有限公司，是从事海洋精细化工产业研发、生产、经营的国家级高新技术企业，产品远销美国、日本、欧洲等海外市场。在六溴环十二烷、双酚 A 双（二苯基磷酸酯）、B- 溴苯乙烷三个阻燃剂细分市场处于国际领先地位。做精、做优、做特、做专，实施精约化发展是其获得成功的法宝。

实现精约化发展，质量变革是关键。要想成为隐形冠军企业，一定要生产高质量产品，没有质量，谈不上隐形冠军。质量建设需要坚持长期主义。中国企业的发展，证明一个基本道理：过分追求规模和速度的成功只是战术成功，只有追求质量效益升级成功才是战略成功。十年磨一剑，久久为功。多年来，一些企业重炒作、走捷径、抄近路，事实证明并不能获得长期的发展。因此，需要端正态度，改变心态，培育实业精神。可见，隐形冠军之路是一条心理历练之路。

（三）走价值链升级之路

当代企业的竞争是产品、渠道、价格、性价比、服务、技术、品牌的综合竞争，说到底是价值链的竞争。在长期的市场竞争中，大部分中小企业主要依靠低成本、低价格优势，缺技术，缺品牌，缺高质量服务，缺乏综合竞争力，处在价值链的低端。赫尔曼·西蒙主张，隐形冠军企业不走低价格扩张之路，不依靠低成本和低价格实现竞争，而是通过科学的定价策略和技术提升，在价格、成本和质量三者之间找到平衡。

中国企业提升竞争能力，需要从价值链低端走向高端。宏碁集团创办人施振荣于 1992 年提出了"微笑曲线"理论，作为"再造宏碁"的策略方向。微笑曲线就是 U 曲线，中间底部是制造，左上端是设计研发，右上端是营销、品牌和服务。全球制造供过于求，产生的利润相对较低，制造是低附加值的环节。研发与营销的不可替代性更强，是高附加值的区域。因此，企业未来应朝微笑曲线的两端发展，重塑价值链。在左上端加强研发，创造技术价值和知识产权；在右上端强化客户导向的营销与服务。

价值链理论完全颠覆了传统的"木桶理论"。木桶理论要求企业重点去"补短"，以保证企业"滴水不漏"，从而获得最大价值。而价值链理论则是干脆拆除企业竞争中的"短板"，打破木桶，加长原有的"长板"，实现价格、性价比、服务、品牌、技术等核心竞争要素的优化组合，使企业从价格竞争转向价值竞争，构建价值链的上升通道，从而获得最大的经济效益和社会效益。

五　品牌强国战略

2019 年 5 月 10 日，由中央广播电视总台发起的品牌强国战略联盟在北京成立，"中国品牌强国盛典"同时启动。首期成员单位约 1200 家。其主要职能是通过强强联合，汇聚社会各界力量，在新时代深入践行品牌强国战略，发挥品牌在企业高质量发展中的作用，努力满足人民群众对美好生活的向往。

我国正在经历由中国制造向中国创造、中国速度向中国质量、中国产品向中国品牌的历史性转变，我国经济正从质量时代逐步迈向品牌时代。自 2017 年起，我国将每年 5 月 10 日设立为"中国品牌日"，"品牌强国"已经上升为国家战略。近年来，中国品牌建设和发展取得了长足进步。英国知名品牌价值咨询公司发布的"2021 全球最具价值 500 大品牌榜"显示，中国品牌已经缩小了与全球领先品牌之间的差距，并以令人瞩目的速度缩小与美国品牌之间的差距。中国企业的品牌价值仅次于美国，位居全球第二。

品牌是商业文明的集中体现，其内核是文化。进入新时代，品牌是一个企业存在与发展的灵魂。只有产品，没有品牌，企业就没有文化内核，就不可能得到持续发展。品牌是企业竞争的利器，品牌是企业竞争的撒手锏，品牌是企业发展的生命线。企业竞争的目的是实现利润最大化，要实现利润最大化，就需要提高产品附加值，取得产品的边际效益，而产品附加值的主要来源在于提升品牌价值。

企业商标和企业名称是品牌构成的要件之一和外在表现形式，但不是品牌的内涵。可以说，品牌是一个心理学概念，品牌培育和消费的过程，其实质是一个心理学过程。可口可乐的品牌价值几十年来居世界高位，靠的就是品牌效应。可口可乐前董事长伍德鲁夫有一句名言："假如我的工厂被大火毁灭，假如遭遇到世界金融风暴，但只要有可口可乐的品牌，第二天我又将重新站起。"美国钢铁大王卡耐基也念念不忘品牌和团队建设。可以说，世界所有成功的企业无一例外都重视品牌建设。

创建品牌需要把握消费者对品牌的接受度。其接受度呈现四个层次的心理递进。首先是知名度，要被消费者认知。产品业务推广越充分，认知度越高，品牌效应提升越快，这是品牌运作的通常规律。其次是信誉度，诚实可信是品牌的本质要素，兑现承诺是品牌运作的基本要求。再次是美誉度，认可度高，口碑好，才能在消费者心中立得住。最后是忠诚度，消费者对品牌的忠诚度决定了品牌的长久影响力。

依据消费者的品牌心理，品牌的培育主要靠口碑。所谓品牌，其实质就是"品"加"牌"。品是产品的品质，牌是消费者的口碑。如何做好口碑呢？一是要提升品质。品质是企业的生命线，是消费者对品牌信赖的基本条件。保持品质、改善品质、磨砺品质是做口碑的基础和前提。二是要坚持诚信原则。诚信是做口碑的信条，提供优质的产品和服务，才能使消费者不离不弃。三是要注重文化积淀。品牌的口碑效应，不是注重一时一事，而是要产生长久深远的影响。要把品牌诉求的理性认识和感性认识结合起来，不断讲好故事、传播故事。中国向外传播，树立中国形象，需要讲好中国故事；企业做口碑，强化消费者的认同，需要讲好企业故事。

就广大中小企业而言，做品牌的侧重点应放在服务上。21世纪是服务的世纪，服务成为商业时代的主要特征。各行各业和各类企业最终还是要靠服务取胜，靠提升服务价值赢得市场竞争。

当今世界，经济形态的转化经历了三个时代：产品经济时代、服务经济时代和体验经济时代。卖产品可以挣钱，卖服务也可以挣钱，卖体验更能挣钱。美国经济学家约瑟夫·派恩二世和詹姆斯·吉尔摩于1999年出版了《体验经济》一书。他们认为，人类社会在经历了农业经济、工业经济、服务经济三个阶段后，将进入体验经济阶段。《哈佛商业评论》在做出"体验经济时代到来"的预言时曾指出，体验就是企业以服务为舞台、以商品为道具、以消费者为中心，创造能够使消费者参与并值得消费者回忆的活动。

我国经济结构发生了根本性变化，过去主要满足人们的基本生存需要，但今天人们的生存需要发生了革命性的变化。过去讲吃饱就行，现在强调膳食均衡、营养合理，吃出健康，吃出长寿。过去穿暖就行了，现在强调时尚、新潮、自信、自尊、美感。消费需求的变化都对服务提出了更高的要求。对中国而言，服务经济时代已经来临。

服务经济时代需要做好关系营销。所谓关系营销，通俗来讲，就是把产品卖出去，在获得社会和消费者认可的同时实现赢利。其战略举措就是通过一系列周到的、细致的、贴心的和系统性的服务，建立与消费者更长久的关系，强化消费者的满意度和忠诚度，固化消费者的认知，培植消费者的情感，在消费者的心智中占有一席之地，让企业品牌和消费行为产生互动效应。

六　塑造企业家的现代人格

经济发展来自市场活力，市场活力来自人，特别是来自企业家，企业家自身力量的发挥来自企业家精神，企业家精神是企业家的灵魂。中国企业家精神是我国经济社会发展的宝贵财富和重要战略资源。一部当代中国经济发展史，内含一部企业家的创业史。改革开放以来，企业家群体筚路蓝缕，从小作坊开始走向经济主战场，不断走向世界舞台。一大批有胆识、勇创新的企业家茁壮成长，形成了具有鲜明时代特征、民族特色、世界水准的中国企业家队伍。

1800 年，法国经济学家理查德·坎蒂隆首次提出"企业家"的概念，而经济学家约瑟夫·熊彼特第一个论述了企业家精神。他认为，"破坏性创新"是企业家精神的重要特征。20 世纪下半叶，企业家精神的概念拓展到行为学、心理学和社会学分析领域，有了更丰富的内涵。从心理学角度理解，企业家精神是一种人格特征。

人格是人的气质、性格、能力、需要、动机、兴趣、态度、理想、价值观等方面表现出来的综合性心理特征，是指人的整体性精神面貌。企业家人格就是企业家的理想信念、价值取向、思想品德、情感态度、能力素质和胸襟眼光等人格特征的综合反映。人格决定一个人的思想高度、思维方式、行为风格、人际关系、工作效率和团队氛围。从一定意义上讲，人格决定一个人的成败。中国进入了新的发展阶段，企业家需要具备更完善的现代人格。

（一）爱国敬业型人格

企业营销无国界，但企业家有自己的祖国。"利于国者爱之，害于国者恶之"。从清末民初的张謇，到抗战时期的卢作孚、陈嘉庚，再到新中国成立后的荣毅仁、王光英等，都是爱国企业家的典范。中国人的爱国意识是几千年历史文化积淀形成的一种深厚情感，新时代的企业家要扎根中华文明，增强对国家的认同感和"家国天下"情怀。爱国不是空洞的，企业家必须把自己的命运与国家命运紧密联系在一起，与国家发展共兴衰，主动为国担当、为国分忧。

企业家爱国有多种实现形式，但首先是励精图治，办好企业，以实业报国。张謇被习近平总书记喻为"中国民营企业家的先贤和楷模"。我国近代著名的企业家、政治家、教育家张謇于1894年高中状元，时年41岁，在目睹清政府签下丧权辱国的《马关条约》后，认为中国"求活之法，唯有实业、教育"。因此，他以"愿成一分一毫有用之事，不愿居八命九命可耻之官"的心志，毅然放弃功名仕途，回到家乡南通创办实业。张謇创造性地使用股份制方法筹募社会资本，以大生纱厂为基础，先后建成四个纱厂；还以投资或参股方式，设立了榨油厂、肥皂厂、冶铁厂、造纸厂、印刷厂等，构建了以棉纺织业为核心的产业链条；并进一步发展了运输、仓储、电力、通信、食品、金融、地产等产业，将南通建成"中国近代第一城"，影响全国乃至海外。张謇将一生所获财富，奉献于当地的教育文化事业，为南通教育总计投资257万两白银，独自或参与创办各类学校近400所，推动了近代教育体系的形成，创办了中国第一所公共博物馆——南通博物苑。可以说，爱国、救国、报国是张謇一生的追求。

塑造企业家的爱国敬业型人格，就是要求企业家争当"张謇式"人物，打造卓越企业，担当社会责任。对企业家来说，要把爱国情感与爱企业的情怀融合在一起。爱国的具体表现是要热爱自己的企业和事业，要有敬业精神。为此，企业家要把做大做强实业作为使命，专注于产品开发、质量变革、技术创新、团队建设和企业效益的全面提升，不断诠释爱国奉献精神。

（二）奋斗自强型人格

《易传》中"天行健，君子以自强不息"的理念传颂至今，激励着中国人自我进步，发奋图强，永不言弃。在几千年历史长河中，中国人民始终革故鼎新、自强不息，建设了祖国辽阔秀丽的大好河山，开拓了波涛万顷的辽阔海疆，开垦了物产丰富的广袤粮田，发展了门类齐全的产业，形成了多姿多彩的生活。"中国人民自古就明白，世界上没有坐享其成的好事，要幸福就要奋斗。"唯奋斗者进，唯奋斗者强，唯奋斗者赢得未来。奋斗，已经成为中国人的精神底色和生活方式。

奋斗自强是企业家人格最鲜明的体现。中国人正处在一个伟大的时代，面临最好的历史发展机遇，同时，发展道路又不是一帆风顺的。时代呼唤有奋斗精神的企业家，奋斗自强的人格特质成为时代赋予企业家的标识。华为的"以奋斗者为王"的企业文化，造就了一支敢打硬仗的"铁军"。要奋斗就要有梦想，国家要有梦想，企业也需要有梦想。企业家需要把"中国梦"和"企业梦"渗透到内心深处，高举信念的旗帜，构造企业发展的愿景，担当企业的使命，承载企业的社会责任，用敢闯、敢拼、敢试的精神，迎接时代的挑战。

（三）崇尚科学型人格

综观世界的发展，文化革命催生科学革命，科学革命催生工业革命，工业革命催生管理革命，管理革命催生社会变革。西方文艺复兴后，出现了尊重人、崇尚科学的思潮，从而催生了工业革命，开启了人类的新纪元。社会变革的核心动力是科学精神。科学精神就是尊重客观规律、尊重文化差异；科学精神就是实事求是、求真务实；科学精神就是尊重知识、尊重创造者；科学精神就是尊重市场规则、尊重社会规范；科学精神就是循规遵道，守正创新。

新时代的企业家需要具备拥抱科学的思维和人格特质，以科学的理性思维，摆脱"凭经验、靠感觉"的传统思维模式。依据科学知识，探究市场规律、技术前沿和行业趋势。依据代际更替变化规律，寻求新型的员工管理方法。依据产品和技术的迭代效应，做好战略储备和长远规划。依据世情、国情和企业自身发展条件，打造特色产品。依据多学科的知识储备涵养科学人格，学会用多学科的眼光看待和推进企业的发展。用经济学的眼光，平衡企业的经济效益和社会效益；用管理学的眼光，进行制度建设和团队管理；用战略学的眼光，把握全局，抓住机遇；用心理学的眼光，进行人性化管理；用哲学的思维，辩证解决企业遇到的困难。

（四）勇于创新型人格

"富有之谓大业，日新之谓盛德。"创新即是一种"盛德"。美国的爱迪生、福特、乔布斯，德国的西门子，日本的松下幸之助等企业家都是创新大师。创新是引领发展的第一动力，企业家的创新精神决定企业的成败。企业家要当好创新发展的探索者、组织者、引领者，努力突破产品创新、生产方式创新、组织创新、技术创新、市场创新、管理创新。

强化企业家的创新精神，培养企业家的创新人格，需要提高洞察力，形成发散思维、聚敛思维和直觉思维。要有远见卓识，能够透过现象看本质，引领企业穿越创新发展的"无人区"。

（五）诚信守法型人格

《孟子·离娄上》中说："诚者，天之道也；思诚者，人之道也。"强调"诚"是客观规律和社会准则，追求"诚"是为人的准则。儒家学说强调"仁义礼智信"的"五德"，孙子强调将帅要有五种人格品质，即智、信、仁、勇、严，也强调"信"的重要性。"诚信"是中国传统文化的核心要素。人无诚信不立，企业家无诚信则无法在社会和市场中立足。社会主义市场经济是信用经济、法治经济，法治意识、守约观念和契约精神是现代经济活动的思想内核，也是信用经济、法治经济得以良性运行的基本要求。

中国社会某种意义上说是人情社会，人们的家族观念、地缘观念和亲情意识浓厚。企业家要突破狭隘人情意识的樊篱，以法制治理企业。要强化底线思维，保持合规性，做到诚信守法。加强道德和法律修养，做遵纪守法的表率，促进企业乃至全社会道德素质和文明程度的提升，为构建法治社会做出自己应有的贡献。

（六）包容互鉴型人格

企业家要有大格局、大视野。眼界决定境界，格局决定结局。企业能做多大、存在多长时间，企业家的胸怀、境界和追求是关键的一点。当下，中国经济深度融入全球经济，中国企业"走出去"参与国际市场步伐明显加快，面对国内外的新环境、新机遇、新挑战，企业家要以全球化视角和国际化思维，明辨大势，把握机遇，提高把握国际市场动向和需求特点的能力，提高把握国际规则的能力，提高国际市场开拓的能力，提高防范国际市场风险的能力。

人类需要相互协作、合作共赢。全世界需要合力推进开放、包容、普惠、平衡、共赢的新型关系。中国企业的发展是一个学习借鉴和实践总结的过程，世界文化因多元斑斓而交流借鉴，因交流借鉴而相互包容，因相互包容而发展进步。企业家要广泛借鉴优秀研发技术、商业模式和管理理念，在学习借鉴中锻造全球胜任力。

（七）勇敢坚毅型人格

企业的成长和壮大要面对较大的市场风险，而企业家往往是风险的承担者。这个过程，需要企业家具有冒险精神，发挥理性思维。冒险精神不是盲目的冲撞、无谓的牺牲，更不是狭隘的英雄主义。这里说的冒险是指企业家在为人生和企业设立目标之后，想方设法，不怕艰险而达到该目标的过程，要做到不惧风险、认识和了解风险、衡量与分析风险、创造性地处置风险。冒险精神是企业家人格的主要构成要素之一，正如比尔·盖茨所认为的，成功的首要因素就是冒险。

企业家需要在困境中磨砺韧性、耐力和坚强的意志，需要涵养勇敢坚毅的人格品质。锲而不舍，金石可镂。就像孟子所曰："故天将降大任于斯人也，必先苦其心志，劳其筋骨，饿其体肤，空乏其身。"人在事上练，刀在石上磨。"衡量一个人的成功标志，不是看他登到顶峰的高度，而是看他跌到低谷的反弹力。"因此，企业家需要在风雨中壮筋骨、长才干；要信念如磐、意志如铁、勇往直前，敢打硬仗。

（八）互助合作型人格

企业家不是"独唱家"，而是交响乐团的"总指挥"。从农业社会进入工业社会，从信息时代进入数字化与智能化时代，组织更加扁平化、网状化、平台化、小微化；信息更加透明、共享、对称、恒常；营销沟通方式更注重与客户的平等、有趣互动；竞争模式更强调互助、合作、共赢；企业更需要同时为员工、为客户、为社会创造价值。企业发展的前提条件取决于合作的广度和深度，擅长合作和利他共享是企业家人格的精华。企业家的互助合作精神，首先表现为利他性。企业家是社会财富的创造者，也是员工幸福生活的直接贡献者。企业家应把员工、客户和社会的利益放在重要的位置，创造共享价值，构建多赢格局。企业的实践经验反复证明："只有想着别人才能够成功。"

人有自私性，也有群体性。要想取之，必须予之。只有付出，才有索取。只有顾及别人，别人才能顾及你。人人为我，我为人人，人类是一个命运共同体。只有想着别人才有大格局、大胸怀，才能更好地得到社会的回报。自私自利的企业无法在社会立足，一个没有奉献精神的企业领导者，谈不上是一个真正的企业家。

（九）反省自律型人格

儒家思想倡导"吾日三省吾身""人贵有自知之明"。企业家的成长是自我管理过程，主要靠的是自觉和自律，靠的是自我超越。毛泽东告诉我们，人对事物的认识是一个实践—认识—再实践—再认识的过程。只有不断反省自己，总结经验，才能避免犯同样的错误。几十年来，中国企业在取得辉煌成就的同时，也有很多败笔，胜局和败局跌宕起伏，难以逃脱兴衰更替规律。许多企业做得很大，成长很快，衰亡得也很快、很惨烈。导致败局的人格因素主要有以下两点。

一是缺乏正确的自我认知，丧失了自我批判精神。企业做大了，一些企业家的心理随着变化。自以为是，刚愎自用，从自我到自大，从自大到自我膨胀；盛气凌人，为所欲为，藐视一切；决策随意，判断飘忽，大胆冒进，坚信"人有多大胆，地有多大产"，无限扩张，等等。这种张狂型人格的企业家丢失了初心，忘掉了来时的路，就必然犯大错，出大问题。

二是缺乏自律。欲望是一把双刃剑，正向的正常的欲望是推动人类进步的动力，反向的非分的欲望是破坏社会的力量。激发欲望、调节欲望、控制好欲望，决定人的生存和发展。管好欲望靠自律。面对各种诱惑，人要管住自己。企业家需要一种坚强的意志力，管住欲望；管不住就会出问题，甚至遭受重大挫败。企业家精神体现为对社会规范和道德要求的敬畏，对自身信誉和荣誉的珍惜，对家人的顾及，做一个道德高尚的人、一个脱离低级趣味的人、一个奋发有为的人、一个有益于人民和社会的人。"堤溃蚁孔，气泄针芒"，做到慎独慎初慎微慎欲，自重自省自警自励，经得起权力、金钱、美色等考验，老老实实做人，踏踏实实干事。

（十）刚柔相济型人格

企业家需要刚性的一面，也需要柔性的一面。企业家应该是一个充满激情的人，这是人格魅力之所在，也是企业成长潜力之所在。心中没有一团火，没有激情，就没有创新，就不敢冒险。激情必须和理性相融合，沉着冷静，慎思笃行。孙子曰："主不可以怒而兴师，将不可以愠而致战。怒可以复喜，愠可以复悦，亡国不可以复存，死者不可以复生。故明君慎之，良将警之。此安国全军之道也。"国君不可因一时之怒而发动战争，将帅不可因一时之愤而出阵求战，愤怒可以重新变为欢喜，气愤可以重新变为高兴；国亡则不能复存，人死不能复生。这是国君和良将安定国家和保全军队的基本原则。对企业家来说也是如此，不可因为情绪冲动而导致事业的失败。

　　企业的持续成长主要依靠两种人格力量：激情的力量和理性的力量。企业家需要实现激情和理性的完美结合。企业初创时期，需要更多的是一种激情，但真正进入到较为成熟和系统成长阶段，需要理性建立组织并依靠团队力量。在企业经营和管理的两面，需要阴阳互补。阳面经营，阴面管理。在市场竞争中要快、准、狠，在企业内部管理要有更多的柔性和人性化。经营要有艺术家的直觉、感性、洞察力与天赋，管理就需要有科学家和哲学家的规范、严谨、专注与理性。

　　企业家需要同时具备"柔"和"刚"这两种特质，并且不断切换以达到均衡，融为一体。如果在商业竞争中过分"柔"，就可能让对手乘虚而入，造成战略被动。如果在企业内部管理和涉及员工民生方面的议题，过分"刚"就会酿成矛盾和冲突。要实现"刚、柔"的融合，就需要融会贯通。

第六章　激发全民的心理动力

人类的发展，社会的进步，国家的繁荣，有赖于动力的激发，靠主体的内在力量来推动。心理动力是人从事活动的基本动力，主要包括需要、动机、兴趣、爱好、理想、价值观、人生观和世界观等心理因素，人的一切行为都受这些心理因素的支配。中华民族的伟大复兴，实现百年梦，需要释放和提高生产力。人是生产力中最活跃的要素，解放生产力首先要解放人。解决人的问题，就是要激发亿万人民和各民族的积极性、主动性、创造性，开发人性资源，凝聚全社会的向心力和战斗力，焕发磅礴的心理动能，为全社会提供强大的内在行为动力。

一　调动社会主体的积极性

人民是社会的主体。只有把全体人民的积极性调动起来，中华民族复兴事业才能取得最终的胜利。调动积极性是一种全员、全时的全周期管理，是一项综合利用社会资源、开发心理潜能、激活心理动能的系统工程。

其一，调动人民群众的积极性。人民群众是水之源、木之本，是创造历史的真正的英雄。要把人民群众的积极性调动起来，就要积极回应人民群众所想、所盼、所急，多谋民生之利、多解民生之忧、多补民生之短板。始终以百姓之心为本，着力解决群众看病难、上学难、就业难、住房难等操心事、揪心事。保证全体人民在共建共享发展中有更多获得感、幸福感、安全感。

其二，调动领导干部的积极性。各级领导干部是事业的骨干力量。中国历史上高度重视吏治。《左传·桓公二年》记载鲁大夫臧哀伯谏曰："国家之败，由官邪也。"吏治成败关乎王朝盛衰兴亡。《韩非子·外储说右下》言："吏者，民之本纲者也，故圣人治吏不治民。"治国先治吏，抓住吏治就抓住了治国理政的纲。因此，需要真正解决各级领导干部"想干事、能干事、干成事"问题，强化干事创业的精气神。防止和杜绝"做一天和尚撞一天钟"、"为官不为"、只求过得去不愿出差错的消极怠慢现象发生。在强调廉政的同时，也要强调勤政、明政、亲政，积极调动广大干部的能动性。

其三，调动科研人员的积极性。科研人员是创新发展的核心力量，决定中国科技发展的未来和成败。只有把科研人员的积极性调动起来，才能真正突破关键核心技术的瓶颈，不被别人"卡脖子"；才能够更好地使中国科学技术迈入世界科技前沿阵地，聚焦经济主战场，满足国家的战略需求，助推中国实现强国梦。调动科研人员的积极性，需要为他们创造宽松的科研环境，协调好他们的切身利益和物质待遇，满足高层次需求和精神追求，使科研成为社会尊崇的职业；建立容错机制，营造鼓励成功、宽容失败的社会氛围；加强科技教育和基础教育，彻底破除"我们的教育为什么培育不出世界一流人才"的机制障碍，造就一批世界一流的战略科学家和顶尖人才。

其四，调动企业家的积极性。中国经济的发展壮大，除了有为政府的力量外，企业家也是核心要素。当前，有些企业家投资意愿下降，信心不足，因此，需要强化对企业家进行终身教育，鼓励他们学习，培养正确的世界观、人生观、价值观和企业观；加大深化改革的力度，使各类企业有资本、有机会、有人力。真正把企业家的积极性调动起来了，就能促进中国经济的持续发展。

二　实施满足需要的大战略

积极性是一种主观能动的心理品质和积极的行为表现。调动积极性，在于激发人的行为动力。人的行为受动机支配，动机又由需要产生。需要产生动机，动机引发行为，人的行为动力之源就是需要。人的一生是不断满足需要的过程，是实现自我愿望的体验过程，是一部心理需要发展史。

需要是人类全部行为活动的原动因、目的、归宿，是人类生产活动的最初动力。马克思主义认为：人们为了能够创造历史，必须能够生活，但是为了生活，首先需要满足衣、食、住以及其他需求。因此，第一个历史活动就是生产满足这些需要的资料，即物质生产本身。需要推动了生产力的发展，生产力的发展又为更高需要的出现奠定了现实基础。用需要质量互换规律来表述，即人们的需要随着社会生产得到量的满足后，会引起需要质的变化，产生跨阶梯、跨层次的跃迁。人们每一次新的需要得到满足，又会为满足更高的需要而创造更多的社会财富，从而推动社会的不断进步。

由此可见，生产力的背后，潜藏着需求的动因，正因为人们有物质文化需求，才有发展生产力的需要，发展生产力的根本目的，就是为不断满足人们日益增长的物质文化需求和对美好生活的向往，推动社会发展的动力来自人的不同层次需求的心理力量。

进入新时代，我国社会主要矛盾已经转化为人民日益增长的美好生活需要和不平衡不充分的发展之间的矛盾。不断转化和解决这些矛盾，把握人们需求变化的心理脉动，就会成为推动社会发展和中华民族复兴的心理动力。人民的所需所愿和对美好生活的向往，决定政府所为和中国共产党的努力方向。中国发展战略的根本出发点，就是不断满足人民日益增长的美好生活需要。

20世纪70年代，发展中国家致力于人本战略的研究。1976年，阿根廷巴里洛克基金会创立了著名的"巴里洛克模式"，即"基本需要战略"理论。其核心思想是强调任何发展战略的出发点都是人的需要，并创立了满足基本需要的全球发展数学模型。按照基本需要的最低消费水平，基于欧美发达国家、拉丁美洲、非洲和亚洲四个地区1960~1970年的有关数据，运用"道格拉斯"生产函数，推导出"食品、住房、教育、其他服务和消费品、生产资料"五个生产部门，满足基本需要的资源、资本、劳力、产量以及时间期限。

新中国成立后，中国的建设和发展，是一项伟大的着眼人民的根本利益和长远利益、满足人民需要的战略工程。"十四五"期间，习近平总书记指示：要基于人民群众的愿望和需要搞规划，要广泛征求人民群众的意见。中国的发展规划本质上说是瞄准国内需求，满足人民美好生活需要的发展规划。

要想对人进行激励、调节与控制，对人性进行塑造、优化与升华，从而加速民族复兴和现代化建设，必须着眼于人民群众的内心，观察分析人们的心理状况和需求结构，把握需求变化的趋势，制定满足需求的战略规划，实施满足需要的战略工程。满足心理需求战略是国家的大战略。

（一）满足富裕生活需要，持续实施扶贫和乡村振兴战略

2020年是全面建成小康社会的收官之年，也是脱贫攻坚决胜之年。2021年是实施乡村振兴战略的起步年。习近平总书记强调

"脱贫摘帽不是终点，而是新生活、新奋斗的起点。"中国尽管解决了8亿多人口的绝对贫困问题，但相当一部分人还处在相对贫困状态。解决贫困问题是中国未来相当长时间的一项战略任务，脱贫攻坚战则是乡村振兴战略有效实施和推进的基石，通过乡村振兴战略，有效地解决"三农"问题，建立防止"返贫"机制和社会保障体系，使农民和低收入阶层彻底摆脱贫困。

消除贫困是人类亘古以来的永恒期盼，也是各国发展面临最具挑战性的任务之一。摆脱贫穷、实现小康是中华民族自始至终追求的理想。《诗经·大雅·民劳》中就有"民亦劳止，汔可小康"的诗句，表达了古人对生活安定宽裕的追求和向往。《韩非子·奸劫弑臣》有云："夫施与贫困者，此世之所谓仁义；哀怜百姓，不忍诛罚者，此世之所谓惠爱也。"阐述了古人的济贫理念。近代以来，以孙中山为代表的爱国人士，基于改变旧中国积贫积弱、普遍处于绝对贫困状态的现实，提出了民生和社会救助思想。中国共产党从成立之日起就确立了为天下劳苦人民谋幸福的目标，一代又一代共产党人为此付出了艰苦卓绝的努力。

贫困是一个世界性的问题，消除贫困是全球共同的责任。2000年，联合国提出八项千年发展目标，其中消除贫穷是重要一项。1981年，世界银行开始对各发展国家进行消费和收入贫困测算。1990年，联合国开发计划署发布的《人类发展报告》，第一次从人类发展指数（HDI）的视角定义和测量贫困。1995年，联合国在《社会发展问题世界首脑会议行动纲领》中，从收入、食物、健康、教育、住所、环境、社会歧视、决策参与等阐述了贫穷的各种表现形式。2001年，世界银行将贫困定义为"福祉被剥夺"。

解决贫困问题，还是要继续解决不愁吃的问题。"谁来养活中国人"，粮食安全是中国的大战略。2010年以来，中国人均粮食占有量持续高于世界平均水平。2020年全国粮食总产量66949

万吨，连续第 6 年稳定在 6.5 亿吨以上，比 1978 年的 3 亿吨增产 116%，是 1949 年 1.1 亿吨的近 6 倍。中国用世界 9% 的耕地，养活了世界近 20% 的人口。

解决贫困问题，必须从根本上解决医疗、住房保障和教育问题。在医疗方面，2018 年以来，医保扶贫政策累计惠及贫困人口就医 5 亿人次，减轻医疗费用负担 3500 亿元。2020 年贫困人口参保率稳定在 99.9% 以上，农村贫困人口的大病、重病住院医疗费用报销比例已经达到 90% 左右。在住房方面，经对全国 2340 多万户建档立卡贫困户住房安全情况的逐户核验，全国所有建档立卡贫困户均已实现住房安全有保障。教育是阻断贫困代际传递的重要途径。在教育方面，截至 2020 年 11 月 30 日，全国义务教育阶段的辍学学生由 60 万人降至 831 人，其中 20 万建档立卡的辍学学生实现了动态清零，历史性地彻底解决辍学问题。

孔子曰："贫与贱，是人之所恶也。"美国思想家富兰克林曾说："贫穷本身并不可怕，可怕的是自己以为命中注定贫穷或一定老死于贫穷的思想。"中国的脱贫战略仍需努力。不仅要从器物、就业和生活条件上解决贫穷问题，更要从精神、文化、教育、分配上挖除贫穷的根子。授人以鱼，不如授人以渔。坚持共享发展理念，共同关注，共同努力，最终实现人人过着幸福生活的理想社会。

在扶贫的基础上，加大乡村振兴的力度，把乡村振兴战略与扶贫战略有机结合起来，真正实施产业振兴、人才振兴、文化振兴、生态振兴、组织振兴，实现产业兴旺、生态宜居、乡风文明、治理有效、生活富裕的战略目标。

（二）满足学习成长需要，实施教育优先战略

求知是人的本性，学习是人类生存的本能。人的一生，是一个学习和发展的过程。人类文明越先进，文化积淀越深厚，科学

技术越发达，学习欲望也就越强烈，学习方式更加复杂，学习活动更加多样化，学习内容更加丰富。

当今时代，人民群众对高质量教育的需求日益急迫，学习的功能和教育的意义更加凸显。人的现代化是国家现代化不可或缺的重要因素，教育在人的现代化进程中起主导作用，教育可以促进人的现代化，也可以促进国家的发展。

教育是强国之基，立国之本，也是满足人们学习需求的根本途径，教育已上升为国家战略和长远发展规划。2019 年 2 月，中共中央、国务院印发《中国教育现代化 2035》的战略报告，描绘了未来的"教育蓝图"，体现了教育现代化的国家意志，提出 2035 年总体实现教育现代化，迈入教育强国行列，推动我国成为学习大国、人力资源强国和人才强国。2035 年主要的发展目标是：建成服务全民、终身学习的现代教育体系，普及有质量的学前教育、实现优质均衡的义务教育，全面普及高中阶段教育，职业教育服务能力显著提升，高等教育竞争力明显提升，残疾儿童少年享有适合的教育，形成全社会共同参与的教育治理新格局。

畅想未来 30 年，人们获取知识的途径将日益丰富，新一轮科学技术革命、智能化趋势将深刻改变教育和学习方式，教育国际化大趋势加速呈现。未来需要怎样的教育？需要确立新型教育观：注重以德为先；注重人，实现"德智体美劳"的全面发展；注重终身学习，满足人们的终身学习需求，实施"成功教育"和"愉快教育"；注重因材施教，实现"素质教育""潜能开发教育""创造教育"；注重知行合一，实施"情境教育"；注重融合发展，实现"和谐教育"和共建共享。

在未来的智能化时代，需要培养大批有创新能力和特长的人才。未来将逐步向开放式、个性化、多样化教育模式转变。智能技术赋能助力实现"因材施教"，利用人工智能、大数据等技术，为每一个学生进行画像，如创设新型教学情境和智慧课堂，准确把握学生的个体特征、兴趣爱好和能力差异，定制个性化学习方案，为学习者规划最适合的学习路径，实现精准施学。同时，未来的教育要求教师转变角色、创新课堂教学模式，引导学生自主学习、合作学习、探究式学习、自适应学习、在线学习。

未来的教育是面向全球化的教育，需要以更高远的历史站位、更宽广的国际视野、更深邃的战略眼光，做出总体部署和战略设计，培养学生的国际化眼光和全球胜任力。

（三）满足人民谋生发展需要，实施充分就业战略

人最大的权利是生存权，获得生存权的基本条件是就业。没有就业就没有真正的生存权，也就没有发展权。就业是民生之本。劳动是一切成功的必由之路，劳动是创造价值的唯一源泉，就业是"财富之源"。就业一头连着经济发展，另一头连着民生保障。稳住就业大盘，让千家万户端稳"饭碗"是最大的民生和民心工程，其意义远远不局限于经济本身，是一个重大的社会问题，关乎整体经济发展和社会稳定，也涉及精神的提升。《管子·牧民》中说："仓廪实，则知礼节，衣食足，则知荣辱。"就业有利于劳动者在满足基本物质需要后实现自身的社会价值，丰富精神生活，提高精神境界，促进人的全面发展。

2019 年政府工作报告把就业优先政策置于宏观政策层面，与财政政策、货币政策并列为宏观调控三大政策。随着城镇化进程的推进，农村劳动力转移就业仍有增量。高校毕业生就业问题、就业不充分问题、就业区域不平衡问题、特殊群体的就业问题仍然突出，就业结构性矛盾日益凸显，"招工难"与"就业难"并存，制造业职工流动频繁。

如何破解就业难的问题？首先是做增量。新动能的发展和传

统动能的改造升级催生了多样化的创业就业模式，蕴藏了大量的就业机会，极大地拓展了就业空间。因此，必须推动"互联网＋"、数字经济、平台经济在更多领域发展，充分发挥新产业、新技术、新业态对拓展新就业岗位的促进作用，搭建新经济和实体经济深度融合创造的就业平台。

其次是为企业减负，创造更多就业岗位。普惠性减税与结构性减税并举，重点降低实体经济，尤其是制造业、服务业中的小微企业的税收负担；下调城镇职工基本养老保险单位缴费比例，使企业降低人工成本、生产资料成本、财务成本、物流成本、环保成本，释放就业岗位。

再次，实施职业技能培训和能力提升行动，应对未来就业结构性矛盾日益凸显的问题。提高劳动者就业能力是治本之举，仅有就业机会不够，还需要提升就业者的能力，根据时代变迁和科技发展不断提升劳动者的劳动技能。就业能力的提升靠培训，培训是就业的战略工程。把终身教育上升到国家战略层面，加强在岗职工、困难企业转岗职工、就业重点群体、贫困劳动力、一般劳动者的技能培训，使他们适应激烈的市场竞争，保持就业的长久性。

最后，着力化解"结构性失业"风险，引导调整就业者的社会认知和价值取向，转变择业心态。引导就业者投身创业新领域、投身西部、投身基层、投身欠发达地区、投身蓝海市场、投身国家重大项目和重大工程建设，提高就业率。

（四）满足养老需求，实施"朝阳"战略

中国已经进入老龄化社会。"十四五"期间，中国老年人口预计将突破3亿，我国将从轻度老龄化社会迈入中度老龄化社会。2035年，老年人口预计达到4亿以上。据国家统计局数据，近

30 年来，中国老年人口抚养比已增长至 17.8%，6 个劳动年龄人口需要负担 1 名老年人。让老年人安全养老、放心养老，做到老有所养、老有所依、老有所乐、老有所安是最重要的民生工程和民心工程，满足老年人的需求是一项长期的战略任务。

随着老年的代际变迁，"50 后"已经进入老年期。未来 30 年，"60 后""70 后""80 后""90 后"将逐步迈入老年期。不同时代的老年人有不同的追求，对医疗、康复、养护、食品、养生、保健、学习、精神慰藉、休闲、旅游、投资、金融服务、老年消费品、人际交往等的需求，将呈现多层次、多元化、多样化的发展趋势。由于医疗科学进步和人们生活水平的提升，老人的平均寿命将逐渐增长，新一代老年人对高品质养老和生活消费的需求较高，中国人根深蒂固的"养儿防老"观念和儿女担心老人进养老院不孝顺的心理将得到根本性的改变。

养老需求的变化，为未来康养产业发展带来了巨大机遇，使康养产业成为市场前景广阔的朝阳产业。大力实施"朝阳"战略，可以不断满足老年人日益增长的对美好生活的物质文化需求，还可以培育更多的更新的经济增长点。如何应对老年化的浪潮，使老年人生活得更加幸福，同时抓住"银发产业"的发展机遇，最根本的举措就是夯实社会保障体系，并上升为国家战略。

（五）满足安全需要，实施"平安"战略

安全需要是人类的基本需要，出自美国心理学家马斯洛的需要层次理论。随着中国经济的高速发展和外部战略环境的变化，中国人的安全需要内涵更加丰富，必须实施"平安中国"战略，满足人民群众的安全需要。

民以食为天，首先是食品安全问题。2013 年 12 月 23 日，习近平总书记在中央农村工作会议上强调，能不能在食品安全上给

老百姓一个满意的交代，是对执政能力的重大考验。食品安全，是"管"出来的。2020 年 6 月 7 日是第二个世界食品安全日，主题是"食品安全，人人有责"，进一步强调食品安全是政府、生产者和消费者的共同责任。

良好的生态环境是人类赖以生存的根本。环境污染是中国亟待解决的重大发展问题，也是民众关心甚切的问题。过去相当长一段时间，在重经济发展轻环境保护的价值导向下，过度的工业化造成了水土流失、草原沙化、土地荒漠化、森林锐减、生物物种灭绝、水体污染、大气污染等。人类赖以生存的水、土壤、空气在一定程度上都遭到了破坏。生态环境破坏现象向我们的发展模式提出了严重的警告，警示我们必须要像对待生命一样对待和保护生态环境。人类要实现可持续发展，必须奉行"绿水青山就是金山银山"的发展理念，做到人与自然的和谐相处。我们要竭尽全力，在 2060 年前实现零排放，达到"碳中和"。

生命安全是人类的根本需求和核心所愿。维护人的生命安全，就需要珍惜生命、护佑健康、预防心理疾病、建立防护保障体系、预防意外安全事故，确保生命安全得以实现。在自然灾害面前，在重大传染疾病防控和重大事故处置中，要始终把人民群众的生命安全和身体健康放在首位。不惜一切代价，急群众之所急，解群众之所忧。在国际关系上坚决维护世界和平，建立起强大的国防力量，使人民的生命和财产免遭战争的侵害。

中国未来的发展，必须长久持续地实施"满足需要战略"，这是一项不可动摇的基本国策。在战略导向和决策执行中，始终聚焦解决民生问题和人民群众关心的切身利益问题。进一步加强法制建设，优化社会安全秩序，给人民群众提供一个安全放心的社会环境，不断强化精神文明建设，优化人文环境，给人民群众创造一个安宁祥和的精神家园。唯有如此，人民群众的美好生活需要才能够得到更好的满足，幸福感才会得到极大的提升，人民群众的心理动能和内在积极性就能够真正地被激发出来。

三 满足需要的战略杠杆

人的需要制约着社会发展，社会发展必须以满足需要为出发点。人的行为动力的激发，必须以开发需要动因为轴心。如何调动人们的积极性，最大限度地开发心理动能？必须在"满足需要大战略"的牵引下，建立与完善满足需要的社会机制，充分发挥政治、经济、文化和社会领域的杠杆作用，采取切实有效的方法、策略和手段。

杠杆是一种物理学现象，在力的作用下能绕着固定点转动的物体就是杠杆，杠杆是一种工具。《墨经》中记载："衡，加重于其一旁，必捶，权重相若也。"这句话讲的是杠杆的平衡，天平衡量的一臂加重物时，另一臂则要加砝码，等重才能达到平衡。阿基米德在《论平面图形的平衡》一书中最早提出了杠杆原理，他有一句流传千古的名言："给我一个支点，我就能把地球撬动起来。"调动人的积极性也需要杠杆的力量，这里讲的战略杠杆，就是一种战略工具，所依赖的支点是人的需求。通过人的需求这一支点，战略杠杆的力量可以发挥无穷的放大效应，可以最大限度地把人的心理动力激发出来。

（一）经济杠杆

经济杠杆是以人的物质欲望为支点，以利益规律为依据，通过物质利益诱导方式，使人们的社会生活朝着预定方向发展的经济手段和方法。杠杆之所以能发挥作用，要凭借地球的引力。经济杠杆之所以能发挥作用，也需要凭借人的"物欲"。人们的"物欲"越强烈，经济杠杆的作用就越大。这就是说，不断增长的物质享受需要和消费升级需要是现代经济生活赖以运转的重要动力之一。

人类生活的基本需要是推动人们行动的强大动力。正如恩格斯所指出的那样，人们必须首先有了吃穿住，然后才能从事政治、哲学、宗教、科学、艺术等活动。这些基本的需要得不到起码的满足，就不能有效地激发人的积极性。毛泽东指出："要得到群众的拥护么？要群众拿出他们的全力放到战线上去么？那么就得和群众在一起，就得去发动群众的积极性，就得关心群众的痛痒，就得真心实意地为群众谋利益，解决群众的生产和生活问题，盐的问题，米的问题，房子问题，衣的问题，生小孩的问题，解决群众的一切问题。我们是这样做了么，广大群众就必定拥护我们，把革命当作他们的生命，把革命当作他们无上光荣的旗帜。"[1]

发挥经济杠杆的作用，满足人们的物质需要，最根本的是发展社会主义生产力。经济杠杆的作用还表现在社会主义生产关系的变革与完善上。党的十一届三中全会以后，经济责任制的推行，分配形式的改善，实行责、权、利相统一的经济体制改革，从根本上起到了调动人的积极性的作用。就责、权、利三个要素来讲，利是核心，责和权的最终实现是为了利，利是人们的一种基本需求。过去相当长一段时间，责、权、利相分离，有责或无权，有责有权或无利，这样，潜藏在人们内在的欲望不能得到满足，违背了物质利益原则，也就违背了人类的基本人性。

当今，人们的物质欲望全面释放，消费需求不断升级，经济杠杆的激发作用愈益显著，必须把物质利益原则放在首位，把人民群众的物质生活水平提高到更高层次。通过深化改革，逐步建

---

① 《毛泽东选集》（第一卷），人民出版社，1991，第138~139页。

立完善的工资收入增长机制，提高福利待遇，设置特殊岗位的津贴补贴；改善人们的生活、住房、医疗、休闲休假、工作环境和物质条件。实行普惠制，做到底层收入托底，中层收入提升，顾及社会各个阶层尤其是弱势群体，不断提高人们的生活水平，不断提升人们的获得感，让全体人民享受发展的成果。

（二）政治杠杆

政治杠杆是以人的权利欲望为支点，以权力利益规律为依据，用政治性的诱导方式，激发人们朝着一定的政治方向发展的政治手段和方法。人们有一种享有社会权利的欲求，这种"权欲"主要表现在人们对政治生活的参与向往与自身意志实现的愿望上。参与的欲望是政治杠杆赖以发挥作用的基础。现实表明，人民群众的参与感越来越强烈，我国政治体制改革的重要目标就是建立较完善的社会主义民主政治，实行民主管理和参与管理，满足人们的政治需要和参与感。

民主式的参与管理可以增加人们的心理满足感，使人们意识到自己在集体中的重要性，提升自己所从事工作的价值和乐趣。参与研究讨论问题，可以增强对决定的认同，增强义务感和责任感。认同是一种"心理默契"。参与制的民主性质，能促进集体成员之间关系和谐，克服冷漠被动的消极因素，产生向心力，增强内部团结，形成群体动力。这就要求领导者必须具备交往、谦逊、容人等心理品质。

参与管理有一个水平性质的问题，即参与到什么程度，参与管理的程度大约有五个层次：领导做出一切决定让下属去执行；领导设法"推销"自己的计划，让下属相信其优点；领导提出计划，征求下属的意见和建议；领导告诉下属的问题的性质，听取建议，然后做出决定；领导说明问题，要求下属做出决定行事。

实现高度的参与管理，关键取决于部属的觉悟程度和独立自主程度。如何估价人的觉悟程度和自觉性呢？美国心理学家麦克格里格根据人们对人的看法，归纳提出了两种人性假设理论，一是X理论，二是Y理论。X理论把人假设为本性懒惰、厌恶工作、没有自觉性。X理论导致了X理论管理，即用专制的手段控制管理部属。Y理论把人假设为本性勤劳、愿意工作、有自觉性，Y理论导致了Y理论管理，即完全靠部属的自觉性进行工作。麦克格里格的X、Y理论，反映了两种管理观念和管理模式。

就目前来讲，我国人民群众的觉悟程度、文化水准、民主意识在不断提升的同时，也存在着很大的差异，这样必然带来参与度的差异。一般来说，参与度的差异有"主动参与""被动参与""不参与"三种类型。因此，需要利用政治杠杆的作用，加强集体骨干队伍的培养，开展丰富、有益、多样的集体活动，把人们的"合理化建议"反馈上来，充分开发广大人民群众的民主参与意识，使之成为政治发展的内在动力，从而促进社会政治的良性发展。

（三）情感杠杆

情感杠杆是以人的情感需求为支点，以情感变化规律为依据，通过情感的诱导方式，激发人们朝着具有积极社会意义的方向发展的情感手段和方法。正如经济杠杆依据人们的"物欲"、政治杠杆依赖人们的"权欲"一样，情感杠杆凭借人们的"情欲"发挥作用。

感情需要是人类最突出最美好的一种需要，历代的文学家、艺术家都在讴歌美好的感情。感情是推动人类进步的重要力量，是人际关系的黏合剂。一个人产生了思想问题，仅仅从认识上帮助解决不一定奏效，还有一个情感问题。现实中的很多工作改进甚至是一些重大改革，可以促进社会的公平正义和效率的提高，可是有些人害怕改革引发矛盾，不愿意做，这就是情感逻辑在发挥作用。作为一个领导者，需要兼顾工作逻辑和情感逻辑的有机结合，既要安排好工作任务，又要处理好参与工作任务的人际关系，消除顾虑和"心理疙瘩"，调节感情气氛。不断满足人们的情感需求，切实做到爱护、尊重、信任。

（四）工作杠杆

工作杠杆是以人的成就需要为支点，以工作对人的激励作用为依据，通过工作调节的诱导方式，激发人们的积极性的手段和方法。工作杠杆依赖人们的"表现欲"和"成就欲"。人的行为有"内激励"和"外激励"。人们积极从事某项活动，并不完全是为了获得某种外在奖酬，而是来自活动本身所蕴含的价值和兴趣的刺激，这些活动向他们提供了最大限度发挥其潜能的机会。这种来自工作本身的激励，心理学称之为内激励。

美国心理学家赫茨伯格从人的需要角度，提出了激励的双因素理论。人对待工作有满意和不满意两种情况，引起工作满意的因素是内在的心理因素，可以满足个人的成长需要，包括成就、责任和晋升等，称之为激励因素，对人的态度的影响深远而长久。引起工作不满足的因素是外在的或物质因素，包括政策和管理，工资和工作条件等，称之为保健因素，对人的态度影响浅显而短暂。

对人的激励重点在于发挥激励因素的作用，使工作本身能够更有价值，促进人的成长和进步，满足人们的心理需求。赫茨伯格根据大工业生产带来的工作单调的问题，提出了激发积极性的工作丰富化理论。工作丰富化是一种新的劳动组织形式，就是让人们参加一部分管理工作，包括计划与设计，让劳动者尽可能向更多的方面发展，避免工作单调，对工作本身产生兴趣，从而增加责任感和成就感。如何发挥工作杠杆作用，实现工作丰富化？

首先，加强知识技能培训。通过培训提高人们完成任务的能力，增强胜任感，产生对本职工作的兴趣。创造完成任务的条件，帮助克服工作中的困难。创造和改善工作环境，提供有"英雄有用武之地"的平台，通过工作留人。现在很多人跳槽，不仅是因为工资不高、待遇不好，更重要的是觉得这个工作本身不能给自己带来更大的成就感，或者自己不能很好地胜任这份工作。

其次，通过赋能扩大工作自主权。有了自主权，就能够把需要、行为目标、行为过程内在地统一起来，从而唤醒人们潜在的能动性和创造性。有了工作自主权也就有了压力。适当的压力，可以消除心理活动的惰性，焕发工作热情，从而把人的精力充分动员起来，发挥个人的最大潜力。

最后，强化工作效绩。在工作中人们比较关注自己的行为结果，有比较强烈的被认同感，希望领导看到自己的工作成绩，承认自己的贡献。因此，充分运用心理学的强化理论，增强行为反馈调节功能，及时对人们的工作给予认可和反馈，提高其对工作成果的全面性和统一性的认识，发现自身工作贡献对集体最终完成任务的整体作用，从而产生更高的价值认同，提高内在激励的持续性。

（五）竞争杠杆

竞争杠杆是以人的自尊需要为支点，以自尊心理活动规律为依据，利用竞争激发人的积极性的手段和方法。竞争，是自然界和人类社会自古就有的现象。正因为竞争，动物得以进化，人类得以发展，社会得以进步。世界是一个大竞争场。战争是一种最高形式的竞争，是一种维系国家、民族的生存和命运的较量。市场竞争是一场输赢的比拼，职场上的竞争是一种利益的取舍。竞争是多层次的，渗透到人类社会生活的方方面面。

竞争是满足自尊需要的一种重要手段。奥地利心理学家阿德勒著有《自卑与超越》，认为自尊需要是人类的优势需要。自卑不可怕，关键在于客观认识自卑，正确对待自卑，克服困难，超越自我。人们改变自卑、追求优越，就是想比别人强。只有通过竞争，才能实现超越。①达尔文在研究动物进化过程中，提出了"物竞天择，适者生存"的理论，认为一切动物是在竞争中发展的。后来有人提出了"社会达尔文主义"，认为社会也是在竞争中发展的。

党的十二届三中全会，公开地提出了竞争问题，并在经济体制上，逐步引进了竞争机制，激发了人们的进取心和上进心，强化了人们的竞争意识。

发挥竞争杠杆的作用，有赖于建立与完善竞争机制。首先，竞争要有明确的目标。"十分指标，十二分措施，二十四分干劲"，目标明确，措施才能到位，行动也就跟得上。要充分运用竞争机制，推动目标管理，实施目标责任制。按照目标责任，对创造优秀成绩者，要么提前调职、晋级，要么给予一定的奖励；完不成目标责任者，相对应采取一些惩戒措施，并限期"达标"，形成优胜劣汰、有进有出、有上有下的良性循环。在竞争中，目标必须同一定的奖励措施相联系。

竞争还必须在对比条件类同的情况下进行。在劳动竞争中，竞争者之间的客观条件越相近，工作成果的大小与主观努力的关系也就越突出。从社会竞争来看，如果社会结构提供了均等的竞争机会，人们的自尊需要就可能以一种积极进取的人生态度表现出来，反之，人们就往往表现出一种消极甚至病态情绪。因而，竞争杠杆力量的发挥，有赖于社会在人事制度、经济发展、人才

---

① 〔奥〕阿尔弗雷德·阿德勒：《自卑与超越》，杨蔚译，天津人民出版社，2017。

成长等方面，尽量提供给社会每个成员的均等竞争机会。

四 需要的调控

人的一生既要满足欲望、拓展欲望、丰富欲望，也要管住欲望、节制欲望、升华欲望。欲望是一把双刃剑，既有推动社会发展的进步力量，也有起反向作用的破坏力量。在人类发展史上，需要的力量始终体现其对善与恶、美与丑、真与假、罪与非罪的较量和选择。如果是良性选择，人类在得到自身合理需要的满足时，创造了物质文明和精神文明，充分显示了人性的正向力量。如果需要满足方式是恶性选择，就会导致社会出现罪恶、祸害、灾难，人性力量得到了异化，人把自身演化为罪人，从而出现犯罪。人的犯罪就是在其歪曲的、变质的、畸形的需要的选择下实现的，不同犯罪行为受不同需要结构的驱使。部分干部贪污受贿、不守政治规矩、腐化堕落的政治和经济犯罪，社会上的团伙犯罪、盗窃犯罪、性犯罪和激情犯罪等，都是受极端个人主义价值观、变态的贪婪和无节制的欲望的驱使。

（一）遏制恶性欲望需要的膨胀

犯罪动机到犯罪行为的产生，是主体考虑情境、权衡后果、计算得失的心理冲突过程，是"遏制力"和"推动力"的相互抗衡。一般来说，犯罪分子都有恐惧心理，一旦暴露，不但失去面子，丢了人格，还会受到国家法律制裁。于是就会产生干与不干、得与失的矛盾心理。如果恐惧心理占了上风，就容易隔断犯罪动机与犯罪行为的联系，遏制犯罪行为的发生，这就是"遏制力"的作用。"推动力"是由侥幸心理构成的。侥幸心理是人对客观事物的主观盲目的幻想。明知贪污受贿是违法的，但往往存有"不一定被人发现"的意念和"大家都这么干"的从众心理。如果这种侥幸心理占了上风，就促进了犯罪动机向犯罪行为的转化，干了犯罪的勾当。

遏制官场商场腐败，减少社会犯罪，实现国家社会的良性运行和风清气正，就要建立需要的调控机制。以摧枯拉朽的反腐风暴荡涤社会每个阴暗角落的污浊，形成强大的震慑力，铲除一些人的侥幸心理，把一些人的犯罪意愿遏制在萌芽状态。坚持依法治国，不断完善法制体制，扫黑除恶，打掉社会的黑恶势力和社会渣滓，发挥法治的威慑作用。改善社会环境，优化社会风气，形成强大的社会舆论压力，提高社会心理的约束力。加强世界观、人生观、价值观和理想信念教育，提高人们反腐防变的免疫力。建立不敢贪、不能贪、不想贪的社会治理体系，清除社会犯罪的温床和再生土壤。

（二）强化心理承受力

在现实生活中，人的需要不可能都得到满足。需要的不满足，有些是客观条件造成的，有些是由主观上的感受，或由主观上的偏常认识所引起的。引发需要不满足的主观心理主要有三种。一是逆差心理。利益调整后，感到失去的太多了，进行纵向性比较，今昔相比，自我感觉亏了。二是攀比心理。在不同个人或不同单位之间主观设定一条均等线，自发比较，产生差距感；或在某一时点、某一横断面上进行比较，只比收入，不比贡献，比高不比低，形成攀高的心理趋向。三是急功近利心理。目光短浅，求之过急，讲求"现得利"，要求改革就得立竿见影地给人们带来眼前利益，否则，需要未得到满足，就任意指责。

这些心理表现，在改革过程中体现得最明显。改革是一种利益的再分配，利益得失可能会引发一些人的不满足感。需要的不满足，有的人显得承受力强一些，表示理解和支持，有的人承受力弱一些，以消极怠工等方式做出应答性反应。因此，需要的调节必须强化人们的心理承受力。改革开放 40 多年的发展历程，采取的是先易后难、逐步推进的原则。比如分配制度改革，早期探索出四步走的方法：第一步只奖不罚，开始只奖勤、不罚懒；第二步有奖有罚，既奖勤，也罚懒；第三步重奖重罚，奖得有人红眼，罚得大家吃惊；第四步搞浮动工资，绩效和利益挂钩，引入竞争机制，彻底打破铁饭碗。

改革初期步子跨得太大，人们的心理承受力难以适应，提出过高的期望值往往会引发负面效应。比如扶贫脱困，标准的制定，目标的设定，要根据国情所为。不能狮子大开口，无限拔高标准，层层加码，做出脱离实际的承诺。教育贫困者树立志向、奋发向上，中国有句古语：人穷志不穷。如果脱离实际提高脱贫的期望值，就会失信于民。给群众带来的实惠，在宣传上要适度，不过分渲染。渲染的结果必然是带来人们期望值的提高，一旦实现值低于期望值时，人们就会有所失望，期望越高，失望越大，造成群众怨声载道，这是我们多年来的实践教训所证明了的。所以，不负责任的空许诺言，对群众"吊胃口"，不但不会对人们的需要起疏导作用，反而弱化了人们的心理承受力，助长了需要不满足后的消极影响。人们如果对现实社会普遍感到安全、满意，并对未来保持一个符合实际的期望，就会充分发挥主观能动性，积极投入社会实践。

（三）调节心理平衡

改革是对旧有体制和旧有模式的突破，一旦新体制和新模式尚未成型，利益格局调整不到位，人们的一些期待得不到实现，就会造成诸多的心理不适应，产生某种失衡心理。对人的需要进行疏导与调节，改变失衡心理，必须帮助人们树立起新的行为规范、新的价值标准、新的需求观、新的认知模式，通过主体的同化来适应社会的发展。需要确立适度的期望值，调整好心态。人要有抱负，如果把自己的抱负目标定得太高，根本实现不了，就会造成心理挫败感。

调节人的需要，实现心理平衡，不能搞平均主义。在现实中不同程度地存在着只讲照顾、迁就，不讲原则、是非不明的现象。事实证明，如果搞平均主义，"拉拉平"，不但不能维持心理平衡，恰恰相反，必然是制造思想混乱，打击先进，鼓励落后，造成心理的更大不平衡。

五　激发中国精神的心理动能

中国精神是激发中国人的核心心理动能。实现中华民族的复兴和中国梦，必须弘扬中国精神。中国精神就是中华民族精神。中华民族精神较其他民族精神更悠久、更博大、更深邃、更有生命力。黑格尔对民族精神有比较系统的论述，他在《历史哲学》中分析了世界精神的发展历程，认为最早出现的是东方精神，进而到希腊精神，再到罗马精神，最后发展至日耳曼精神。民族精神是在历史长河的积淀中形成的民族意识、民族习俗、民族性格、民族信仰、民族价值观等共同特质和心理状态，是一个民族共生共存的文化内核和灵魂。中华民族精神凝聚了五千年文化的精髓，代代相传，生息与共，渗透于市井民众的平凡生活里，融汇入中国人内心深处的集体意识，成为中华民族复兴最强大、最深层的心理动力和无法阻挡的澎湃力量。

甲午战争中国惨败于日本，救亡图存的危机感再一次唤起了中国人。严复翻译了英国人类学家赫胥黎的《天演论》，第一次向国人传递了"物竞天择，适者生存"的族群竞争理念。受此启发，梁启超正式提出"中华民族"概念，称汉满蒙回藏等中国境内所有民族皆为"中华民族"。五四运动所体现的爱国主义精神、追寻时代潮流的科学民主精神，就是以振兴中华民族为目标。中国自此之后的一切革命斗争，都是围绕这个目标展开的波澜壮阔的一部部活剧。一个民族只有具备高尚的民族品格，坚定的民族志向，远大的民族理想，深厚的爱国情感，才能形成巨大的凝聚力。

一方水土养一方人。滔滔长江水、不竭黄河流、巍巍群山、江河湖海、雪山沙漠孕育的中华文明，绵长久远，塑造了中国人的性格、气质、观念、内在精神和风格迥异的生活方式。从夸父追日、女娲补天、羿射九日、大禹治水、精卫填海、愚公移山等颂扬奋斗精神的神话传说，到千百年来中国人表现出来的改天换地与战胜强敌的斗志、历经沧桑而自强不息的耐力、社会变迁而不溃散的凝聚力，都体现了中国精神的代际传递。几千年的文化凝聚，锻造了中华民族"日日新，苟日新，又日新"的创新精神、"自强不息，奋斗不止"的奋发精神、"万众一心，同舟共济"的团结精神、追求"大同社会""天下为公"的理想精神。中华民族精神就是这四种精神相互结合表现出来的一种民族心理面貌，也是中华民族发展进步的内在心理支撑。

以毛泽东为代表的中国共产党，激活、凝聚和升华了中华民族精神，把中华民族精神推向了一个崭新的高度。南湖红船的烛光照亮了中国前进的方向，开天辟地和敢为人先的首创精神、坚定理想和百折不挠的奋斗精神、立党为公和忠诚为民的奉献精神彪炳万代。井冈山是中国革命的摇篮，坚定执着追理想、实事求是闯新路、艰苦奋斗攻难关、依靠群众求胜利的井冈山精神跨越时空，永葆生命力，"星星之火终成燎原之势"。

长征行程二万五千里，是一条在苦难中淬炼出的胜利之路。血染湘江，四渡赤水、巧渡金沙江、强渡大渡河、飞夺泸定桥、翻越夹金山、走过人迹罕至的草地、攻克腊子口、翻越六盘山、领略大雪茫茫的昆仑，到达吴起镇。长征是人类历史上前所未有的壮举。长征所体现出来的下定决心、不怕牺牲、排除万难去争取胜利的革命英雄主义精神、革命乐观主义精神和对革命理想和事业无比忠诚的坚定信念，将是永远激励后人的精神丰碑。

延安是革命的圣地，也是毛泽东思想形成、发展、成熟的圣地。毛泽东在延安时期撰写的《中国革命战争的战略问题》《论持久战》《实践论》《矛盾论》《新民主主义论》《论联合政府》等重要著作，都是延安精神的生动体现。贫瘠的黄土高原蕴含着巨大的精神力量，延河水和宝塔山召唤着无数志士青年奔赴延安。毛泽东在延安时期为党和人民军队确立了"为人民服务"的宗旨，倡导坚定正确的政治方向、艰苦朴素的工作作风、灵活机动的战略战术。从南湖红船到井冈山，从遵义会议到延安时期，从西柏坡到夺取全国政权，从新中国成立到改革开放再到新时代，红色精神文化激励着一代又一代中国人奋发前行。

抗美援朝是新中国的立国立威之战。在中美力量悬殊和自然环境异常恶劣的情况下，中国人民志愿军将以美国为首的 17 国侵略军打趴在"三八线"上，终结了美国自 1776 年建国以来对外战争从未吃过败仗的"神话"。志愿军将士惊天地、泣鬼神的壮举，成为中国人民自立于世界民族之林的鲜明标志。

中国人民在建设和改革实践中创造了许多伟大精神。红旗渠精神、大庆精神、抗震救灾精神、抗洪精神、女排精神、特区精神、抗疫精神等闪耀着时代的光芒，都是中华民族精神的发扬光大。抚今追昔，展望未来，凝聚中华复兴的心理动力，需要守住初心，将中华民族精神融进血液中，渗透到骨子里，落实到行动上，继往开来，用实际行动践行中华民族精神。周恩来成为共产主义者后，在一首诗中写道："没有耕耘，哪来收获？没播革命的种子，却盼共产花开！梦想赤色的旗儿飞扬，却不用血来染他，天下哪有这类便宜事？坐着谈，何如起来行！"

第七章　中国人的心理现代化

船到中流浪更急，人到半山路更陡。展望中国未来 30 年，要实现强国梦，仍需长期不懈的努力。实现现代化是全人类所面临的共同任务，是当代中国人肩负的伟大历史使命。中国的现代化最根本的是人的现代化，人的现代化的核心是人的心理现代化。

一　心理现代化的时代价值

近代以来，无数中国仁人志士矢志图存，苦思强国富民之道，竭力摆脱西方列强的侵略、压迫和剥削。

以洋务运动为代表的器物救国运动失败了；维新派选择以"戊戌变法"谋制度现代化之路也未能成功；中国革命的先行者孙中山领导"辛亥革命"推翻了封建帝制，试图通过制度救国，也没能走上现代化的坦途；五四运动期间，一批青年志士高举"民主"和"科学"的旗帜，艰难探索文化救国的现代化之路。从中可以看到，中国早期的现代化，从器物革命到制度救国再到文化思想的变革，均未实现其目标。

1921 年，中国共产党成立，团结各族人民，最终探寻出一条适合中国国情的社会主义道路和民族复兴之路。新中国成立以后，自 1953 年启动第一个五年计划开始，党和国家确立了实现目标的"时间表"和"路线图"。1957年，毛泽东提出要"将我国建设成为一个具有现代工业、现代农业、现代科学文化的社会主义国家"。党的十九大报告创造性地提出2020年全面建成小康社会、2035年基本实现现代化以及2050年把我国建成富强、民主、文明、和谐、美丽的社会主义现代化强国这一战略目标。

"现代"是指当今的时代。我国著名现代化学家罗荣渠，曾做过详细的考证和解释，指出"Modern"一词是文艺复兴时期最先使用的，即把文艺复兴看成一个与中世纪对应的新时代。"现代化"（Modernization）一词来源于"现代"，是用来概括人类社会近期发展进程中急剧转变的过程，代表社会进步的高峰状态。

基于新时代的发展观，可如此理解现代化：现代化是人类历史上一个国家或地域依靠政治、经济、文化、科技和心理等综合力量，实现从农业社会进入工业社会，从农业文明走向工业文明，从陆地文明、海洋文明走向空间文明，从实体经济、知识经济走向数字经济；提高现代化发展能力和质量水平，实现国家的自然资本、生产资本、人力资本、社会资本、文化资本和心理资本的持续增值；实现法治、思想观念、心理结构、治理模式等的整体跃迁过程。这一变动过程不仅局限于工业和经济领域，同时涵盖知识增长、政治发展、社会动员、文明进步、生态改善、心理变革、生活质量和精神愉悦等各个方面。

在人类发展历史中，人既是出发点，也是归宿点。社会现代化的核心是人的现代化，人的现代化的实质是人的心理现代化。世界现代化的历史进程往往呈现一种不平衡性，最常见的是"人的建设"滞后于"物的建设"。西方国家的经验教训表明，人的现代化一旦被忽视，必然酿成危机与祸患。中国的现代化建设，不仅要重视"以物为本"的现代化，更要坚持"以人为本"的现代化。

我国的战略目标是，2035 年要基本实现现代化，2049 年要建成现代化强国。经济目标比较容易实现，当前的主要挑战在人的现代化上。人的现代化问题涉及人的心理素质现代化，要加强文明素质的培育，可以说，加速人的心理素质现代化时不我待。

人们观念的蜕变，现代人格的养成，精神的升华，思维方式的改变，都需要塑造一代又一代为时代发展所需要的有理想信念的人、有道德情怀的人、有高尚品质的人。现代人格的养成，现代化与之相适应的心理面貌的塑造，本身也是一个价值认知、态度转变、情感培植、心态涵养、接受多元、凝聚精华的自我革命过程。它是国家的"硬工程"，是公民的必修课。由此，中国的现代化需要进行一场深层次的自上而下和自下而上的人文革命和心理革命。

什么是心理现代化呢？心理现代化是指人的心理结构、心理状态、心理素质和群体心理顺应时代要求，通过心理内化和行为外化过程，充分开发智力资源、情感资源、意志资源、个性资源，汇聚起推动人类发展和社会进步的澎湃心理动力。心理现代化是一项长期的、艰巨的、伟大的心理建设工程和个体心理淬炼工程。

心理现代化的根本宗旨和核心要义，就是要做到四个实现：一是实现人的思想、意识和观念的现代化，强化心灵世界的改造和升华，树立科学的世界观、人生观、价值观，培育现代公民的主体意识、担当意识、竞争意识、责任意识、法治意识；二是实现人的素质能力的现代化，完成智能、体质、知识和潜能的现代化转型；三是实现人的行为方式的现代化，内化于心，外化于行，以积极、理性、平和、文明的行动，融入社会；四是实现人与社会关系的现代化，构建和谐的人际关系和社会动员的心理基础，缓解和疏导社会矛盾，提高全民族、全社会的凝聚力。

因此，在中国的现代化进程中，必须把实现人的心理现代化放在重要的位置，并作为一项长期的战略任务。

二 心理现代化设计

人的心理现代化进程，需要遵循我国现代化的路径，搞好面向 2050 年的心理设计。社会的改造与发展，人类心理行为的改变和优化，首先需要一种基于现实和未来的心理设计。心理学史上针对人类发展进行无数次的心理实验，其实就是一种心理设计。

（一）心理设计的理论与实践

美国心理学家 B.F. 斯金纳是操作性条件作用理论的奠基者，被认为是自弗洛伊德以来最重要最具影响力的心理学家。他通过心理设计进行"操作性条件反射"实验，提出了"强化原理"，并首次提出了"文化心理设计"的理论。《超越自由与尊严》是他的代表作之一，他认为只有更为有效地处理人类行为，才能解决当今世界的问题。[①]

现代化是一项系统工程，需要做总体设计，既包括对物质发展目标的构想，也包括对心理或精神因素发展目标的设计。心理设计，就是依据已知的规律或客观现实，设计一种理想的心理面貌和情景条件，然后进行心理建设。雷锋的全心全意为人民服务精神、助人为乐精神、无私奉献精神代表了社会发展的方向，对全国人民的心理产生了巨大的正面影响。张思德、刘胡兰、董存瑞、黄继光、邱少云等榜样人物，同样对社会心理产生了巨大的正面效应。这些都与宏伟的心理设计和心理建设工程相关，培养了一种理想的心理状态，并持之以恒地培养这

---

① 〔美〕斯金纳：《超越自由与尊严》，陈维刚等译，贵州人民出版社，2006。

种心理状态。

社会主义核心价值观的提出和践行，是一项伟大的心理设计和心理建设工程，从国家、社会、个人三个层面提出心理设计。从宏观层面，需要建设怎样的国家？需要建设一个"富强、民主、文明、和谐"的现代化国家。这种国家建设目标，是从价值目标层面对社会主义核心价值观基本理念的凝练，在社会主义核心价值观中居于最高层次，对其他层次的价值理念具有统领作用。富强是中华民族梦寐以求的夙愿，民主是人类社会的诉求，文明是社会进步的重要标志，和谐是中国传统文化的基本理念。从中观层面，需要构建怎样的社会？需要建设"自由、平等、公正、法治"的美好社会。从微观层面，需要培养怎样的公民？需要培养"爱国、敬业、诚信、友善"的社会主义公民。通过心理设计和心理建设，可以使这种核心价值观实现代际传承，促进中国实现现代化。

（二）心理设计的标准

如何面向未来，进行心理设计呢？经济发展水平、社会结构和历史文化的差异性，决定了不同国家、不同民族、不同社会、不同时代人的心理现代化具有异质化。未来30年，心理设计和心理建设要立足于新时代中国的现代化进程，界定中国人的心理现代化指标。在不断提升硬实力的基础上，加大软实力的建设力度，抓紧构筑国民现代化性格、强国心态和综合心理素质，培育具有新风尚的人才。

英格尔斯在《人的现代化》一书中，认为现代人应具备12种心理特征：乐于接受新的生活经验、新的思想观念和新的行为方式；乐于接受社会的改革和变化；思路开阔，思想开放，尊重并愿意接受不同意见和看法；注重现在与未来，守时惜时；具有强烈的个人效能感，对人和社会充满信心，办事讲求效率；重视有计划的生活和工作；尊重知识和科学；值得信赖；重视专门技术；敢于对传统教育和传统文化提出挑战；尊重自己，尊重他人；熟悉生产和工作过程。

中国台湾心理学家杨国枢也对于人的现代化问题进行了大量研究，揭示了中国人所具有的五项传统性，认为"遵从权威、孝亲敬祖、安分守成、宿命自保、男性优越"是中国人的基本心理特征，提出了个人现代化的五项内容：平权开放、独立自愿、乐观进取、尊重情感和两性平等。

当下，需要根据历史，展望未来，以世界性的眼光，科学设计中国人的心理现代化标准。

一是历史的维度。我们从哪里来？中国人的国民性格是在几千年的文化积淀中形成的，离开历史就成为无源之水和无本之木。在历史中形成的国民性，有精华，有糟粕；有先进，有落后。实现心理现代化必须在扬弃中传承，守正创新。中国人的心理现代化是历史文化型的现代化。

二是未来的维度。我们往哪里去？中国人的心理现代化要面向未来，以中华民族复兴的目标为引领，以中国的现实条件为背景，以中国的发展走向为依托，把握社会变革的大趋势，紧跟科技革命和产业变革的最前沿，塑造中国人的现代化心理特质。中国人的心理现代化是未来型的现代化。

三是世界的维度。中国人的心理现代化要面向全球。世界文化的多样性，形成了不同国家、地域和民族的心理特质和人际互动模式。设计心理现代化标准，必须着眼于百年未有之大变局的世界秩序，消除东方文化与西方文化的心理隔阂和心理冲突，实现跨文化心理融合，构建人类命运共同体。中国人的心理现代化是世界级的现代化。

从未来30年发展的战略前景来看，中国人心理现代化指标体系的构建，需要做到七个相适应：与中国现代化强国建设相适应的超前意识、创新意识和进取精神；与改革开放相适应的全球化视野、民族化情结；与社会主义市场经济相适应的竞争、合作、效益、时间观念；与政治发展相适应的热爱自由、崇尚民主、追求平等、恪守法律和政治参与的现代观念；与社会发展相适应的公平意识、责任感、社会认同感和团结协作精神；与精神文化建设相适应的爱国意识、教育观念、人才观念、科学意识和审美情趣；与生态文明生活相适应的人与自然和谐发展观念、现代化学习方式和生活方式。

中国的现代化进程，很大程度上取决于领导干部素养和能力的心理现代化。因此，领导干部的心理现代化要走在时代的前面。

三　发展观念现代化

观念是人的心理中枢，发挥着统领作用。观念现代化在人的心理现代化中处于灵魂和统帅地位。人的思维方式、生活方式、知识技能和行为方式的现代化都受到观念现代化的制约、支配和引导。

改革开放以来经济社会的快速发展，首先得益于观念上的重大变革。邓小平始终如一地倡导解放思想、转变观念，把解放思想、转变观念看成改革的最重要内容，同时也把它看成改革的巨大动力。中国现代化是人类文明要素的选择、传播、退出和创新交替进行的过程，是立足于中华民族复兴、赶超世界先进水平的国际化竞争。我们必须根除阻碍社会改革和国家发展的陈旧观念，如平均主义思想、人治观念、"老好人"观念、小农意识、家长宗法观念、保守心理、封闭意识、文饰心态等，建立现代化思维和现代化观念。

（一）哲学观的现代化

世界上万事万物都存在普遍的联系，刚柔相济，阴阳互补，奇正相生，进退有度，强弱互变，攻防互换，都体现了事物发展的全息性、全观性、全程性。用这种哲学思维看世界，就不会主观臆断，不再执着于一念，偏激行事，而是从矛盾中寻求平衡，从对立中找到统一，从冲突中找到和谐。

中国的现代化道路并不会一帆风顺。全面深化改革是一个系统工程，改革的系统性、整体性、协同性前所未有，零敲碎打调整不行，碎片化修补也不行，单靠某一个或某几个部门往往力不从心，必须要进行全面的系统联动和集成。需要协调各方力量，让各种生产要素和社会要素发挥作用，利用一切创造社会财富的资源，让发展成果更多更公平地惠及全体人民。

中国的改革发展需要哲学观指导，中国的社会现代化治理需要哲学的系统思维和进行"全周期管理"。

系统论的哲学思维，对国家经济建设、社会治理和科学文化发展具有重要的现实指导意义。运用总体论思想，通过顶层设计进行全局性的统筹规划和整体施策，可以避免头痛医头、脚痛医脚、草率行事和短期行为。要做到既有全局部署，又有重点推进；既能循序渐进，又有牵"牛鼻子"的重点突破。2020 年新冠肺炎疫情防控是一项系统工程，打的是总体战、阻击战，取得了超越预期的效果，也彰显了"集中力量办大事、办成事"的系统管理特色和综合治理的哲学意义。①

践行现代哲学观，就要尊重自然，加快形成绿色发展方式和生活方式。中华文明历来强调天人合一、尊重自然、顺应自然。《老子》说："人法地，地法天，天法道，道法自然。"顺应自然

---

① 薛惠锋：《钱学森"总体设计部"思想的时代特性》，中国社会科学网，2020 年 3 月 11 日。

是人类不可抗拒的命运。我们既要绿水青山，也要金山银山，绿水青山就是金山银山。生态环境保护和经济发展不是矛盾的对立，而是辩证的统一。经济发展不应是对自然资源和生态环境的竭泽而渔，生态环境保护也不应是舍弃经济发展的缘木求鱼。要在发展中保护，在保护中求发展，使二者相得益彰、和谐共生。

实现中国人哲学观的现代化，需要培养三性哲学思维。

1. 哲学思维的辩证性

辩证思维是以变化发展的视角认识事物的思维方式。辩证思维模式要求观察问题和分析问题时，要有动态发展的眼光。对立统一规律、质量互变规律和否定之否定规律是唯物辩证法的基本规律，也是辩证思维的基本规律。

2. 哲学思维的开放性

人类有一种固化心态，当人们对某一事物形成一种稳定的看法，就会理所当然地认为自己所认为的一切就是真理，甚至在遭到质疑的时候，会直接拒绝交流。哲学思维的开放性就是要求接受不同的观念，拓展思维空间和思想包容力。"开放思维与传统片面的、孤立的、封闭的、被动的、消极的思维不同，这种思维是一种全面的、联系的、敞开的、多维的、主动的、积极的思维，是人类思维得以发展的和进化的内在活力和内在根据。没有开放思维，人类将依然沉浸在循环封闭的思维怪圈里难以自拔，就不会实现认识的飞跃，也不会有社会实践的跃迁，更不会有对思维方式本身的反思。"① 提升哲学思维的开放性，需要培植文化传统；需要国际化视野，吸收各种文化之长；需要有未来的眼光，把握发展趋势，捕捉机遇。

① 贾英健等：《哲学思维与领导能力提升》，人民出版社，2020，第366页。

3. 哲学思维的底线性

底线是一种尺度边界。黑格尔指出："在自然界我们首先看见许多存在，其主要的内容都是尺度构成。例如太阳系即是如此，太阳系我们一般地可以看成是有自由尺度的世界。""在这个观念里包含一个一般的信念，即举凡一切人世间的事物——财富、荣誉、权力甚至快乐痛苦等——皆有一定的尺度，超越这尺度就会招致沉沦和毁灭。"① 底线即最下限、最边缘，是不可逾越的界限和事物发生质变的临界点，守之则安，越之则危。

当今，应对国际挑战和国内的矛盾，需要确立尺度和边界的底线思维。①强化底线思维，需要坚持以问题为导向。"要把困难估计得更充分一些，把解决问题的措施想得更周全一些，把各项工作做得更扎实一些"。②强化底线思维，需要具有预见性和前瞻性。着眼于防患未然，加强对未来和发展趋势的预判，及时洞察风险，未雨绸缪，防微杜渐。③强化底线思维，需要以防控风险为出发点。知其然更要知其所以然，"凡事从坏处准备，努力争取最好的结果"，要变风险为契机。④强化底线思维，需要廉洁自律。不踩"红线"、不闯"雷区"，不逾越法律底线，守住做人、处事、用权、交友的基本道德原则。知敬畏、存戒惧，做到"富贵不能淫，贫贱不能移，威武不能屈"。

（二）世界观的现代化

"世界"是时间和空间的统称，代称有天地、天下、此岸、世间、万物、世上等，也被称作全球、寰球、寰宇、国际等，更广义的指全宇宙。人类不断对世界展开探求，诠释宇宙的奥秘，并将世界划分为矿物世界、植物世界、动物世界、人类世界、多重世界、

---

① 〔德〕黑格尔《小逻辑》，贺麟译，商务印书馆，1997，第236页。

虚幻世界和现实世界等，并遵循不同的规律。

　　人们基于对世界的认知，形成了不同的世界观。世界观是一个人对整个世界的根本看法，包括自然观、社会观、人生观、价值观、历史观等。不同的国家、民族和社会群体也会形成对世界的共识和集体意识。世界观是社会实践和客观现实在人们头脑中的主观反映，也是国家和民族发展过程中的一种文化心理积淀。一个国家、民族乃至一个人对世界的认知和情感态度，决定了其与其他国家、民族和世界之间的相处方式。

　　中国人的世界观基于中国人固有的实事求是精神而产生。"中华传统文化中的儒、道、佛三学，在人生论方面蕴含着一条共通的思想脉络，即仁慈之心→和谐理念→天下情怀。""这一条思想脉络，蕴含着推动构建人类命运共同体的哲学智慧。"① 中国人历来奉行以和为贵。和睦共处、和谐发展、天下大同是中国人世界观的核心要素。1953 年 12 月，周恩来在接见印度代表团时首次提出"互相尊重主权和领土完整、互不侵犯、互不干涉内政、平等互利、和平共处"的五项原则。1955 年 4 月在万隆会议上发表了《关于促进世界和平与合作的宣言》，其中就包括这五项原则的全部内容。1963 年底至 1964 年初，周恩来出访亚洲、非洲和欧洲的 14 个国家，把五项原则扩展到经济领域。1988 年，邓小平提出以和平共处五项原则为准则，建立国际政治经济新秩序的主张。

　　习近平主席在 2018 年和 2020 年的上海合作组织峰会上，提出了以发展观、安全观、合作观、文明观和全球治理观为核心内容的"五观"，作为合作组织发展的理念，并提出了构建"卫生健康共同体"、"安全共同体"、"发展共同体"以及"人文共同体"

---

　　① 程洪猛:《中华传统文化中有这样一条思想脉络，它是构建人类命运共同体的哲学密码》，上观新闻，2020 年 11 月 1 日。

的"四个共同体"的重要倡议，新时代中国为国际关系注入了新的内容和时代内涵。60 多年来，和平共处五项原则一直成为我国处理国与国之间关系的基本准则。

当今世界，有和谐共存和相互合作的一面，也有矛盾和纷争。人类的历史是一部既合作又冲突的历史，是一部和平与战争交融的历史。冲突的根源除了利益因素之外，很重要的一点就来自人们对世界的错误认知和思维误判。

中华文明的宇宙观和世界观不存在"零和博弈"的排他性逻辑，表现出宽容心态。中国人坚信"天下大同"的人类理想，主张"中庸之道"的处世哲学，信奉"水善利万物而不争"的理念，践行"己所不欲，勿施于人"的思想，使得中华文化对于内部多样化和外来文化具有举世罕见的文化包容度和海纳百川的文化融合心态。"和而不同"是中国人与其他文明交流的基本遵循，"求同存异"是中国外交活动的基本思路和不同于欧美国家外交的文化风格。① 中华文明的和谐理念，为 21 世纪的国际关系大格局注入强大的生命力。

世界观决定全球治理观。实现世界观的现代化，要形成新型的国际化认知和全球治理思维方式。在全球化日益加深的大背景下，要高扬构建人类命运共同体旗帜，着力推进更加开放的新型全球化。

"一带一路"倡议是中国推动对外开放的全新世界观，也是人类命运共同体的全新建构，必将推动世界朝着更加开放、包容、普惠、平衡、共赢的方向不断发展。"一带一路"从构架到细描，从"大写意"到"工笔画"，逐步构架起世界合作的桥梁，加强了人文、思想、情感的交流，渐成"开放包容、互联互通、成果

① 马戎：《中华文明基本特质与不同文明的平等共处》，人民论坛网，2019 年 8 月 7 日。

共享"的合作新局面。"一带一路"不是"海权论"和"陆权论"的延伸，不是地缘博弈的工具，完全是一种包容发展主义，是共商共建共享的合作共赢思想，是基础设施互联互通和产业链合作发展的全球生产体系思路，是中国人的全新世界观和全球化发展新思维，必将为全球治理铸魂。

（三）战略观的现代化

战略问题是一个政党、一个国家、一个企业的根本性问题。战略是对长期性、全局性、关键性问题的总体构想，并涉及实施的方法和策略。中国近现代伦理学家、教育家杨昌济在《达化斋日记》中曾写道："所见大则所志大，所志大则所学大，所思大，所为大，斯为大人矣。"要成大事，需要格局。志向决定高度和广度，情怀决定深度，愿景和目标引领未来。推进中国实现快速而又高质量的发展，需要深远的战略布局、科学的战略决策、整体的战略运筹、坚定的战略执行。中国人的心理现代化，需要强化现代战略观。

1. 确立大战略观

中国人的战略观强调"因势而谋、应势而动、顺势而为"。当今世界正经历新一轮大发展大变革大调整。世界多极化、经济全球化、社会信息化、文化多样化深入发展，全球治理体系和国际秩序变革加速推进，一方面各国相互联系和依存日益加深，另一方面人类文明发展也面临新机遇新挑战，这就要求我们确立新型战略观。

确立大战略观，需要吸收中国几千年来的战略思想和智慧。"战略"一词在我国自古有之。在《左传》《史记》中已有"战略"一词，被奉为圭臬的《孙子兵法》是战略思想的源头，西晋史学家司马彪也有以"战略"为名的著述。当时的词义是战略即战争谋略，或者指对战事的谋划。中国古代常以谋略、韬略、方略、兵略等作为指导战争的艺术。

毛泽东在《中国革命战争的战略问题》一文中指出：战略问题是研究战争全局的规律性的东西。这里的"战争全局"既包括空间全局，即空间上的"各方面"，又包括时间全局，即时间上的"各阶段"。战略学的任务就是要研究和揭示带全局性的战争指导规律。凡是关乎全局的部署就是战略。也就是说，战略就是大决定，它是事关存亡和生死的大事，对国家、企业和个人都适用。

中国历代不乏有战略眼光的思想家和政治家。三国时期的《隆中对》、西汉时期的《治安策》、五代十国的《平边策》等，都反映了中国的大战略思想和统一方略。这些都是中国历史上不可多得的政治战略纲领，也是人类历史上宝贵的战略文化遗产。

战国时代的合纵连横也体现了大战略思想。秦国经过商鞅变法而强大，其他六国因强秦的崛起而团结，这就是诸国对抗一国的合纵连横。秦国雄踞西部，六国土地南北相连，称之为合纵；秦国和六国是自西而东横向，所以叫连横。另外，合纵就是联合弱国共同抵制强国，连横就是联合强国制衡第三国。最后，秦国在合纵连横中掌握了战略主动权，各个击破，天下归秦。秦朝的建立，影响了中国几千年的封建统治格局。

毛泽东是一位气吞山河、运筹帷幄的大战略家。在战争中擅长围城打援、围而不攻、攻而不围、大迂回的战略。所著的《论持久战》就是一种大战略思想，被誉为世界十大军事名著之一。《论持久战》对中国和日本的历史现状、中日战争的性质、世界各国的动态做了科学深入的分析，提出"战略防御、战略相持、战略反攻"三个阶段的不同方法和策略。回答了中国为什么不会亡国又不能速胜的一系列理论问题和现实依据。

面对纷繁复杂的世界，需要确立大战略思想。站得更高，方能看得更远、辨得更全、认得更准。要有"不畏浮云遮望眼"的高瞻远瞩眼光，要有"功成不必在我、功成必定有我"的战略胸襟，确立新的战略发展观。

2. 确立高质量发展观

选择何种发展观和发展模式关系国家的前途和命运。我国在建设和改革实践中，发展观不断发生转变。新中国成立初期，实施"赶超"的发展战略。改革开放以后，我国以发展为根本导向，在很短的时间内，创造了"中国奇迹"。在经济快速增长的背景下，实践中也出现了重经济规模轻经济结构优化、重经济发展轻生态环境保护、重速度扩张轻质量提升、重视物质文明而淡化思想教育的问题。贫富差距拉大、社会分化、城乡差距拉大等问题凸显。为此，党的十六届三中全会提出科学发展观，强调要"坚持以人为本，树立全面、协调、可持续的发展观"。

党的十八大和十九大以来，确立了新时代中国特色社会主义的新发展观。对国情和未来发展方向做出了非常明确的战略判断：人们的需求从"物质文化需要"升级到"日益增长的美好生活需要"，经济和社会发展的根本要义是解决"不平衡不充分的发展"问题。解决这一根本性问题，必须调整过去几十年来以高速增长为导向的发展思路，迈向高质量发展时代，推动质量变革、效率变革、动力变革，提高产业基础高级化、产业链现代化水平。高质量发展是新时代的新型战略发展观，是引导中国未来30年发展的时代主题和新发展理念。

树立高质量发展观，必须以创新为引领。把科技自立自强作为国家发展的战略支撑，面向世界科技前沿、面向经济主战场、面向国家重大需求、面向人民生命健康，深入实施科教兴国战略、人才强国战略、创新驱动发展战略。过去流行的"造船不如买船，买船不如租船""以市场换技术"等发展观念，今天需要进行深刻的反思。实践证明，核心技术、关键装备、先进材料是买不来、要不来、换不来的。

树立高质量发展观，需要协调发展。1935年，著名地理学家胡焕庸划定的"胡焕庸"线，即北到黑河市南到腾冲市，中国人口超过90%分布在东部。这种东西差距的格局没有得到根本性突破，"南强北弱"的经济格局正逐步显现。统计数据显示，京津冀、长三角、粤港澳三大经济圈用全国2.8%的土地聚集了约18%的人口，贡献了约38%的GDP，而整个西部地区占据71%的国土面积，GDP仅占全国的20%左右。解决区域性发展不平衡问题，需要加大均衡布局力度，持续推进都市圈、城市群、国家中心城市和一系列自由贸易区（港）的布局和建设，促进中国的均衡发展。

在新的区域战略布局下，需要加大西部国际陆海贸易新通道建设。以重庆和成都西部腹地区域为枢纽，北接丝绸之路经济带，南连21世纪海上丝绸之路，协同衔接长江经济带，打造中国中西部、东部、南部和东亚、中亚、西亚、非洲、欧洲相连的陆海贸易通道和国际经济合作平台，形成"北有京津冀和联通环渤海经济圈、东有长三角、南有粤港澳、中有中三角和中原经济带、西有成渝和联通西北西南"等陆海联动、空地一体、东西互济、南北融合的中国区域经济协调格局。

随着中国的均衡布局，内陆地区面临前所未有的战略机遇。东南沿海的产业和工业生产基地将逐步向内陆转移和迁徙，内陆地区可以发挥成本、土地、资源丰富的优势，搭建陆运、空运、海运、河运的便利通道，连接世界要地，实现经济增长。武汉、南京、郑州、长沙、合肥、南昌、重庆、成都、西安这些内陆重镇，对中国产业布局、科技创新、市场开发和内陆复兴有很强的带动性，其价值不断凸显。

树立高质量发展观，需要开放发展。开放则兴，封闭则衰，这是中国上千年来发展的基本经验。我国历史上曾有过对外开放的辉煌时期。张骞通西域、"丝绸之路"延伸亚欧、唐代的贞观之治、郑和下西洋，谱写过对外开放的壮丽篇章。清王朝夜郎自大，以天朝自居，蜗居于甲壳之中，闭关锁国，躲避西方文明的挑战，错失时机。开放是通往强国的必由之路。

改革开放 40 多年来，中国经历了三次大的开放。1980 年 8 月，中央确立深圳、珠海、厦门、汕头为经济特区，启动了第一次大开放，中国开始走向半开放状态。2001 年中国加入世界贸易组织，深度对接全球化，开启了第二次大开放进程，中国从半开放状态走向全开放状态。2013 年启动"一带一路"建设，拉开了第三次大开放的序幕。三次大的开放，使中国经济深度融入全球产业链、供应链、价值链和创新链，成为世界经济发展的重要力量。

树立高质量发展观，重在全面深化改革。改革是关键，是防风险的先手棋，是战胜挑战的重要手段。中国未来的发展，取决于改革的深度、广度和持续性，必须从持久战的角度加以认识。"将改革进行到底"是今天中国最强音，这是时代的呼唤，这是人民的重托，这是中国发展的历史必然。中国改革是人类舞台上的一部大剧，只有开幕，没有闭幕，改革永远在路上。

四 中国国民性现代化

中国国民性是一个沉重的历史话题。上百年来，梁启超、孙中山、鲁迅、毛泽东都对改造中国国民性做出了不懈的努力。中国的现代化是一个除旧布新、守正创新、吸收扬弃的跃迁过程，中国国民性的改造与优化是伴随其中的，对中华民族的复兴具有不可替代的现实意义和历史价值。

中国国民性也称民族性格。性格是人对现实的稳定态度和与之相适应的习惯化了的行为方式。性格反映了人格的独特性、人性的多面性和行为的情景性，是人的心理面貌的综合体。认识一个人，首先要分析他的性格特征；认识一个国家和民族，首先要透视其国民性。不同的性格特征，反映了不同人的心理面貌。人的不同性格，决定了人的不同命运。中国人的心理现代化，关键依赖国民性格的优化。唯有进行民魂塑造和人格建设，一个民族才有希望。

国民性格是在历史变迁和文化积淀中逐步形成的群体态度和行为方式。瑞士心理学家荣格认为，"我们的心理有一条拖在后面长长的尾巴，这条尾巴就是家庭、民族、欧洲以及整个世界的全部历史。"祖先经验，积淀在人类心理的深层，形成"集体潜意识"。如同人类身体进化一样，人类的心灵也有进化的历史。不同的文化背景、不同的时代节点、不同的生活环境、不同的教育条件，孕育了不同民族的人格特点，形成不同的群体性格。各个国家和民族所孕育的不同的国民性格，决定了国家和民族发展的内在条件和发展进程。

（一）中国国民性的演变

几千年的悠久文化，世代更替的政治、经济、社会结构，独特的自然生存环境，给中国人的内心和性格注入了丰富的元素。

中国的国民性融汇了农耕文化、游牧文化和江河文化的三重基因，中国人的国民性格体现了刚性和柔性、坚强与文弱、智慧与愚昧、利他与利己、勤劳而又兼具惰性的双重特征。中国历史在无数次辉煌和衰落中跌宕起伏。中国国民性的演化，随着中国历史的变迁，经历了从强势特征向弱势特征的转变。

秦汉时代，中国人的性格刚强勇猛。秦始皇横扫六合平天下。汉武大帝刘彻征服匈奴，河西走廊的武威、张掖、敦煌是刘彻亲自取的地名，显得雄壮浑厚。唐代西征东扩，召令四海。宋代以后，尤其是清朝，中国人的国民性格大幅弱化，文弱之风日益盛行，奴性特质愈益明显。

从历史上来看，中国人的国民性格与尚武意识的强弱紧密相关。

大凡列国并立之世，其人多好武；大一统之世，其人多喜文。道出了社会治理的一般特性。历代大多数封建统治者对尚武持贬斥态度，特别是自宋代始，一班士大夫提倡文治，蔑视武功，社会风气日益衰败。有道是文官动动嘴，武官跑断腿，总兵帐下无知县，知县随从有总兵，经略武功者低人一等。在以文弱为时尚的风气影响下，中国人的国民性格渐渐发生变化。男子汉不再是伟烈丈夫，而是白面书生，献身疆场的不一定是英雄。有"好儿不当兵，好铁不打钉"的民谚。梁启超曾认为，"重文轻武"的文化传统是导致国家腐败、民族虚弱的重要社会心理根源。

勇武精神与特殊的地缘环境有很大关系。从地缘角度看，北方的游牧人多悍烈，南方的农业人多文弱；从经济方面看，经商的民族多进取，务农的民族多保守。北方寒区乃牧猎之地，容易培养武勇好战的习性。游牧居无定所，逐水逐草而居，养成了好流动而不喜土著的习惯。商业民族以经商为本，以交换为宗，到处寻觅开辟市场，也自然容易形成探险、竞争和尚武的气质。华夏民族在优越的地缘环境和农业经济条件下，视安居乐业、丰衣足食为最高理想。好中庸、讲宽柔，以柔弱为美德，成为人们遵循的道德信条。

当今之中国，中国国民的文弱性仍然是一个值得关注的问题。长期的和平环境，安逸自在的祥和生活，保姆式的亲子关系，"听话式"的教育方式，逐步养成了求稳心态，耐挫力普遍下降，心理健康问题越发突出。中华人民共和国需要构建怎样的精神脊梁，中国的国民需要怎样的民族性格？

（二）发扬优良的传统国民性

中华文明根植于农耕文明，农耕文明承载着华夏文明生生不息的基因密码，是中华优秀文化的根脉。"乡土中国"是著名社会学家费孝通基于中国传统提出的一个广泛被接受的概念。"土"是乡土中国的根，是建构传统政治、经济、社会与文化结构的基础。大多数人以地为生，数以亿计的农民生于斯、长于斯、死于斯，土地对于中国人来说具有血脉之缘。土地配置关乎农民生计，土地制度影响国家治理、民族危机与王朝更替。土地制度既造就了悠久的农耕文明，也导致了超稳态的社会结构。由土地孕育的农耕文明和乡土文化几千年来扎根于中国土壤，持久地浸润着中国人的心灵，深刻地影响了中国人的心理结构和国民性格，塑造了中国人的国民性。

农耕文明的形成和演变，构造了一整套社会治理的制度体系，孕育了中华民族特有的民族性格，塑造了中国人与乡土文化相联系的心理特质和精神面貌。中国人对农耕文明有着深刻的理性认知和情感认同。

农耕文明塑造了中国人清淡恬静的性格。中国文化主张宁静可以行稳致远。如儒家《大学》首篇所说："大学之道，在明明德，在亲民，在止于至善。知止而后有定，定而后能静，静而后能安，安而后能虑，虑而后能得。"老子说："清静为天下正。"道家则主张"致虚极，守静笃"，提倡清心寡欲，自然无为，抛弃功利，沉淀内心，达到一种无欲无求清虚的境界。佛家则主张"戒定慧"。自然的本质是清静的，文化的延续是持久的，农耕的清静环境，守静的文化熏陶，必然有助于中国人清静性格的形成。这种清淡恬静的性格对人们的心灵建设和社会稳定，有着不可低估的意义。在浮躁情绪日盛的今天，清静的正气之风吹进人们的精神世界，可以缓解人们心理的焦虑、调节心理平衡、提升精神层次。

农耕文明塑造了中国人质朴厚道的性格。《易传》所说的"地势坤，君子以厚德载物"，强调大地的气势厚实和顺，君子应增厚美德，容载万物。质朴厚道就是要坚持人的善良本性，从善积德，不虚伪，不做作，做老实人，讲老实话，"质本洁来还洁去"。厚道是一种隐性的美德，讲正义，不刻薄，拯救人于危难之中，不在别人"蒙羞之际"落井下石，对犯错的人和事，心存善意，以宽怀给别人一个补救的机会。

农耕文明塑造了中国人吃苦耐劳和省俭节约的性格。受大自然的制约，农业产量供给总是有限量的，这就需要人们不辞劳苦，精耕细作，日复一日地劳作；需要人们对大自然的"馈赠"产生敬畏，约束自己的浪费行为，崇尚节约。农耕文明塑造了中国人敬畏自然和勤俭节约的性格。唐代宰相诗人李绅所作的《悯农》，被世人传颂，讲的是粮食来之不易，要珍惜爱护。

古人有训："一粥一饭，当思来之不易；一丝一缕，恒念物力维艰。"古人还强调：俭，德之共也；侈，恶之大也。古往今来，"勤俭节约"体现了中华民族的价值取向和道德风尚，留下了"历览前贤国与家，成由勤俭破由奢"的历史警思。但是今天的餐饮浪费现象之重，"触目惊心、令人痛心"。无论时代怎样进步，人们的生活水平提高到何等水平，勤俭节约的传统美德不能丢，浪费可耻、节约为荣的价值观不能丢，这也是一种初心。"必须坚持以俭修身，以俭兴业，坚持厉行节约，勤俭办一切事情。"

农耕文明塑造了中国人家本位的性格。传统的以血缘和亲缘形成的家庭单位，是进行独立生产、投资和决策的主体，这种地权清晰的土地制度和小农经济，具有超强韧性与生命力。土的厚重与家的归属感，使中国人养成"安土重迁"的观念和"故土难离"的习性，滋生了"落叶归根""魂归故土"的期盼，形成了强烈的家庭身份意识、家族荣誉感和宗法伦理观，厚植了中国人历久未衰的家国情怀。"家是最小的国，国是最大的家"的理念深深扎根在中国人心里，增强了中国社会的黏度，提升了稳定性和可持续性。

中国活态的农耕文明和乡土文化传承至今，依然丰富多彩。充满乡土气息的节庆活动、民间艺术、家规家训、诚信重礼的乡风民俗等文化标签，彰显着中华民族的心灵智慧和精神追求，是几千年来中国社会稳定的心理基础和黏合剂。

随着时代的变迁，中国国民性的演变以乡土文化的土壤为根基，逐步渗透进了工业文明和城市文明的元素。

中国人的心理现代化，需要伴随现代化进程告别过去，实现心理的历史性变迁，塑造现代国民性。

（三）塑造现代国民性格

百年时代变迁，中国国民性不断进化，逐步改变了几千年来中国国民性残存的弊端。鲁迅所痛恶的国民劣根性在今天得到了本质性的改观，所描绘的那个"吃人"的时代一去不复返了。中国共产党的文化基因赋予了中国国民性新的品质。新中国成立后70多年深刻的社会变革，彻底改变了中国人的性格特征和精神面貌。但是，中国国民性的持续改造和优化任重道远，仍然需要一代又一代人接力，培育时代所需的新型国民性格。

1. 奋进型

中国人自古就有一种奋斗精神。"路漫漫其修远兮，吾将上下而求索"就能够很好诠释中国人奋斗精神和坚韧品质。在中国的历史上，从"囊萤映雪"到"闻鸡起舞"，从"悬梁刺股"到"卧薪尝胆"，都体现了奋斗精神。

中国的现代化发展，需要激发中国人的进取心，更需要激发千万党员干部的奋斗和进取精神。奋斗进取心源自人的自尊需求。今天，中国人的自尊需求得到了极大提升。崇尚奋斗、倡导进取、追求成功蔚然成风。奋斗进取成为当代中国人的性格标志。

中国人的奋斗进取精神，关乎事业的成败。近些年，不求有功，但求无过、少作为、不作为等问题比较突出，给经济社会发展带来危害。因此，中国人需要锻造奋进型人格，增强公仆心。征途漫漫，唯有奋斗。艰难困苦，于汝于成；创业维艰，奋斗以成。

2. 利他型

中国共产党的文化基因是以他人为基础，以服务人民大众为己任，以民族复兴为历史使命。艰苦奋斗、无私奉献、全心全意为人民服务是中国共产党文化最鲜明的特色。几十年来，这种文化渗透进中国人的灵魂，使中国人形成了一种集体主义无意识和社会心理。

在家庭关系中，强调义务本位，往往牺牲自己成全家人。在人际交往中，既考虑自己，也顾及他人；中国人有一种乐善好施的习性，尽管做不到有求必应，但也会尽力而为，有一种付出的义务感。在社会关系中，富有同情心、同理心和怜悯之心，关注弱者，重视帮扶、匡扶正义。在遭遇危机时，万众一心，同仇敌忾，以国家利益和社会利益至上。

利他性格是中国人区别于西方人的最典型的特征。党员干部是人民的公仆，在为国家谋利益、为社会谋和谐、为他人谋幸福、为所辖区谋太平的现代化进程中，理应率先垂范，乐于奉献。

3. 拓创型

开拓创新是社会发展的动力。当今世界正经历百年未有之大变局，科技创新是一个关键变量。从历史观的角度观察，英国、美国和欧洲的一些国家，以及第二次世界大战后兴起的日本，都是靠科学创新和技术进步，生产力得到了极大提高，演变为现代化强国。在近代史上，中国的科学技术大为落后，并且错失了发展机遇，才有了英国科学史学家李约瑟的"世纪之问"。

中国共产党把开拓创新文化推到一个新的高度。中国共产党的历史是一部开拓创新史，从土地革命时期、抗日战争时期、解放战争时期，到新中国成立后的建设与改革，创造了人类史上从未有过的成绩。开拓创新，实际上一直贯穿在百年的历程当中。

早在1934年11月，红四方面军就曾制定过一份16字的《训词》："智勇坚定，排难创新，团结奋斗，不胜不休。"第一次提出"创新"，强调创造新局面、新苏区，挽回战局，创造新的战略战术等。改革开放后，中国共产党把"创新"提到前所未有的高度。创新范围从"技术创新"逐步扩展为"知识创新""制度创新""理论创新""治理创新"等。创新成为第一推动力，创新发展成为中国进步的重要战略。①

开拓创新是中国国民性升华的重要标志。开拓就是"闯"。再开新局、再蹚新路，"闯"的精神依然不可或缺。由"闯"起步，靠"创"加速。只有敢于走别人没有走过的路，才能收获别样的风景。在党和国家创新号角的鼓舞下，党员干部和每一个中国人都需要逐步强化创新意识，达成创新共识，激发创新热情，磨砺创新意志，锤炼顽强的创新性格，助力实现中华民族的复兴梦。

3. 遵从型

服从是按照社会要求、群体规范或他人意志行事的社会心理现象。这种行为往往带有被迫性，并非个体自愿。 遵从是在自愿

---

① 李忠杰：《中国共产党为什么能"独领风骚"？》，《北京日报》2021年1月4日。

基础上的服从。遵从没有内心冲突，是对法令、政策、命令和组织规范的自觉遵守，是对权威人物的道德威望、才智威望和实际成就的权威性遵从。

中国国民性的升华表现为对纪律的自觉遵从。随着法治建设的深入发展，人们的法治观念日益强化，守法意识日益提升，社会更加规范有序，自我约束力不断加强，广大党员干部的遵从意识明显提高。对于党员干部来说，培养遵从型人格，就是要遵从党中央权威、遵从党的路线方针政策、遵从党章党规党纪、遵从民主集中制、遵从党的文化价值观、遵从党性锻炼要求。对于中国人来说，不但要遵从社会规范，还要遵从内心，知行合一；遵从自然规律，敬畏自然。通过培养遵从型人格，逐步形成全社会自觉学法、知法、懂法、守法、用法的良好氛围，推进国家治理体系和治理能力现代化。

4. 担当型

担当是中国共产党人的本色，是中国人的核心价值观。担当也是几千年中华民族文化的传承，庸碌无为者为世人所不齿，勇于担当的贤士则为世人所称颂。"为官避事平生耻"集中体现了忠义和担当的中华传统文化美德。《荀子·臣道》云："不恤君之荣辱，不恤国之臧否，偷合苟容以持禄养交而已耳，谓之国贼。"在中国古代社会，既不体恤国君的荣辱，也不顾及国家的安危，一味迎合、结交权贵以苟且容身，保持官位和俸禄的人，被称为"国贼"。孔子云："见义不为，无勇也。"对于为官者而言，遇到应当承担的事而不去承担，便是无勇的表现。[1] 从古到今，中国人奉行一个基本信条：天下兴亡，匹夫有责。

每一个中国人，尤其是党员干部，最大的社会担当就是顺民意、助国昌。强化社会担当精神，就是要时刻铭记自身责任，厚

---

[1]　刘余莉：《中国传统社会的"担当"之道》，《中国青年报》2019 年 4 月 1 日。

植宽厚的爱心和悲悯的情怀，襟怀天下，心系苍生，扶助弱势群体，关怀百姓福祉；锻造清洁的精神，不媚娇、不乞怜、不计个人得失、不贪图个人享乐，抵御物欲主义的诱惑；培养高尚的道德情操，严于自律，珍惜荣誉。

5. 孝忠型

孝道是中国文化的美德，深深融入中国人的心灵深处。中国人要讲孝道，党员干部要做孝道的榜样。《孝经》以孝为中心，比较集中地阐述了儒家的伦理思想。"人之行，莫大于孝"，孝是诸德之本。孝包含"养亲""爱亲""敬亲""忠亲"。"养亲"是保证父母物质需要的供养。"爱亲"是对父母亲人的爱戴，并延伸到对他人、社会和国家的爱。"敬亲"强调对长辈和悦以礼，顺从父母长辈的意志；"忠亲"要求子女立身、立德、立言、立功。

孝道性格是中国人在几千年的文化熏陶和积淀中形成的，也是中国国民性区别于西方国民性的最显著特点。春节期间几亿人迁徙，形成一道独特的人文景观。无论走到哪里，故土难离，魂牵梦绕的乡愁挥之不去。自从"清明"定为国家法定节日以后，祭祖风潮涌动中国。这种家本位形成的人格特征，促进了社会的凝聚。

但是，中国人的"孝道性格"在时代的大潮中不断得以升华。讲孝不是愚孝，自身的努力不全都是为了父母。家庭关系渗透了"和"与平等的因素。中国文化强调"和"：和谐、和睦、和平、和善、和衷共济、中和、平和、祥和、政通人和、以和为贵等。"和"是中国的文化基因，反映了中国人性格的典型性。

伴随新生代的成长和家庭结构的变化，中国人的亲情关系更加强调和谐与平等互助。年轻一代更强调独立自主，老一辈的付出比索取的多，爱父母与重晚辈形成双向流动沟通。讨论式的劝导、朋友式的倾诉、和谐关爱的相处逐步成为中国家庭人际关系的主流模式。

中国传统文化历来主张以"忠孝为本"，忠于国家，孝顺父母。"忠"和"孝"是联系在一起的。在中国人的理念中，"忠孝两难全"。东汉马融在《忠经》中提出："天之所覆，地之所载，人之所覆，莫大乎忠……忠者，中也，至公无私……天无私，四时行；地无私，万物生；人无私，大亨贞。"可谓天下至德，莫大于忠。忠诚，是一种优良品格、一种崇高信仰，是人与人之间最基本的诚信，也是一种作风养成。忠诚是党员干部和每一个中国人都必须具备的基本人格特征。

作为一名党员领导干部，对党的忠诚、组织的忠诚，是唯一的、彻底的、无条件的，是不掺任何杂质的、没有任何水分的。整天口号喊得比谁都响，调门显得比谁都高，但一到现实中就变形走样、自行其是，这就是典型的"伪忠诚"。口中遵循马列主义，心里却迷信鬼神；对上一套，对下一套；当面一套，背后一套；言行不一，表里不一，这就是"两面人"。《忠经》中讲，"忠也者，一其心之谓矣。"《朱子语类·中庸三》中说，"诚者，真实无妄之谓"。所谓诚实就是与客观事实相符合，没有诈伪。党员干部要有"亦余心之所善兮，虽九死其犹未悔"的忠贞情怀和坚定心志，对革命的信仰至死不渝。

每一个中国人都要讲忠诚，忠于家人，忠于自己所爱的人，忠于组织，忠于社会，忠于国家。概言之就是要做到说老实话、办老实事、做老实人。不讲假话，不搞虚功，求真务实，实事求是。企业也要讲忠诚，忠于客户，忠于市场，忠于国家。不欺骗消费者，不隐瞒社会，不损害国家利益。如果整个社会都奉行忠孝准则，每个人不断加强忠孝人格的修养，强化家国情怀，厚植亲情，累积爱心，爱家庭，爱社会，爱国家，中国就一定会成为一个诚实有信的社会、和谐有序的社会、力量无比的社会。

6. 理智型

一个民族需要理智，一个国家需要理智，一个人也需要理智。具有理智型性格特点的人，思维缜密，条理分明，是非观念清晰，观察问题全面、深刻、敏捷、独创，有融会贯通的能力。在生活和工作上比较成熟、可靠、踏实。处理问题讲求实际、沉着冷静，行动坚决果断。古希腊哲学家亚里士多德认为理智型性格的人能对事物进行归纳整理、精准分析、理性处理。相反，冲动型性格的人具有一定的攻击性人格障碍，抑制冲动的能力较差，可能会因为很小的一件事情而突然爆发愤怒的情绪，酿成事故或演化成犯罪。

人类的意识分为感性认识阶段和理性认识阶段，并会由感性认识上升到理性认识。人性的力量，有感性力量、理性力量和灵性力量。人的理智包括感性维度、理性维度和灵性维度。感性诉诸知觉、记忆、形象、语言、情绪；理性诉诸历史、概念、思维、逻辑、情感；灵性诉诸精神、信念和价值观。感性是力求打动人，理性是要去说服人，灵性是试图去启示人和引导人。理智型性格的人，就是要把感性认识提升到理性认识，实现感性力量、理性力量和灵性力量的统合。

理智型人格是以感性和感情为基础，共情是人类的基本特性。理智型人格是以理性和意志为支撑力量。理性建立在辩证思维的基础上，就是由表及里、由浅入深、去伪存真，辩证地识别优势与劣势、机会与挑战、确定性与不确定性、共同性与差异化等事物的多面性。理性能够帮助人们找准方向、确定任务和制定方略，深刻洞察现象的本质特征，使人们高瞻远瞩、展望未来，又能脚踏实地。

第八章 全民心理素质教育

当今世界是一个充满竞争的世界。竞争的关键是经济领域的竞争，在经济竞争的背后，是科学技术的竞争；科学技术竞争的背后，是人才的竞争；人才竞争的背后，是教育的竞争。科技是强国之基，教育是立国之本。培养什么人、怎样培养人、为谁培养人，这是关乎方向性、全局性、战略性的重大问题。人的素质和教育水平决定着国家的核心竞争力。

一 心理教育是百年战略工程

十年树木，百年树人。教育传承文明、灌输知识、开发民智、完善人格、凝聚人心、培育人才、造福千秋，教育与人类命运共相连。经过 70 余年的发展，我国从一个教育十分落后的国家跃居世界总体教育发展水平中上行列。但是，在素质教育方面还存在很多弱项。唯有坚持素质教育的方向，注重全面发展，促进学生个性心理的发育，开发潜在智力和心理动力，注重培养学生的创新精神和现代人格，中国的教育才能够真正强大。因此，必须把人的心理素质教育作为一项关乎国家强大的战略工程。

国民素质有狭义和广义的理解。狭义的素质是指遗传素质，也叫"禀赋"。广义的素质是人的身心发展的总水平，也称为"素养"。人的本质有自然性和社会性，素质也可以分为自然素质和社会素质。自然素质是先天形成的生理素质和身体素质，社会素质主要包含政治素质、思想素质、道德素质、业务素质、审美素质、劳动技能等。此外，还有一种介于自然素质与社会素质之间的心理素质，它是先天因素与后天因素的"合金"。心理素质教育就是有目的地培养人们的良好心理品质，调节心理机能，开发心理潜能，促进整体素质的提高和个性的和谐发展。

心理素质教育也称心理教育。早在古希腊时代，哲学家柏拉图把教育分为体育教育和音乐教育，体育教育是为了锻炼身体，音乐教育是为了陶冶心灵。音乐教育可使情操受到陶冶、性格得以调和。旋律和曲调的协和、庄严、优美，能使人精神和谐、举止有节、仪态优美。亚里士多德也非常重视音乐在心理教育中的作用，认为音乐包含娱乐身心、涵养理智、陶冶性情三种功能。音乐可以改变人的性格，音乐曲调和节奏反映的愤怒与和顺、勇毅与节制、正义与坚忍的性格形象，能够催人上进，达到不同的教育效果。

20 世纪 50 年代，在人力资本理论的影响下，心理素质教育主要关注人的能力的提升。美国经济学家舒尔茨提出一种"人力投资"理论，强调人的资本投资作用大于物的资本投资作用，教育是增长能力的一种生产性活动，提高人口质量和人的素质的关键是教育。按照舒尔茨的计算，从 1900 年到 1957 年的近 60 年年间，实际资本增加大约 4.5 倍，而教育投资却增加了大约 8.5 倍。同期，物的资本投资所赚回的利润，增加了 3.5 倍，教育投资所增加的利润，竟达 17.5 倍。经济发展受制于人的能力的提升。

20 世纪 60 年代后，心理素质教育主要侧重于情感教育，随着情感理论的发展，西方掀起了情感教育的高潮。美国克拉斯沃尔的情感教育目标问世，罗杰斯的情感心理治疗实践取得了大量的临床经验，人本主义心理学家强调人的高峰情绪体验和积极情感对人生的意义，大力倡导爱的教育。20 世纪 70 年代，日内瓦新皮亚杰心理学派提出了人格发展整合模式教育理论。

心理教育在我国也有数千年的历史。孔子就非常重视对学生进行兴趣、情感、性格、意志等方面的心理教育。在兴趣教育方面，提出了"知之者，不如好之者"的命题。如果一个人没有对学习产生浓厚而稳定的兴趣，他就不会好学。在智力教育方面，倡导举一反三。"不愤不启，不悱不发。举一隅不以三隅反，则不复也。"不到他力求明白而未能明白的时候，不去开导他；不到他想表达却又无法表达的时候，不去启发他。在性格教育方面，《论语·子罕第九》中说："子绝四，毋意，毋必，毋固，毋我。"教人要杜绝四种缺点，做到不主观臆断、不一意孤行、不固执己见、不自以为是。自孔子之后，历代思想家的著述，都蕴含着丰富的心理教育思想。

近代的王国维积极倡导心理教育，在《论教育之宗旨》一文中首次提出"心育"的概念。而蔡元培注重从美育的角度加强心理教育。他认为，在人的心理结构中，知识属于科学，意志是行为表现，属于伦理学，情感属于美育。人人都有感情，却不一定有伟大而高尚的行为，这是因为感情推动力薄弱，而美育正是培养感情推动力的。这就从心理的角度论述了美育对人的行为的作用。蔡元培还认为，美感具有"感情移入"的功能，能够培养人的同情心。而人有了同情心，就能互相爱护，互相扶助。

十多年来，我国教育界把知识传授逐步转向全面素质教育，重视智力因素和非智力因素的心理素质培养；心理教育不仅局限于学校，而且学校教育、家庭教育、社会教育多方联动，多管齐下，形成合力；借助现代技术手段，心理咨询、心理辅导热线、线上心理交流面向各个年龄层次的人群，架起一座座沟通心灵的桥梁。未来 30 年，中国的现代化之路，必须围绕发展教育、办好教育、办好心理教育这条主线展开。

二　创造力教育

当今世界，正在掀起一场挖掘人的创造潜能、开发人的创造力的革命。创新是第一生产力，创新驱动发展是中国的大战略。创新是国家和民族发展永不枯竭的源泉和动力。未来的经济、科技和军事竞争，将集中在创造性人才的竞争上。创造是产生新事物的活动方式，一切新发现、新技术、新产品、新工艺、新作品、新概念、新方法等，都是人们创造活动的成果。所谓创造力，主要是指人们产生新设想的创造性思维能力和产生新成果的创造性技能。创造性思维是创造能力的核心构成要素。

因此，创造力教育首先需要培养创造性思维。创造性思维是在逻辑思维的基础上发展起来的，分析、综合、比较、抽象、概括和具体化是逻辑思维的基本过程。国民创造力的培养，要在加强逻辑思维能力训练的基础上，开发创造性思维能力和丰富的想象力。

（一）求异思维的培养

思维是人脑对客观事物概括和间接的反映。歌德曾说："经验丰富的人读书用两只眼睛。一只眼睛看到纸面上的话，另一只眼睛看到纸背后的话。"看问题要具有多种视角，要善于发现字面背后所蕴含的不同含义。求异思维是指改变已习惯了的思维定向，从新的思维角度思考问题，以求得解决答案的一种思维。求异思维是探求不同答案的思维过程和方法，思维方向分散于不同方面，从不同方面进行思考。与之相反，求同思维是探求一个正确答案的思维过程和方法，从同一方面进行思考。求异思维相较于求同思维具有较强的创造性，解决工作中较为复杂的难题，需要具备求异思维能力。

运用求异思维，就是要有效地进行联想和推导，联想是形成求异思维的中间环节。因此，要充分利用联想展开想象的翅膀，采取差异的分析方法，不断拓宽思维的区域。训练的方式主要有三种：可能性列举法——通过"可能出现什么情况"的联想和想象提出解决问题的不同方案。缺点列举法——通过对方案提出"有什么缺点需要改善"的问题想出更好的解决方法。否定法——挖掘事物的差异，敢于唱反调。在一致中找差异，对肯定的方面进行否定，做出按常规不可能办到的事情。

在教育和日常工作中，要把培养学生和受教育者的求异思维能力贯彻始终。在教育改革中，要切实改变禁锢学生思维能力的一些做法。培养学生和受教育者敢说"不"的意识，敢于标新立异。引导学生和受教育者学会多角度或者转换角度观察解决问题，培养"另辟蹊径"、类比迁移的能力。教学内容和教学活动要留有余地、留下些悬念，宜从多角度、多方位设置富有启发性、思考性的疑问，给学生和受教育者足够的思维机会和思维空间。

（二）直觉思维的培养

直觉思维是一种非逻辑性的创造思维。直觉作为一种心理现象贯穿于日常生活之中，也贯穿于科学研究之中。人在创造性活动中，对问题进行一段时间的考虑，一种想法会戏剧性地突然到来，直接跃入直觉的思考，这就是思维的"脑际洄漂"。人们经常为"先前竟然不曾想到这个念头"而感到欣喜若狂。这种直觉思维就是大脑"超逻辑"的直觉推测功能，是在大量实践经验的基础上，依靠灵感、启发、顿悟、推测和想象进行思维的一种形式，是一种没有经过严密的推理和验证而"蓦地"猜度到问题之精要的心理现象和潜意识活动。直觉思维对于科学发明和实际工作都有非同寻常的意义。爱迪生、瓦特、牛顿、爱因斯坦等世界著名科学家的发明创造，几乎都是靠直觉思维。

直觉思维的培养，就是要掌握捕获直觉的方法。一是对问题进行长时间的思考，直至思维空间饱和。"灵感只来到有准备的头脑"。二是摆脱分散注意力的事情，提高注意力。三是紧张思维与闲适松弛相结合。四是通过讨论切磋、阅读文献资料和参加社会活动启发直觉。五是随时捕捉灵感。直觉是一种随机性很强的思维活动，看到一件新鲜事产生了联想，读一篇文章受到启发，与他人交谈得到了诱导，都可能产生新的思想或引出新的发现。要十分珍视这种思想火花，并注意随时捕捉，让已打开的思路延续拓展。

直觉思维是对事物进行直接感知和直接判断的过程，不需要像逻辑思维那样进行推理，具体表现为快速性、跳跃性、直接性、本能意识等特征。因此，教育者要引导和着力培养学生和受教育者的"灵性"和猜测意识，鼓励他们大胆猜想、跳跃式地思考问题，通过"一题多解""一题多答""一题多变""一题多编""一题多验"等各种练习，激活"顿悟力"，同时宽容错误，使他们在连续的思考中"触类旁通"，形成敏锐的直觉思维能力。

（三）组合思维的培养

《史记·孙子吴起列传第五》记述了孙膑帮助田忌取得赛马比赛胜利的故事。齐威王与大臣田忌赛马，先是两人各出上、中、下三匹马，比赛结果，田忌三战三败。后来军事家孙膑出了个主意，比赛时调整了一下马匹的排列，让田忌以上马对中马，以中马对下马，以下马对上马，结果是一败两胜，总评获胜。由此可见，同样的马匹在条件差不多的情况下，排列组合不一样，结果就不同。这种赛马方案的拟定，就是一种优化的组合思维。

随着科学技术的进步，知识的累积变化，社会立体式的发展，排列组合已在各个领域得到广泛运用，同时也是人们思考问题、解决问题的一种思维方式。利用组合式思维，人们就可能创造出具有新质特点的另一种事物。学科与学科组合，可以形成一门新学科；多种技术的组合，可以创造出一项更先进的技术；人员与时间的优化组合，可以产生更高的效益。因而，培养组合思维，要引导人们多读书、多捕捉信息，不断扩大知识面，培养对各种事物的兴趣和好奇心，不断进行求同与求异思维的训练。

（四）现代思维方式的培养

科学的认识往往源于正确的思维方式，落后的思维方式则会导致认识的片面、狭窄、混乱和实践的失败。当下，新一轮科技革命的浪潮冲击着社会的各个领域，需要人们具有全新的思维方式。

首先，培养系统立体式思维。从宏观入手对系统的整体结构进行综合分析，并结合宏观和微观调整和改变系统原有的结构，释放最大能量。运用网格化思维，进行大跨度、多方向的跳跃、迁移，避免顾此失彼。

其次，培养独立式思维。中国由于几千年传统文化心理的影响，思维方式刻有"求同排异"的深刻烙印，人们习惯于到前人那里去找"标签"。独立思维方式就是要破除这种旧的思维习惯，敢于标新立异，敢于怀疑，敢于排除众议，顶住压力。善于同中求异，善于自变。

最后，培养超前式思维。在知识和信息爆炸的时代，在新科学技术革命的浪潮中，世界面临越来越大的不确定，需要人们具有前瞻式思维，科学把握现实和未来。

在现时代，新技术、新发现、新思想层出不穷，人们刚刚获得一种新的认识，很快就被另一种更新的认识所修正，因此必须以"超越型"思维方式为变革的先导。过去人们习惯于"即时思维"与"向后看"的思维方式，着眼于对眼前事物的判断和认识。在工作和社会实践中，需要人们有"从未来想现在"的逆序式思维。

三　情感教育

人在认识世界和改造世界的过程中，对客观事物总是抱有一定的态度。或喜悦高兴，或忧愁悲伤，或欣赏爱慕，或厌恶憎恨，或激动愤怒，或恐惧绝望，这些心理现象，就是各种形式的情绪和情感。20世纪60年代，美国心理学家丹尼尔·戈尔曼提出了"情感智商"的概念，"情商"包括认识自己的情绪、妥善管理自己的情绪、自我激励、理解他人情绪、有效管理人际关系的五种能力。情商被心理学家称为比智商更重要的一种心理素质，对于个人发展和社会进步具有巨大的推动作用。

（一）社会情感教育

人的情感丰富多彩，复杂多样。根据价值的功能效用，情感可分为正向情感与负向情感。根据价值主体类型的不同，情感可分为个人情感、集体情感和社会情感。社会情感是指社会成员对事物所产生的共同认识、共同体验的合成情感，是人在社会化过程中培养出来的与人交往并改善自身行为的情感。社会情感按其内容可分为道德感、理智感和美感。社会情感对个人和社会行为的调节具有重要的作用。

当前，"唯理智教育""唯知识教育"倾向十分明显，关注知识获得和智力训练而漠视情感发展和人际交流的现象仍然突出，重视有形的外在目标而忽视内心成长的问题也一直存在。

中国的新生代需要接受"社会情感学习"。"社会情感学习"就是帮助学习者学会自知、自信、自我尊重、理解包容他人，提高自我管理和处世能力，建立积极、健康、和谐的人际关系，有效应对各种挑战。社会情感教育是一种"心教"，是所有教育的基础。

社会情感教育是一个历史和时代话题。19世纪法国文学家居斯塔夫·福楼拜创作了长篇小说《情感教育》。该小说成功地塑造了一位走向精神幻灭的人物形象弗雷德里克·莫罗。莫罗一生平庸，性格充满多面性。勇敢又懦弱、诚实又爱说谎、爱慕虚荣又注重友情、悲观又富于幻想，是一位精神幻灭、游离于社会的孤独者。作者通过对主人公情感幻想的描述，表达了对人性异化的深刻批判和美学理想，从反面衬托出情感教育的重要性和时代价值。

美国心理学家卡尔·兰塞姆·罗杰斯突出强调情感的教育作用，认为教育的目的，在于激发学生学习的动机，发展学生的潜能，形成积极的价值观，最终使学生成为自我教育者。

社会情感学习是近些年在国际教育领域被热烈讨论的话题，社会情感教育开始进入课堂，走向社会，形成系统性的课程体系。2002年，联合国教科文组织发布了实施社会情感学习的十大基本原则。2013年，中国教育部与联合国儿童基金会合作开展了"社会情感学习"项目，并在我国中西部11省的16个县区的500多所学校试点。社会情感教育不仅局限于学校教育，而且深入全社会，其核心要点就是培养责任心、自信、批判性思维、持久力与创造力，这些都是公民的核心素养的组成部分。

如何开展情感教育？情感教育是教育者和被教育者的心灵互

动和情感沟通，必须通过情感交流，及时了解被教育者的思想动态和心理问题，提供更加丰富的情感体验，在学习中感受快乐，从而调动学习的积极性和主动性。教育者的可信度、威望和魅力对增强教育效果具有十分重要的作用。古人云："亲其师，信其道。"情感教育必须从关爱入手，提升"心之力"。爱，才是最好的教育。以强烈的责任心、真挚的爱心、坚定的信心、周到的细心、不厌其烦的耐心唤醒被教育者对美好的向往、对学习和生活的信心；以晓之以理、动之以情、导之以行的教育方法，增进情理相融；扮演好"管如严父，爱如慈母，亲如朋友"的三重角色，用心"置换"。使被教育者产生情感上的共鸣和认识上的共识，形成自觉的规范意识、道德心理定式和行为习惯，增强集体凝聚力和向心力。

（二）道德情感教育

道德品行修养是立身之本、治国之要。加强公民道德建设，关乎依法治国和以德治国的成败。"受不良思想文化侵蚀和网络有害信息影响，道德领域依然存在不少问题。一些地方、一些领域不同程度存在道德失范现象，拜金主义、享乐主义、极端个人主义仍然比较突出；一些社会成员道德观念模糊甚至缺失，是非、善恶、美丑不分，见利忘义、唯利是图，损人利己、损公肥私；造假欺诈、不讲信用的现象久治不绝，突破公序良俗底线、妨害人民幸福生活、伤害国家尊严和民族感情的事件时有发生。"[1] 由此可见，加强全民道德教育、培养中国人高尚的道德品质刻不容缓。

当前，道德教育存在着教育内容过于知识化、表层化的现象。传输道德知识只是前提条件，善出于知，恶出于无知。道德知识

---

[1] 《新时代公民道德建设实施纲要》（2019 年 10 月 27 日）。

是一种道德判断标准和行为准则，要把道德知识转化为个体的道德实践、把道德准则转化为人们良好的道德行动，需要深刻的、高尚的、热爱的情感去激发。有高度的情感共鸣，才能有高尚的行为。

道德规范是一种软约束，重在教化，需要柔性的渗透。道德教育需要亲和力、感召力、感染力。早在古希腊时期，亚里士多德提出了"德性论"的道德哲学。他很重视道德习惯和道德态度，也很重视个人美德和道德情感，认为人对外部情境的情感反应模式会逐渐变成对道德的一种态度和习惯。

人的道德品质由道德认识、道德情感、道德意志、道德行为四种心理因素构成。其实人的道德心理并不是泾渭分明的四个方面，而是受整个心理系统的影响。道德情感除了来自道德认知，还与人的整个生命的情绪情感系统相联系。道德情感既是道德认识和道德行为的桥梁和纽带，也是道德教育的源头。道德教育是以情感为基础，唤起每个人的仁爱之心，把道德的良知与意识重新根植于人类的心灵，塑造一颗高贵的灵魂，从而激发人们做善事、做好事、行社会规范所要求的正义之举。

中国自古以来就强调道德心理教育。在儒家的道德教育思想体系中，有一系列关于心理和情感教育的思想。《大学》开篇就说，"大学之道，在明明德"。被称为"孝悌忠信礼义廉耻"的"八德"，是对民众道德素质的要求。"仁"被视为最高的道德准则，"苟志于仁矣，无恶也"。要求民众懂得爱人，保持仁心。孔子强调"克己"，"君子求诸己，小人求诸人"。强调要懂得约束和克制自己的言行。对于德行的培养，要践于行，"力行近乎仁"，还要避免"过犹不及"，做事合乎规范。强调道德修养重在心理的内省，"见贤思齐焉，见不贤而内自省也"。向有德行的人学习，以没有德行的人为戒，反省自己，有则改之，无则加勉。

培养人的优良品质，需要遵循一定的教育宗旨。法国哲学家、教育家卢梭在《爱弥儿》中所透露出的教育的根本意图，就是试图培养出一个"生活在社会中的自然人"，以实现人的自然性和社会性的完美协调。具体来说，就是通过道德教育，把一个"完全为自己而活"的"自然人"逐步转变为"为共同体而活"的社会公民。当今中国的教育，如何培养有道德素养的合格的公民呢？

要把加强公共情感教育作为重中之重。公民作为社会生活中的重要主体，必须具备公共伦理、公共理性、公共责任和公共参与的公共意识和公共情感，为社会进步和发展承担责任。通过培养公民责任担当和公共性善良，让每位公民都能够为构建和谐社会做出贡献。在公共事务上，不以自我为中心、自私自利、损人利己，而是要互利互惠、关怀他人、温暖社会，必要时可以牺牲自我利益。注重主体人格教育，使公民既有自主、自由、权利的主体意识，又有责任、义务的法治意识。

要把社会公德、职业道德、家庭美德、个人品德建设作为公共情感教育的着力点。推动践行以懂文明礼貌、助人为乐、爱护公物、保护环境、遵纪守法为主要内容的社会公德，鼓励人们做好公民；推动践行以爱岗敬业、诚实守信、办事公道、热情服务、奉献社会为主要内容的职业道德，鼓励人们在工作中做好建设者；推动践行以尊老爱幼、男女平等、夫妻和睦、勤俭持家、邻里互助为主要内容的家庭美德，鼓励人们做一个合格的家庭成员；推动践行以爱国奉献、明礼遵规、勤劳善良、宽厚正直、自强自律为主要内容的个人品德，鼓励人们在日常生活中养成好品行。①

要加强"人与自然共生"的道德情感教育。根治人与自然对

---

① 《新时代公民道德建设实施纲要》（2019 年 10 月 27 日）。

立的占有性人格，消除占有性心态。人与自然不是占有和被占有的关系，人与自然是生命共同体。通过生态道德观的培养，厚植亲近环境、热爱自然的生态道德情感，树立生态道德的信念，养成良好的道德行为，提升公民的生态道德素养，从而加大人与自然的整体和谐的互动，最终实现从占有性个人主体走向人与自然、人与人、人与社会和谐统一的类主体。达到全民关心、全民保护环境的效果。[①]

（三）美感教育

美感是人的审美需要得到满足而产生的情感体验，伴随着一种兴奋、舒适、愉快的心情，并促使人们产生某种追求的欲望。美是客观存在的。人不仅对环境与事物的美产生美好体验，同时也对心灵中折射出来的语言美、行为美、精神美、人格美、艺术美等产生美感。美是纯洁道德、丰富精神的重要源泉。2020年10月，中共中央办公厅、国务院办公厅印发了《关于全面加强和改进新时代学校美育工作的意见》，提出美育是审美教育、情操教育、心灵教育，也是丰富想象力和培养创新意识的教育，能提升审美素养、陶冶情操、温润心灵、激发创新创造活力。强调把美育纳入各级各类学校人才培养全过程，贯穿学校教育各学段，弘扬中华美育精神，以美育人、以美化人、以美培元。

我国美育教育古已有之。西周时代就有周公的"制礼作乐"，礼是伦理道德教育，乐是诗歌艺术的美育教育。开启了礼乐结合的教育模式，孔子创立了"礼、乐、书、数、射、御"的教育体系和"兴于诗，立于礼，成于乐"的教育宗旨。"礼以制其宜，乐以导其和"，乐就是专门的美育课，奠定了中国古代美育的思

---

① 冯建军、黄向阳、檀传宝、杜时忠：《疫情之下的道德教育：反思与重构》，《新华日报》2020年8月4日。

想基础，形成了中国的美育传统。

1795 年，德国诗人席勒在《美育书简》中提出"美育"概念，被称为"第一部美育的宣言书"。20 世纪初期，现代美育理论传入我国。中国美育的先行者蔡元培提倡"美育代宗教"，提出了军国民教育、实利主义教育、公民道德教育、世界观教育和美感教育"五育并举"的教育宗旨。认为"美育之目的，在陶冶活泼、敏锐之性灵，养成高尚纯洁之人格"。

中国现代美学奠基人朱光潜提倡德、智、美三育并举，认为美感教育是一种情感教育。世间事物有真、善、美三种价值，人类心理有知、情、意三种活动，人生有求知、道德、审美三种境界。人追求真，有好奇心和求知欲。人有想好的意志，追求正义，向善驱恶。爱美之心人皆有之，人"天生"就追求美妙境界和审美价值。教育的目的就是要"启发"人性中所固有的求知、想好、爱美的本能，并通过智育、德育、美育，发扬人类的美好天性。

美育是贯穿人一生的潜移默化的教育。社会环境、自然景观、知识载体、人文氛围、文化活动处处孕育着美。对人们进行美育和鉴赏能力的培养，可以使人们认识美、体验美、感受美、欣赏美和创造美，实现美的理想、情操、品格和素养的升华。在生活中，绘画艺术、雕塑艺术、陶瓷艺术、纺织艺术等各种工艺美术都含有美的元素。艺术作品、文学作品、歌曲、电影都能反映一个时代的生活和精神，可以起到滋养心灵、启迪心智的鼓舞作用。

我党我军历来就非常重视宣传工作。很重要的一点，就是运用音乐艺术教育人、鼓舞人和激励人。1938 年 7 月，著名音乐家冼星海谱曲的《在太行山上》，有机结合了抒情性旋律和进行曲旋律，充满了战斗激情和鼓舞力量，迅速传遍大江南北。"抗日的烽火，燃烧在太行山上"让人心情振奋；"山高林又密，兵强马又壮！敌人从哪里进攻，我们就要它在哪里灭亡"，更让人士气高昂。

田汉作词、聂耳作曲的《义勇军进行曲》创作于 1935 年，融入革命歌曲和西欧进行曲的艺术元素，吹响了中华民族解放的号角，具有极强的战斗性和鼓舞性。后来被选定为中华人民共和国国歌，激发了一代又一代中国人的爱国热情，深远地影响了中国人的心灵世界，构成中国文化的一个经典符号。

审美教育，要加大现实题材创作力度，强化思想性和艺术性，为历史立传、为时代画像、为社会明德，不断推出讴歌党、讴歌祖国、讴歌人民、讴歌劳动、讴歌英雄的精品力作，唱响正气歌。

四　领导力教育

2020 年是世界历史上极不寻常的年份，中国为何能迅速实现新冠肺炎疫情防控的常态化，并能取得 GDP 增速 2.3% 的重要成就。习近平总书记指出："实践再次证明，重大历史关头，重大考验面前，领导力是最关键的条件，党中央的判断力、决策力、行动力具有决定性作用。"中国的复兴不仅需要极强的战略谋划能力，还必须具有很强的实操能力。战略谋划能力和实操能力，也可以称为"领导力"。中国发展面临一定的挑战风险，其中之一就是对领导者执政能力的挑战。化解这种风险，就必须把领导力教育作为国家一项战略工程。

（一）提升政治"三力"

提升党员干部的领导力，首先要提升政治能力，要确保立场不移、方向不偏。各级领导干部必须心怀"国之大者"，不断提高政治判断力、政治领悟力和政治执行力。老子说："政善治，事善能，动善时。"意思是政务要善于调治，要善于认识和遵循客观规律，积极主动做事，并善于掌握时机，顺势而为。政治判断力、政治领悟力和政治执行力是讲政治在实践层面的具化和细化，是对党的百年光辉历程的科学总结。

政治判断力是一种观察大势、认识本质、明辨是非、预测风险、有效决策的战略认知力，体现了政治智慧。政治判断需要标尺：以国家政治安全为大、以人民为重、以坚持和发展中国特色社会主义为本，有了这种尺度才会有方向感。政治判断力对事业成败往往具有决定性意义，因此，要求党员干部不断提升思想高度和战略格局，培育前瞻性和预见性思维，能够见微知著，及时化解风险。

政治领悟力涉及对中央决策和上级意图的领会和觉悟，是一种"政治情商"和行动自觉。各级领导干部要提高政治敏感度和敏锐性，培养政治家的头脑，对"国之大者"了然于胸，找准自己的定位，明确自己的职责，做到协调一致，同频共振。

政治执行力就是知责于心、担责于身、履责于行的行动力和坚持力。有令则行，有禁则止，不搞"上有政策、下有对策"，严格党的政治纪律和政治规矩。对标党中央精神，不折不扣，坚决果断，抓好贯彻落实。强化问题导向意识，做到常备不懈。在实践中，要事先防备意外之事，提高化解矛盾的能力。

提升政治"三力"，需要有辩证思维，在变化中坚持不变，在不变中追求常变。领导力的提升，需要随着时代的变化而不断跃升。但是，这里有一个变和不变的界定。变的是领导观念、领导方式和行为方式，确立新思想、新战略、新格局，提高战略洞察能力、战略谋划能力、战略决策能力、战略执行能力和危机处置能力。不变，就会导致走弯路，错失发展机遇，甚至造成事业的挫败。但是，共产党人的初心、本心永远不能变。

人民对美好生活的向往是我们的奋斗目标，解决人民最关心最直接最现实的利益问题是执政党使命所在。"时代是出卷人，我们是答卷人，人民是阅卷人。"为人民谋幸福，是中国共产党人的初心。守住初心就是要经得起重大事件的考验，扛得住利益的诱惑，经受住岁月的磨砺，警钟长鸣，一刻都不能松懈，这一点永远不能变。

（二）锻造坚强的意志力

意志是一个人确定目的并付之行动，在行动中克服各种困难以达到目的的心理过程，其心理轨迹是确定目标—行动—再行动。意志表现为内驱力、选择力、决断力、行动力、坚持力。意志体现了人的能动性，意志的力量可以创造并改变世界。毛泽东强调，人类必将由必然王国走向自由王国。让中国人站起来、富起来、强起来是中国共产党人的意志，建设现代化强国实现两个百年梦是国家意志，把科学技术搞上去不再被别人"卡脖子"也是国家意志。狭路相逢勇者胜是一种战斗意志，遇到困难矢志不渝是一种革命意志。提升领导力就是要培养这种坚强的意志力。

在生活中，最重要的是要锻造拒腐防变的意志力。各级领导干部代表国家和各个层级相应的党委、政府、行业、部门、企业、团体等行使职权，拥有丰富的政治资源、组织资源、经济资源、文化资源和科技资源，这就必然面临各种形形色色的诱惑。经受住考验，关键是要提高自身的政治站位、思想觉悟、道德品质、心理素质和抗腐防变能力。

早在新中国成立前夕，毛泽东说他喜忧参半。喜在对新中国的美好憧憬，忧在如何破解所谓的"共产党人打仗行，管理国家不行"的难题。毛泽东告诫全党，一些在拿枪的敌人面前不愧为英雄称号的共产党人，在"糖衣炮弹"面前可能要打败仗，要被敌人的"糖衣炮弹"所袭击。新中国成立以后，尤其是改革开放以来，很多人的心理开始蜕变，被"糖衣炮弹"所击中，被极端的个人主义和物质欲望所俘虏。

人们为什么被腐蚀，如何防止被腐蚀？腐蚀与主体的心理结构相联系。丧失心理警惕是被腐蚀的基本前提。各种各样的腐蚀尽管形式各异，但不外乎两种，一种是有形的，一种是无形的。像金钱、美女、财物等，属于有形的物质糖弹；像腐朽思想、落后观念、反动信仰等之类的东西，属于无形的精神糖弹。对于丧失警惕的人，实际上已经解除了心理防线，缺乏对有形或无形的糖弹的明晰意识和正确认识，往往不知不觉被腐朽思想俘虏。

私欲贪婪是被腐蚀的心理之源。七情六欲，人皆有之。欲望是人的行为的内部驱动力，倘若欲望不受道德和法律制约，毫不节制，任由私欲演变，就会成为贪婪之徒。利欲贪婪心是一种潜在的犯罪心理，在适当的犯罪机会诱惑下，就会爆发出犯罪冲动。超度求金钱必然被"铜臭"引下沟，肆意寻女色将被"美女"拉下水，脱轨争名利就会被名利推下崖。

意志薄弱是被腐蚀的直接原因。在反腐蚀斗争中，有的人之所以打了败仗，是因为信念动摇、气节丧失、意志薄弱，腐败分子就是意志薄弱者。加强反腐蚀斗争，要从"固心""固本"入手，强化主体的心理抗体，提高各级领导干部的意志力。培养意志力，要着重于从道德教化入手，培养良心道德感。良心是一个人对自己行为所负有的道德责任感。

（三）培养共情领导力

共情领导力是第四次工业革命催生的一种新型领导方式，是党员干部本质属性的内在要求。工业化的革命浪潮推动了组织形态的进化，也对领导模式提出了新的挑战。第一次工业革命，随着纺纱机和蒸汽机的出现，组织形态由手工作坊变为"工厂"。第二次工业革命，随着发电机和灯泡的发明，人类进入电气时代，组织形态进化至以科层制为特点的"公司"。第三次工业革命，随着原子能和电子计算机等多领域取得突破性发展，组织形态进化为真正意义的"企业"。第四次工业革命，伴随着互联网的迅猛发展，组织形态进化为"平台型组织"。

随着高新技术的全面突破，人类进入了"万物互联"的数字化时代和"智能组织"阶段。各种"自组织"高度发达，社会连接更加快速、复杂和多元。政府管理和企业管理从侧重于组织内部转向组织外部、组织边界和微社会，更加重视人和组织的协同、人与人之间的连接。《论语·学而》有言："不患人之不己知，患不知人也。"人与人之间的连接需要认识一致、情感相通。需要领导者通过对人性的把握以及对情感的理解和共鸣，将人与人、人与组织连接起来，实现人和组织的协同共进。这要求领导者具有共情领导力。

数字化时代下的领导者不仅需要与下属共情，还需要与社会共情，党员干部需要与人民群众共情。共情（Empathy）也称同理心，是指理解他人信念、意图、情感并感同身受的能力。具体而言，共情包含认知共情和情感共情。认知共情是识别和分析他人情绪、理解他人思维和感受、站在他人角度思考和看待问题的能力。情感共情是对他人情绪状态感同身受，并做出情感反应的能力。

领导力作为一种人际影响力，是在与他人互动的过程中形成的。领导者必须提高处理人际关系的敏感性、觉知力、沟通力、亲和力、感召力，增进与他人合作共事的和谐度和包容度，从而实现人和社会协同共进发展。

"共情"是中国共产党和中国人民军队的光荣传统。共产党与人民群众是鱼水关系，官兵似兄弟，军民一家亲，心灵相通，志趣相同，情感深厚。以人民为中心，实现社会的和谐发展和有效治理，就是要打造与广大人民群众共情的领导力，形成"同呼吸、共命运、心连心"的情感和利益共同体。

提升共情领导力，要着力培养五力：觉知力、沟通力、信念力、包容力、学习力。觉知力是提升共情领导力的前提。"知人者智，自知者明"。领导者要有清晰的自我意识和自我认知，保持一颗正念心，准确感知他人情绪，并与之产生情感共鸣。沟通力是提升共情领导力的基本途径。运用共情式沟通，用心倾听，真情表达，建立情感联结，增进彼此的信任感。包容力是提升共情领导力的心理基础，需要领导者具有深度把握人性的能力。只有领导和被领导者之间相互理解、相互宽容、相互了解，才能产生互动接纳。信念力是提升共情领导力的核心要素。依靠信念的力量可以把大家凝聚在一起，使人们在遇到困难的时候坚韧不拔，使命必达。学习力被称为第五级领导力。领导者需要建立成长型的思维模式，构建学习型组织，终身学习，实现迭代发展。共情领导力的提升是一个系统工程，需要为每一位成员提供发挥共情领导力的机会，使每个人都拥有共情的素质，形成团结、包容、共进的情感共同体，从而打造以人为核心的组织生态圈。①

五　全球胜任力教育

在中华民族伟大复兴的征程中，中国在全球治理中将扮演更重要的角色，履行更崇高的国际义务，承担更多的社会责任，为构建人类命运共同体做出更大的贡献。中国与世界的联结将更加

---

① 郑晓明、刘琛琳：《共情领导力：数字化时代智能组织管理的新挑战》，《清华管理评论》2020 年第 6 期。

广泛、更加紧密、更加深入，这对国际化人才提出了更高的要求，为此，需要重视培养具有全球胜任力的人才。

所谓全球胜任力，就是良性参与全球竞争与有效合作的能力，在多元化的国际环境中有效学习和工作并能与人很好相处的能力。全球胜任力是未来公民所必须具有的知识、技能和品格，国际化是未来人才必备的本领。根据经济合作与发展组织（OECD）的定义，"全球胜任力"包括四个维度：对全球、区域、跨文化议题的分析能力；对他人的看法和价值观表示理解和欣赏的能力；能够进行开放、恰当、有效的跨文化互动；能够为人类共同福祉与可持续发展采取行动。

培养全球胜任力，需要推进全球共识教育。第二次世界大战后，联合国教科文组织提出国际理解教育的概念，旨在弥补战争给世界人民造成的创伤，促进世界和平。在互联互通的全球化时代，人类面临经济滑坡、气候恶化、生态退化、种族冲突、恐怖主义、流行病暴发、贫困饥饿等世界性难题，解决这些难题需要全球同心协力、合作共进。人类是一个命运共同体，世界是一个地球村。世界各国人民需要以开放、包容、尊重、理解的态度，超越文化差异，消除文化冲突，化解利益诉求矛盾；秉持人类公利大义，找到人类行为的最大公约数，形成全球共生性文化。通过深入推进全球共识教育，厚植人类文明情感，培养具有全球素养的公民，增进中国与世界的良性互动，实现跨文化融合。

培养全球胜任力，需要强化世界知识教育。使人们熟悉全球的时事形势和战略格局，把握基本态势和发展趋势；熟知各主要国家的历史传统、文化特性、民族构成、人口结构、政治体制、经济发展、人权状况、生态环境、科技教育等基本情况；深入了解各主要国家的社会风俗、风土人情、人际交往方式、处事的思维方式和行为风格，通晓国际规则，提高国际科技人文素养。使人们以公正的态度、开放的心态、足够的敏感度，在外事、商事、学习和文化交流活动中，提高对世界文化的理解力，提升对世事的判断力和批判力，锻造博采众长的吸收力和创造力，增强国际交往对话的沟通力。

全球胜任力要在全球平台上培养，世界眼光要在"闯世界"的过程中树立。随着"一带一路"倡议的深入发展，中国企业开始"走出去"，开拓国际市场，实现国际产能合作。中国企业家需要在与国际经济合作中，认识世界，感悟世界，逐步融入世界，锻造国际交往能力。中国公民要积极"走出去"，在实地探访中观察世界，了解世界，提升全球化意识；走出中国看中国，感悟大国担当；走出中国观世界，做跨文化传播的使者。学生可以积极参与国际化交流，在浸入式课堂互动中，开拓全球视野，培养全球胜任力。

全球胜任力的培养，需要强化民族自尊心和民族自信心。对中华民族的自信是与世界交流的根基。留学也好，出国也罢，都不能数典忘祖，崇洋媚外。在国际化的互动中，自我审视，自我觉悟，构建世界大格局观，保持强烈的民族身份认同，秉持自己的尊严与风骨，兼善天下，和谐共处。

第九章　培育强国心态

　　人是万物之灵，心是人之本。人心的治理是社会治理的根本。中国从站起来到富起来再到强起来的强国之路，其实质是一条心理强国之路；实现中华民族的复兴，建设社会主义现代化强国，需要构建与之相匹配的强国心态。

　　当今世界战略力量此消彼长，战略中心不断发生位移，科技发展的先导性更加突出，全球的融合更加紧密，中国发挥的积极作用和影响力不断增长，世界性的发展方式、生产方式、生活方式、交往方式、消费方式等加速变革，当今世界进入了一个大时代。如何适应这种大变革时代、保持战略的主动性？最基本的着眼点是要提高人们的心理适应性，逐渐调整人们的思维方式和战略认知，凝聚全社会的力量，以积极的心态和强国心态去应对面临的问题，促进人类的和谐发展。

　　心态是人对客观现实做出反应的心理态度趋向，喜欢什么，厌恶什么，爱好什么，倾向什么，是消极反应还是积极反应，是持续反应还是短暂反应等都由人的心理态度决定。心态是人的意识、需要、动机、情感、意志、兴趣、理想、价值观、气质、性格等心理状态的综合表现。社会心态是社会群体成员在历史文化和客观现实的作用下形成的共同性心理状态，体现了某一特定时期一定社会群体的心灵世界和精神面貌。个体心态与个人的命运息息相关，群体心态和社会发展密切相连。

培育中国人的强国心态，就是要用积极心态驱散消极心态的阴霾，涵养积极进取、开放包容、自尊自信、理性平和的国民心态，去怨怼之火、褪浮躁之风、蓄积极之气、持中和之度、添阳刚之威、增宽容之心、扩战略之视野。

一　激扬积极心态

调适人们的心态，需要积极心理学。积极心理学是关于人的优秀品质和美好心灵的心理学，是一门关于人的潜能与美德的科学。挖掘和培养积极心理品质、解决人类的心灵冲突是积极心理学的根本宗旨。积极心理学也是构建幸福人生和幸福生活的心理学。

中国共产党的初心和努力，就是要让人民过上美好幸福的生活，使人民群众有更大的获得感和幸福感。幸福与所处的时代背景相关联，受现实的物质条件和精神条件所制约，同时，幸福也是一种主观感受，是一种心理现象。人为什么不幸福？这既有客观原因，如家庭变故、事业受挫、遇到法律风险、生意不顺、贫穷、居住环境不佳、就业状况不良、人际关系紧张、婚姻变故、健康出问题等；也有主观原因，如攀比心增强、期望值增高、物欲放大、情欲泛滥、需求层次低、价值观混乱、信仰缺失、知识贫乏、社会比较偏差等。因此，提高人们的幸福感，需要在创造各种幸福条件的同时，注重人们心态的调适，培育积极心态，提升精神境界。

（一）培育希望心态

希望是当代积极心理学研究的重要范畴之一，是一种情绪和认知并存的心理品质。目标是希望的核心部分，被称为"希望理论之锚"。每个人都有自己的目标，所有的行为都是为了实现目标。目标具有诱发、导向、激励行为的功能。目标的力量是神奇的。

1939 年，15 岁的约翰·戈达德将自己一生想干的大事列了一张表，题目为"一生的志愿"。写下了人生的 127 个目标，如探险尼罗河、亚马孙河、刚果河和长江；学习新几内亚、巴西、肯尼亚、埃塞俄比亚、尼日利亚的文化；攀登珠穆朗玛峰；造访世界每个国家和地区；环球航行四次；参演电影《人猿泰山》；等等。从此，戈达德开启了探险家和目标实现者的传奇生涯。2013 年 5 月 17 日戈达德离世，在 89 年的生命历程中，戈达德经历了无数次生死边缘的体验和无数个难以想象的困难，最后实现了 110 个目标。他的人生格言是："要敢于去做，恐惧就是失败。"戈达德的身上，体现了希望的力量。

1925 年，鲁迅创作了散文诗《希望》。这首诗表达了主人公"希望与绝望"错综复杂的心情和思想矛盾。通过自己内心深感寂寞而又努力打破寂寞，看到绝望而又坚决否定绝望，感到希望渺茫而又确信希望存在的探索，鼓舞青年摆脱绝望消沉，与黑夜做斗争，在"希望"中追寻人生和社会的意义。意大利文学家但丁有一句名言："生活于愿望之中而没有希望，是人生最大的悲哀。"

宋代诗人辛弃疾有诗云："乘风好去，长空万里，直下看山河。"眺望未来，中国仍然处在并将长期处在重要战略机遇期，中国的发展充满了希望。2035 年中国将基本实现现代化，2050 年中国将全面建成现代化强国，美好的发展前景将会强化中国人的希望心态。生活在大时代的中国人，只要心怀希望，奋力前行，就一定会赢得更多的发展机会，获取更多的幸福感。希望心态决定一个人的人生选择。

（二）倡导感恩心态

感恩是中华民族的传统美德。感恩不是西方的舶来品。中国文化孕育着感恩精神。《说文·心部》中解读："感，动人心也。""恩，惠也。"《广韵·痕韵》中说："恩，恩泽也，惠也。"又说："恩，爱也。""感恩"二字连在一起就是感怀恩德的意思。中华民族是一个懂得感恩的民族，中国人自古就懂得感恩。"羊有跪乳之恩，鸦有反哺之义""投我以木桃，报之以琼瑶""滴水之恩，当涌泉相报""知恩不报非君子""谁言寸草心，报得三春晖""衔环结草，以报恩德"等都表现了人们的感恩心理，与之相对应的是，唾弃"忘恩负义之人"，痛恨"恩将仇报之徒"。

中国人首先感恩天地、父母。《诗经·小雅·蓼莪》非常动情地抒写了子女对父母的感恩之情："哀哀父母，生我劬劳……哀哀父母，生我劳瘁。……父兮生我，母兮鞠我。拊我蓄我，长我育我。顾我复我，出入腹我。欲报之德，昊天罔极。"意思是可怜的父母亲啊，为了生我养我受尽劳苦、积劳成疾。父母亲啊，养育我、抚慰我、爱护我、喂大我、教育我、照顾我、关怀我。我要报答父母的恩德，父母的恩德比天还浩大无尽。这首诗至情流露，字字感人。中国人感恩老师。《荀子·大略》云："国将兴，必贵师而重傅……国将衰，必贱师而轻傅。"中国人还讲知遇之恩。《三国演义》中描述："只因一时知遇之感，不觉为之一哭。"诸葛孔明为报答刘备"三顾茅庐"的知遇之恩，一生鞠躬尽瘁，死而后已。①

感恩是发自内心的对待有恩惠的人一种情感和行为。无论尊

---

① 韩星：《中国传统文化中的感恩精神》，光明网，2020 年 4 月 8 日。

卑贵贱，无论何种文化，无论身处何地，感恩精神是普遍的、永恒的。人怀有较强的感恩之心，就会更加亲社会，更加倾向于帮助别人，更能得到人际支持，更能净化心灵。感恩可以营造积极的社会心理环境，使一个国家的文化源泉永不枯竭，感恩之心和感恩之手可以托起一个美好的未来。

（三）培养耐挫心态

正如古语"人之挫折十之八九"所说的那样，人在现实生活中不可能事事如愿。愿望持续得不到满足时，一些人就会出现失望、压抑、沮丧、忧郁、苦闷等紧张心理和情绪反应，心理学称之为挫折心理。人要有一种耐挫力，积极心理学称为"复原力"，或心理恢复力。"复原力"就是遭遇挫折或打击后重新振作的能力。如何面对挫折？在挫折面前不屈服、不气馁，愈挫愈奋，就会产生积极心态，焕发积极的力量。如果意志消沉，颓废沮丧，一蹶不振，就会产生消极心态，造成人生的挫败。

一些人尤其是年轻人，兴趣广泛，勇于探索，富有创造力，但个性不完善、不成熟，有时情绪不稳定，容易偏激，缺乏刻苦努力精神，耐力不强。不完善的个性就容易造成挫折心理。培育积极心态，就是要及时调适挫折心理，提升人们接受挫折的承受力，提高复原力。

古往今来，圣贤名士对待挫折的态度迥异。宋代文学大家苏东坡被贬到黄州，在心理落差极大的情况下，写出了"竹杖芒鞋轻胜马，一蓑烟雨任平生"的诗句。表现了虽处逆境屡遭挫折而不颓丧的倔强性格和旷达胸怀，寄寓着超凡脱俗的人生理想。在去世之前，写下了"心如已灰之木，身似不系之舟"的诗篇。心已死，身已僵，人已了，道出了诗人的绝世心态。

《论语》曰："仁者先难而后获。"孟子云："天将降大任于斯人也，必先苦其心志，劳其筋骨，饿其体肤，空乏其身。"王阳明把人所经历的磨炼比喻成"炼金"，譬之金之在冶，经烈焰，受钳锤，当此之时，为金者甚苦。一定数量和一定强度的挫折能使人增加知识才干，培养坚强的意志、克服困难的毅力和提高对周围环境的适应能力。如何提高人的耐挫力，培养积极的心态？

首先，要树立对待挫折的正确态度。失败中的不屈、厄运中的刚毅、困难中的勇敢是人面对挫折的正确态度。从现实来看，期望水平高则目标难度大，失败的机会也就越多。当困难和打击降临时，唉声叹气、自叹时乖运舛的态度不可取；悲观失望、自暴自弃的态度也不可取；怨天尤人、诅咒命运的态度同样不可取。世界上没有真正的精神"避难所"，也没有超世脱俗的世外桃源。从陶渊明的"采菊东篱下，悠然见南山"，再到苏轼的"小舟从此逝，江海寄余生"的人世解脱心态，我们可以看到，这其实并未带来心灵的安顿和逃脱。

因而，不必做社会生活的旁观者，也不必做逃避遁世者，满怀激情投身现实生活才是正确的选择。即使遇到挫折和磨难，也不要"心衰"而导致进取心的泯灭。

其次，培养良好的意志品质。意志坚强的人，耐挫能力就较强；反之，意志薄弱的人，耐挫能力亦较弱。培养良好的意志，需要树立远大志向。树立坚强意志的前提是有志。"有志者事竟成""三军可夺帅也，匹夫不可夺志也"。古人认为，为学先要立志。墨子有言，"志不强者智不达"。没有伤痕累累，哪来皮糙肉厚，自古英雄多磨难。意志品质的培养主要靠自我教育。

最后，在历史教育和现实教育中渗透耐挫折教育。一部近现代史浸润了辛酸、血泪，写满了挫折、艰难，更显现了挫折中的抗争，记录了刚性的中华民族精神。面对空前灾难，中国人民表现出了愈挫愈勇、发奋图强的坚定意志。在这种历史的、形象的、宏观的、广阔的教育背景中渗透挫折教育内容，说服力强，感染力大，震撼力猛，立足点高，理性意蕴深，会收到显著成效。

与此同时，在现实形势教育中，要有效地开展"两面性"教育。既分析大好形势，也剖析现实问题；既弘扬正气，也鞭挞负义。教育内容不遮丑、不掩饰、不虚构，实事求是，客观公正。引导人们学会辩证地看世界、看祖国、看社会、看人生，这样，人们的脑海中就不仅只有"春和景明，波澜不惊，上下天光，一碧万顷"的美好景象，还可以强化对历史和现实中负面因素的认知，做好应对各种挑战的心理准备，从而提高战胜挫折的心理承受力。"两面性"教育，可以改变人们的心智模式和情感体验。人改变不了客观环境，但可以改变自己，因此可以从调适内心世界入手，用积极心理驱散精神雾霾。

二 弘扬中和心态

"求木之长者，必固其根本；欲流之远者，必浚其泉源。"中华文化的心理特质是伴随中华五千年的历史变迁和社会发展逐步形成的，也是中华文化五千年连绵不断发展的源泉和内在动力。构建强国心态，需要找到文化的源头和根脉，并吸收文化精髓。中华文化的精髓之一就是"中和文化"。"中和文化"几千年来深刻地影响了中国人的心理建构。因此，构建强国心态，需要厚植"中和文化"，让中国文化之树根繁叶茂，使中国文化之河源远流长。

（一）弘扬中华民族的中和心理思想

中国人的认知模式、思维方式、情感态度、价值观念等是以"中"为核心所建构的，"中"处于中国人心理结构的中央和核心。

在中华五千年的发展历史中，"中"的观念被中华各个民族所认同，形成了"中和"的文化心理。"中"代表中心，古人很早就有"求中"的观念。1987年在河南濮阳，考古工作者发现了6400多年前的墓地。墓葬遗骸周围，用蚌壳摆成虎和龙，象征着左青龙、右白虎的天文星座；下面摆了一个象征着北斗的图案，北斗是天的中心。在北斗星下面建国家都城，离天最近，还处在中央。

古代的都城和皇宫选址布局都有择中的传统。夏商时代"求中"于河南嵩山。陶寺遗址、郑州商城、偃师商城、秦汉至唐朝都城、北宋开封都城等都体现了"择中建都""择中建宫"的风格。北京是最后一个封建王朝的都城，从"择中建都"到"择中建宫""择中建庙""择中建殿"，集中国古代都城文化之大成。早在周朝就出现了"宅兹中国"的提法，就是古人选择"中国"（都城）于天下之中的意思。都城的"求中"原则，延续了几千年直到今天。①

儒家、道家、佛家都强调"中"。儒家讲"致中"。"喜怒哀乐之未发，谓之中，发而皆中节，谓之和；中也者，天下之大本也；和也者，天下之达道也。致中和，天地位焉，万物育焉。"达到了中，天地定位了，万物生长了。道家讲"守中"。"夫道者，中而已矣"。道没有别的，就是一个"中"字。佛家讲"空中"，空中即空的中道。②

"求中""择中""用中"的核心概念是要求公平、公允、公正、不偏不倚。以"中"为主体，必然带来平衡协调，实现和谐，形成"中和"理念。中华文化的核心是"中"与"和"的有机结合。"中和"的理念强化了中华民族的大一统心理和国家认同观

---

① 刘庆柱：《我国古代都城遗址的"中和"理念》，光明讲坛网，2019年8月17日。
② 楼宇烈：《中国文化的根本精神》，中华书局，2016。

念，成为中华五千年文明延续的黏合剂，把民族凝聚起来，把大家团结在一起，世代传承，绵延不绝。所以说，中和理念是中华历史文化的心理基因。习近平总书记指出："我们辽阔的疆域是各民族共同开拓的，我们灿烂的文化是各民族共同创造的，我们伟大的精神是各民族共同培育的。中华民族多元一体是先人们留给我们的丰厚遗产，也是我国发展的巨大优势。"中华民族多元一体就是靠中和理念和中和心态凝聚的。

中国的历史进程和文化积淀塑造了中华民族和中国人的"中和"性格。内敛而不张狂，包容而不狭隘，通和而不自封，变动而不失常，柔和而不失刚，圆润而不刁钻，谦虚而不虚伪，敬人而不骄傲，助人不求回报，深悟而又笃行，保守而又进取，独善其身而又兼济天下。与人和善，处事中和，人际和睦，社会祥和，和平共处，以和为贵等，这些民族性格都是"中和"文化最鲜明的体现。

古老的中华文化是多民族、多方向、多地域的文化结晶。丰富的地形地貌和自然环境条件，塑造了中国人不同的心理结构和民族性格。崇山峻岭、广袤平原、漫漫大漠、江河湖海，半封闭的边缘地理特点，风俗各异的多民族，使中华民族形成了中原文明、游牧文明、高原文化、沟壑文化、楚文化、吴越文化、巴蜀文化、闽越文化等，不同地域各具风情的文化群体，造就了中华文化"和而不同"和中国人独特的心理结构。

（二）构建中和心态的性极平衡

"允执厥中"的匾额悬挂于故宫中和殿，由清朝乾隆御笔书写，此语出自《尚书·大禹谟》。"允执厥中"是指言行不偏不倚、符合中正之道。构建强国心态，需要打造"和谐心理场"，遵循性极平衡理论，做到公正公平、中庸厚道、理性温和、不走极端。

性极平衡就是在心态两端找到中间的平衡点，达到阴阳互补、刚柔相济、允执其中的最佳平衡状态。中国人心态的涵养，既要有阳光般的灿烂，也要有雨露般的滋润。日月同辉，天地共存。万物生长靠太阳，雨露滋润禾苗壮。心态的平衡点，就是处置问题的最佳度，适度原则是心态调整的最高法则。保持中和心态，就是要找到以下平衡点，做到适中有度。

人有"为我"的本性，但过分自私就会自我毁灭；要在"为己"和"为他"之间找到平衡点，学会利他和分享。

人需要艰苦奋斗和节俭，但生活条件好了，也要适度享乐。人需要自信，但过分自信，就变成了自负，就会膨胀，就会忘掉初心，就会做出失败的选择。

人不自信就会自卑，自卑就会导致自我萎缩，因此需要在自卑、自负和自信之间找到平衡点。人需要谦虚，但过分谦卑就会唯唯诺诺；人有了成绩不能沾沾自喜，过了就会目空无人、傲慢自大，需要做到既谦虚谨慎，又要积极表现。

人做事需要主动而为，超越界限和规则就变成了乱为；人需要沉稳地做好自己分内的事，但也要稳中求进、进中求变。

人需要正义感，对黑恶势力、不良现象要有愤慨之心，但以恶还恶、以怨报怨、情绪暴躁、丧失理性就会走极端，因此需要在愤慨中保持平和。既不妄自尊大也不妄自菲薄，要有理有利有节，反对极端行为。

人需要保持乐观情绪，但看不到乐观中的隐患，就会乐极生悲；如果过于担忧，事事如临大敌，处处小心谨慎，就可能变得胆怯懦弱，平添烦恼。因此，既要大胆行事，也要小心谨慎。

人需要保持相对的内敛、自我克制，不能太张扬，但也不能太封闭，要主动而为。人不能太计较，要多一些理解和宽容，但什么都不计较，遇事和稀泥，做老好人，就会是非不分、丧失底线，因此要做到该计较时则计较，该宽容时则宽容。

人需要梦想，需要理想的灯塔，但脱离实际的梦只是一场白日梦；人如果太现实主义，就看不到未来的希望，必须在理想和现实之间找到结合部，既仰望天空，又脚踏实地。

中和心态就是一种理性心态：雄健沉稳，表里统一；不急不躁，进退自如；谨慎思考，大胆行事。中和心态就是一种辩证心态：两极互联，首尾相顾；方圆得体，显隐有度；聚散互换，守常创新。

三　厚植包容心态

包容性发展是当今时代的主题。包容性发展是指人与人、人与社会、人与自然的和谐，是包括 GDP 增长指数、人类发展指数、社会发展指数、社会福利指数、幸福指数在内的全面发展。其宗旨就是要实现社会普惠、区域均衡、国际共赢、文化共融、人与自然共生。包容性发展理念是用以解决当前世界经济、政治及安全等方面所面临的世界级难题的一把"金钥匙"。中国是包容性发展的积极倡导者和实践者，在各种场合多次强调"包容性发展"。"包容性发展"第一次写入了中国的"十三五"规划。近年来，中国在与广大发展中国家的交往中，也一直贯穿着包容性发展理念。

中国地处世界东方，人口众多，地域辽阔。西边有青藏高原、昆仑山脉；北边有蒙古高原，东临大海；黄河、长江贯穿东西；气候多样，热带、亚热带、温带等气候条件下的生存方式孕育了不同的生产方式和生活方式，涵养了中国人"和合南北、泽被天下"的包容心理。包容性文化是中国人的生存智慧。千百年来，包容不同民族的文化差异，包容东西方文化，开放包容的传统文化源远流长。

开放包容精神是中华优秀传统文化的核心和精华。华夏民族具有同化、融合异域民族的强大包容力，同时也不断吸收兄弟民族的优秀文明成果。春秋时代的"百家争鸣、百花齐放"的开放包容文化，催生了诸子百家思想，促进了文化繁荣，实现了文化大融合。北魏孝文帝是中国历史上杰出的少数民族政治家、改革家，提倡学汉字、穿汉服，实行汉人礼俗，改鲜卑姓为汉姓，鼓励联姻，改革北魏政治制度，缓解民族隔阂，史称"太和改革"，使华夏文化与异域文化得以良性互动和融合发展。

唐朝是一个包容性很强的时代，对少数民族、域外文化和外来宗教实行开放政策，接纳包容外来文化。在内部，促进了儒道佛文化的相互渗透融合。在外部，促进了唐文化与日本、朝鲜、东南亚各国，乃至中东、北非等国的交往；对待藩属国或异族文明采取"多予少取，平等友善"的宽容态度。开放包容文化造就了唐朝的辉煌和繁荣，使之成为当时世界上最强盛的国家。

世界文化的包容和国际关系的容和性是一种全球化的必然趋势，尊重其他民族的文化是世界文明体系存在的基础。世界是相互依存的，文化也在相互依赖中共生发展。世界文化水乳交融，没有文明共存，没有文化的包容，就不可能有人类文明的共同进步。培植强国心态，必须以包容之心看待中西文化差异，在差异中学会包容。

（一）包容吸纳跨文化之长

海纳百川，有容乃大。正如法国文学家雨果所言，世界上最宽阔的是海洋，比海洋更宽阔的是天空，比天空更广阔的是人的胸怀。在国际社会相互联系日益紧密的今天，在全球化不可逆转的历史条件下，在人类文化和文明的碰撞中，培育中国人的包容心态，需要以国际化视野，以更加开放的胸襟，以推动人类进步的深厚情怀，吸收各民族文化之长，求同存异，包容互鉴，相向而行，融合发展。中国要实现现代化需要借鉴和吸收不同文明的精髓。

西方文化曾经创造过历史的辉煌。文艺复兴运动是西方第一次思想解放运动。恩格斯高度评价文艺复兴运动的历史作用，曾说道："是一次人类从来没有经历过的最伟大的、进步的变革，是一个需要巨人而且产生了巨人——在思维能力、热情和性格方面，在多才多艺和学识渊博方面的巨人的时代。"[①]

文艺复兴运动催生了很多思想巨匠和文艺大师。但丁的《神曲》，薄伽丘的《十日谈》，达·芬奇的《最后的晚餐》《蒙娜丽莎》，莎士比亚的《哈姆雷特》《罗密欧与朱丽叶》，托马斯·莫尔的《乌托邦》，塞万提斯的《堂吉诃德》，哥白尼的《天体运行论》，马基雅维利的《君主论》等，对当时的政治、科学、经济、哲学、神学都产生了极大的影响。

启蒙运动是西方在文艺复兴运动的基础上展开的第二次思想解放运动。持续近一个世纪的启蒙运动，覆盖了自然科学、哲学、伦理学、政治学、经济学、历史学、文学、教育学等各个知识领域。启蒙运动就是要启迪蒙昧，反对愚昧主义、封建专制主义和特权主义，宣传自由、民主和平等的思想，试图用理性之光驱散黑暗，开启民智，把人们引向理性光明。启蒙运动造就了霍布斯、洛克、孟德斯鸠、伏尔泰、狄德罗、卢梭、康德等一批哲人。

启蒙运动也对中国产生了很大影响。19世纪末20世纪初，中国出现一批启蒙学者，开始介绍启蒙思想，试图推进中国的思想和政治变革，1898年的戊戌变法深受启蒙运动的影响。严

[①]　恩格斯：《自然辩证法》，载《马列著作选读》，人民出版社，1988，第137页。

复先后翻译了 T.H. 赫胥黎的《天演论》、孟德斯鸠的《论法的精神》、亚当·斯密的《国富论》、H. 斯宾塞的《群学肄言》等七部著作。

始于 19 世纪 60 年代的英国工业革命，历经一百年时间，是人类历史上第一次大规模的生产技术变革、生产方式变革、效率变革和质量变革。人工手段被机器手段所代替，手工业经济被工业经济所取代，实现了机械工业化的跃迁。英国工业革命的影响波及整个西欧和北美，并扩展到东欧和亚洲，不断掀起世界上的工业化高潮。英国工业革命催化了世界格局的重组和变革，影响着现代世界体系和世界市场的形成。

回顾西方千百年的变迁，需要以理性扬弃的精神和批判容纳的心态，找到我们所需要借鉴的东西。

西方有崇尚科学和勇于创新的传统。亚历山大东征后，促进了东西方文化的交流，在广泛吸收东方文化成就后，在天文学、地理学、生物学、物理学、数学、史学等方面都取得了突破。西方科学的发展，孕育了西方人的创新思维和重视科学的意识。

今天，我们需要虚心地学习西方的科学创新精神，重新确立新型科学发展观。以包容的心态，放下历史包袱，强化科学意识，提高警觉性和危机感，激发创新精神，扬长避短，加大自主创新，营造宽容失败和鼓励创新的心理氛围，迅速实现赶超。

法律观念在西方流行更为广泛。孟德斯鸠是法国启蒙运动的杰出代表和著名法学家，其所著的《论法的精神》阐述了自然法理论、法和法律定义、法律与政体关系、政治自由等，对西方社会治理产生了深远影响。西方市场经济的孕育比中国早了几百年，市场观念、法治观念、契约文化渗透于整个社会生活的方方面面。对中国而言，法治兴则国家兴。法治昌明，就会国泰民安；法治松弛，就会国乱民怨。中国法治建设的深入推进，依法治国的局面逐步形成，有赖于全民法治意识的提升和强化。

中国人强国心态和包容心理的形成和培养，需要保持战略定力。中国虽然已经有较强的国际地位，但我们始终不盛气凌人、不傲慢膨胀、不沾沾自喜、不唯我独尊。国家越是强大，我们越是平和；世界越是复杂，我们越是理性。中国永远不会称霸。只要是有利于中国的发展，只要是有利于人类和个人的进步，我们都虚心接纳。

（二）跨文化的双向包容

包容是双向的，学习是相互的。中国包容世界，世界包容中国。中国向世界学习，世界也应该向中国学习。近年来，西方一些人的心态变得自私、狭隘、小气、妒忌，怨恨情绪日盛，不是开放心态，而是封闭心态；不是融合心态，而是隔绝心态；不是合作心态，而是对抗心态。中国和西方应在相互借鉴中找到共识、契合点和利益交汇处。

无论是西方文明，还是东方文明，都有共同的价值追求。和平、发展、公平、正义、自由、平等、民主等，是全人类的价值追求，更是中华文化和中国人的价值追求。中华优秀传统文化和社会体制，塑造了中国人的集体主义价值观。同西方一些国家相比，中国人更强调天下是天下人的天下，这种"天下观"是一种集体主义的天下观，更强调集体主义精神。尊重中国人，就应该尊重中国历史形成的价值观。

从不同的观念出发，在义利观上就表现出东西文化的差异。西方文化偏重功利，利益是核心原则。中国文化更偏重道义，强调以义为本。当义利相冲突时，要舍利取义、舍生取义。新冠肺炎疫情暴发期间，中国人和西方人形成了鲜明的对比。中国人表现出更强的组织性、纪律性和自律性。

英国哲学家霍布斯谈到的自然状态理论，把自然状态看作是"任何人反对一切人"的战争，整个社会充满了冲突。过分夸大人与人的敌对，过多强调个体的自主状态，缺乏社会性。中国古代荀子把自然状态看成是群体之间合作与冲突的悖论。认为人的欲望导致冲突，人同时还要合作。人是群体的存在，离开群体就无法存在。人先形成"群"，由于分利不均导致冲突，"无分则争"。合作在先，冲突在后。合作先于冲突，合作大于冲突。

文化的差异始终是存在的，求同存异、互鉴优长、补足短板是中国人持有的包容心态。培育这种心态是时代的要求，是中国发展的必然，需要我们在互动中学习，在学习中借鉴，在借鉴中发展，做一个胸怀大度、视野广阔的中国人；做一个有理有度、有情有义、有礼有节的中国人；做一个与大国强国相适应的具有包容品质的现代中国人。

四　锻造强者心态

伴随中国的崛起和强大，中国人需要培植胜者思维和强者心态。面对国际风云变幻，中国人不能退缩回避，而是要勇敢面对。兔子可以隐蔽在草丛后面，大象则无法藏身于大树。在现代化征程中，只有提高全民族的心理强度，才能够使中华民族成为真正的强者，才能够扮演好中国人所需要扮演的角色；只有勇于面对风浪，才能够到达胜利的彼岸；只有敢于挑战困难，才能够走好强国之路。

（一）敢于亮剑心态

强者敢于亮剑。中国共产党的百年历史，谱写的是一部强者之歌。中国共产党领导的革命军队，就是在无数次的亮剑中，打败了一切敌人。"人不犯我，我不犯人；人若犯我，我必犯人。"这就是毛泽东对待来犯者的态度。1950年派志愿军入朝作战，是毛泽东一生最难决策的战略问题之一。当时美军地面部队大举越过三八线向中朝边境进攻，中国邻边地区遭到飞机的轰炸，战火已经烧到了中国大门口。刚刚成立的新中国，千疮百孔、百废待兴，军队武器装备远远落后于美国。中国出兵与美军作战，能打赢吗？毛泽东思之再三，以参战利益极大、不参战损害极大的充分理由，统一全党思想，做出抗美援朝、保家卫国的重大战略决策。在极端困难的条件下，经过艰苦卓绝的努力，最终是"打得一拳开，免得百拳来"。

党的十八大以来，习近平主席对军队提出了"能打仗、打胜仗"的总要求，启动和领导了军队的重塑性改革，使人民军队的战斗力呈现出大幅跃升。在最近的一次边界冲突中，我军的边防团长、营长身先士卒，在面对数倍于我的敌军进攻时，张开双臂，大义凛然，挡住并指挥部队粉碎了敌人的进攻，大有"横刀立马之势"。这就是中国军人的血性，这就是亮剑精神，他们把国家利益深深融入自己的血液中。戍边的英雄烈士们在战地日记里写道，"清澈的爱，只为中国"。祖国在心中，才有亮剑的勇气。

2014年10月30日，习近平总书记在古田镇召开的全军政治工作会议（被称为"新古田会议"）上提出，要着力培养"有灵魂、有本事、有血性、有品德"的新一代革命军人。他多次强调，和平环境，绝不能把兵带娇了，威武之师还得威武，军人还得有血性。"教兵之法，练胆为先"。战争是实力的对抗，也是勇气的较量。血性是军人的本性，是打胜仗的底气。

从辩证法的角度分析，只有敢于斗争，才有可能减弱斗争的强度。中国有一句俗语，困难像弹簧，你强它就弱。只有敢于亮剑，才能在斗争中求和平，这就是强者心态。在国际关系中，要力求主动，在经济贸易、科学技术、文化交流等方面进行广泛的合作。团结一切可以团结的力量，刚柔并济，分化削弱对抗力量，突破所谓的战略围堵。始终坚定地倡导新型国际关系，不对抗，不搞冲突，相互尊重，实现合作共赢。深化"一带一路"合作，让沿线各国获得最实在的利益，普惠于各国人民，增强中国和国际社会的连接性和黏合度。

在国际斗争中，需要培养一种成熟的心态。强者不是鲁莽、不是甩把式，强者要有真正的民族血性。"对青天而惧，闻雷霆不惊；履平地而恐，涉风波不疑"。既不狂妄自大，又不自卑多疑；既要勇于面对，又要谨慎行事；既要把握优势，又要看清劣势；既要敢于亮剑，又要善于斗争。内隐与外显有度，刚性与柔性互补，进退自如，浑然一体。

（二）勇攀高峰心态

强者敢攀高峰。强者不是蛮横、不是好斗；强者自强不息、作风顽强，勇于挑战困难；强者注重对时代的引领。20世纪50年代初，钱学森面对美国的重重阻挠，不气馁，不动摇，哪怕关隘万千重，回到祖国的决心不改。钱学森回国效力，大大推进了"两弹一星"的研发进程，缩短了与西方国家的距离和"时差"。

1960年11月5日，中国第一枚导弹发射成功；1964年10月16日中国第一颗原子弹爆炸成功，使中国成为第五个拥有原子弹的国家；1967年6月17日中国第一颗氢弹空爆试验成功；1970年4月24日中国第一颗人造卫星发射成功，使中国成为第五个发射人造卫星的国家。邓小平说过："如果六十年代以来中国没有原子弹、氢弹，没有发射卫星，中国就不能叫有重要影响的大国，就没有这样的国际地位，这些东西反映一个民族的能力，也是一个民族、一个国家兴旺发达的标志。"①

"两弹一星"事业的巨大成功，有赖于党中央毛泽东的英明决策和各方面的有力支持，也有赖于"两弹一星"功臣们所发挥的极其重要的作用。他们中的许多人放弃在国外优越的科研和生活条件，回到祖国后，默默无闻，隐姓埋名，艰苦奋斗，以"中华民族不欺侮别人，也绝不受别人欺侮"的坚定信念，以"别人能做得出来，我们也能做得出来"的敢攀高峰的豪迈气势，以其惊人的智慧和高昂的爱国主义精神创造着人间奇迹。

2020 年 12 月 4 日，国际学术期刊《科学》公布了中国量子计算原型机"九章"的重大突破，外媒称赞这是重要里程碑。"九章"的问世，使中国成为全球第二个实现"量子优越性"的国家。中国科学家潘建伟、陆朝阳等，以强者心态屹立在世界量子技术的高峰。成功构建 76 个光子的量子计算原型机"九章"，求解数学算法高斯玻色取样只需 200 秒，这比日本的"富岳"超级计算机，处理特定问题的速度快 100 万亿倍，比谷歌发布的 53 个超导比特量子计算原型机"悬铃木"还要快 100 亿倍。②

中国人需要鼓起勇气，下定决心，排除万难，各行各业和各个领域，以胜者思维和强者心态，披荆斩棘，乘风破浪，克服困难万千重，不断攀向世界科技高峰。

（三）善于学习心态

强者善于学习。强者不是自以为是、狂妄自大；强者是谦虚谨慎、戒骄戒躁；强者是海纳百川，善于学习一切值得学习的"东西"。中国的发展是一个学习借鉴和实践总结的过程，世界因

① 《中国必须在世界科技领域占有一席之地》，《邓小平文集》（第三卷），人民出版社，1993。
② 《中国科学技术大学：量子计算机原型机"九章"问世》，安徽网，2020 年 12 月 5 日。

文化多样而交流，因交流而借鉴，因借鉴而发展。公元629年，年仅29岁的玄奘带领一个弟子离开京城长安，翻越雪山大漠、绝壁深渊，历尽艰难险阻，最后到达了印度。47岁回到长安，带回经书657部。当今，跨文化的联系更加紧密，必须以学习的心态，吸纳各个国家、各个民族之所长。只要是有利于我们发展的，只要是可以帮助我们成长进步的，都可以学习借鉴。

当今人类社会，知识和信息呈现爆炸性发展趋势。当下，如何在充满竞争的时代立足于不败之地，如何在知识的海洋中自由翱翔，如何探索和走向"自由王国"，唯有学习，学习是根本要义。孔子说，"学而无厌，诲人不倦。"学海无涯，学无止境。只有不懈地学习，才能跟上世界和时代的步伐，才能成长进步。汉代刘向的《说苑·建本》记载：春秋时期晋国著名乐师师旷曾劝学晋平公："少而好学，如日出之阳；壮而好学，如日中之光；老而好学，如秉烛之明。秉烛之明，孰与昧行乎？"学习就如太阳，如烛火，如大海中的灯塔，让我们在黑暗中看清方向，找到道路。师旷用"日出""日中""秉烛"来说明学习的重要性和人生学习的三个阶段，鼓励人们要活到老、学到老。

北宋欧阳修在《欧阳文忠公文集》中说："立身以立学为先，立学以读书为本。"谈到学习和读书的重要性。学习是校正世界观、人生观、价值观的立身之镜，常照学习之镜，能够帮助自己正衣冠，修形象，去污垢。歌德曾说："人不光是靠他生来拥有一切，而是靠他从学习中所得到的一切来造就自己。"

对于中国人来说，需要强化学习和思考的心态。珍惜时间，热爱生命，让持续学习、终生学习成为一种常态。"三人行，必有我师"。虚怀若谷，向周围的人学习，"择其善者而从之，其不善者而改之"。培养学习心态，需要不断地学习新知识，保持"前沿心态"和思想活力；通过学习增加认识厚度，厚植社会情感，提升人生境界，找到生命意义，使每一个中国人点亮自己，照亮别人。

（四）培养卓越的成就感

强者具有卓越的成就感。一个民族，一个国家，在激烈的竞争中能否自立于世界之林，从心理因素分析，关键看其国民是否具备积极进取、勇于开拓、励精图治、追求辉煌、不折不挠、勇攀高峰的成就感。卓越的成就感是现代人最主要的特征之一。

美国社会心理学家戴维·麦克莱伦曾用 20 多年的时间，研究了各国社会国民自我成就需要与经济增长之间的关系，得出了"成就需要是社会文明和经济发展或升或降的主要因素"的著名定理。他用作品分析法进行研究发现，国民成就需要和动机的改变比经济变化早 30~50 年。也就是说，国民成就动机水平决定国家未来 30~50 年的发展。

培养成就感，需要把激励和保护国民成就需要的做法，作为一项基本国策，建立完善的竞争机制。在政治上建立激发人的成就需要的各种具体制度，如功绩制度、职业流动制度、评价考核制度、荣誉奖励制度。在实践中把个人获取的成就与工资、晋级、提升、荣誉等利益诱因联系在一起。在文化观念上造就崇尚成功的社会风尚，提高民众对追求成就的心理期望值。

培养成就感，需要强化竞争意识。社会竞争可以根治心理的"稳态症"，消除心理惰性，这种惰性表现为顽强的守旧的心理定式，对层出不穷的新事物、新经验反应冷淡，漠然视之。只有根除心理上的"稳态症"，才能促进人们去接触新事物、寻求新目标。

（五）崇尚英雄心态

强者崇尚英雄。"一个有希望的民族不能没有英雄，一个有前途的国家不能没有先锋。"英雄是一个民族昂扬精神的象征，是崇高精神品格的化身，是彰显民族风骨和气节的脊梁，是人们美好理想的寄托。英雄文化蕴含着对英雄的历史认同、价值认同和情感认同，是一个民族、国家的精神长城。英雄心态凝聚了民族和国家崇尚英雄的深厚情感，并把英雄的精神特质作为价值追求的一种"自觉文化形态"。一部中国文化史，就是一部中华民族英雄史。"一个没有英雄的民族是不幸的，一个有英雄却不知敬重爱惜的民族是不可救药的。"继承英雄精神，弘扬英雄文化，培养英雄心态，是历史和时代的呼唤。

人民军队是一支能征善战、功勋卓著的英雄军队，英雄文化始终是构筑我军强大凝聚力、向心力、战斗力的重要文化支撑。英雄文化是培育优秀军人的丰沃土壤，成为我军建设发展中最具生命力的活性因子。无论是战争年代，还是和平时期，英雄辈出，群星璀璨。在我们身边，有许许多多不顾自己而勇赴急难的英雄。正如司马迁《报任安书》所说："常思奋不顾身，而殉国家之急。"林俊德就是这样的人，他作为全军挂像英模，一辈子隐姓埋名，52年坚守罗布泊，参与了中国45次核试验任务。"死在戈壁滩、埋在青山头"的奉献精神，为后人所敬仰。

"时代楷模"张富清是一位战功显赫的老战斗英雄，立过特等功一次、一等功三次，荣获两次"战斗英雄"称号。退役后主动到最艰苦的地方去，扎根基层一辈子，从转业到离休，30年时间，这位曾经的战场排头兵一直默默地做着一颗螺丝钉。60多年深藏功名，其功绩无人知晓。用自己的朴实纯粹、淡泊名利书写了精彩人生。

什么样的人是英雄？在血与火的战场上可以产生英雄；在和平建设时期，在平凡的岗位上，在平常的日子里，同样也可以产生默默奉献的英雄。无论是对社会做出巨大贡献，还是在危难时刻挺身而出、见义勇为，都是闪耀着大爱精神的真英雄。近年来，涌现了一批"时代楷模"和"最美教师""最美司机""最美卫士"等"最美中国人"。时代楷模就是在某个特定的社会历史时期内，对人们的思想和行为产生巨大而深远影响的，值得人们学习、尊敬、传颂的人物。他们的"美"，在爱心、在善良、在奉献，体现了当代社会的道德高度，传承了雷锋精神，诠释了社会主义核心价值，代表了时代的精神主流。

"时代楷模"就是时代的英雄。英雄就在你我身边，伟大出自平凡。英雄，不过是普通人拥有一颗伟大的心。他们很平凡，但他们的至善、大爱、勇敢和担当，无时无刻不在激发向上向善的精神力量，凝聚社会前行的力量。

2020年12月12日，张桂梅被中宣部授予"时代楷模"的称号，她的英雄事迹感动了国人。2008年以来，她凭自己的力量，改变了1800多个女孩的命运。这些"山里的女孩子"，不少上了国内著名大学，有的做了警察，有的成为医生，有的成为律师，有的成为教师。张桂梅说："一个女孩可以影响三代人。"张桂梅扎根于最基层最贫困地区，坚守贫困山区40余载；生活清苦，节衣缩食，身患多种疾病，却常常超负荷工作，以惊人的毅力克服病痛的折磨，始终坚守在工作一线。

"时代楷模"黄大发担任团结村党支部书记期间，自20世纪60年代起，带领200多名群众，历时36年，靠着锄头、钢钎、铁锤和双手，硬生生在绝壁上凿出一条长9400米、地跨3座大山和3个村的"生命渠"，结束了当地长期缺水的历史，使草王坝粮食年产量从原来的6万斤增加到近百万斤，被当地群众亲切地称为"大发渠"，黄大发被称为"当代愚公"。"水过不去，拿命来铺"，这是一个老党员为人民立下的誓言，体现了一种英雄气概。

"天地英雄气，千秋尚凛然"。崇尚英雄才会产生英雄，争做英雄才能英雄辈出。"为草当作兰，为木当作松"，做人就要争当英雄。倘若全社会都厚植一种崇尚英雄的心态，把敬重爱惜英雄作为一种社会时尚，营造以当英雄为荣的社会氛围，形成追崇英雄、争当英雄的群体自觉，用英雄精神塑造新时代应有的英雄情怀和精神风貌，让英雄文化成为伟大时代的主旋律，就一定能唱响为实现强国梦而不懈奋斗的浩然正气歌。

2021 年 5 月 22 日，吴孟超院士与袁隆平院士先后辞世。5 月 23 日，新华每日电讯发表题为《全网悼"双星"是宝贵的社会风向标》的评论。"双星"陨落，国人同悼。自发的悼念和追怀，将形成强大示范效应，让我们的社会更加正气浩荡，让我们的民族精神更加挺立，让我们的时代英雄辈出。

五　塑造健康心态

国强在于民强，民强在于体强，体强在于心强。中华民族的复兴依靠中国人，中国人的基础是健康。健康中国是强国之基，立国之本。多年来，联合国世界卫生组织不断修订和更新健康的定义，认为健康不仅是没有疾病，而且包括躯体健康、心理健康、社会适应良好和道德健康等。只有心理健康的人才能发挥个人的最大潜能，才能取得更大的成就。构建强国心态，要以心理健康为基础。心理强国之路，首先需要促进全民族的心理健康，塑造中国人的健康心态。

世卫组织总干事谭德塞在 2020 年 8 月 27 日的记者会上说，新冠肺炎疫情影响全球数百万人的精神健康。全球范围内，精神健康已经是一个被忽视的健康问题。全球有近 10 亿人受到不同程度的精神健康问题影响，有害使用酒精导致每年有 300 万人死亡，平均每 40 秒就有 1 人死于自杀。但是只有少数人能享受高质量的咨询和治疗服务。在中低收入国家，患有精神疾病、神经和药物滥用问题严重，有 75% 以上的人不能享受任何治疗。[①]世卫组织呼吁大规模增加对精神卫生的投入。

中国的精神和心理问题，还达不到谭德塞所描述的那种严重程度。但是，现代社会给人们带来的精神心理困扰不容忽视，一代又一代中国人的健康成长，也是一个大战略问题。中国人精神心理面貌的强大，决定中华民族的强大。"心净则国土净，心安则众生安，心平则天下平"。

心理疾病的逐年增多成为世界性的普遍问题，也是中国亟须解决的现实问题。《黄帝内经》提出的"不治已病治未病"的思想，把防治疾病分成两种形式：一是"治未病"，这是积极的；一是"治已病"，这是消极的。如果把它用于人的心理健康教育方面，就应当采取"治未病"的积极形式，在人尚未产生心理问题时，就有目的地提高他们的心理素质，促进心理健康，防止心理问题和心理疾病的发生。

古人说：怒则气上，喜则气缓，悲则气消，恐则气下，惊则气乱，劳则气耗，思则气结。身心健康不可分。用积极情感抵御消极情感，用积极心理抗拒消极心理，是保障心理健康和生理健康的重要手段。情感是人类进步的亘古不变的力量。列宁认为，没有人的情感就从来没有也不可能有人对真理的追求。人的心胸之所以博大，就是因为人有着丰富的情感世界。情感如高山，巍峨而绵延；情感似天空，深远而宽厚；情感像大海，永恒而深邃。培养和调整心态，促进心理健康，就是要厚植深邃博大的情感。每一个中国人，尤其是党员干部，都应该培植深厚的家国情怀。

---

① 《世卫：全球近 10 亿人受精神健康问题影响，每 40 秒就有 1 人死于自杀》，北晚新视觉网，2020 年 8 月 28 日。

国民心理健康是百年工程、千年大计、恒久事业，关乎国家的繁荣富强。因此，必须制定更高的标准，达到更高的水平，使中国人普遍建立起一种比较理想的心理结构和心理健康状态。衡量一个人的心理健康模式，主要有以下六种标准。

——心理成熟度高。心理行为符合年龄特征。在人的生命发展的不同阶段，都有相对应的心理行为表现，从而形成不同阶段独特的心理行为模式。心理健康的人，认识、情感、言行、举止都符合他所处年龄段的心理特点，表现为精力充沛、勤学好问、喜欢探索、反应敏捷、行为果断。过于老成、幼稚和依赖都是心理不健康的表现。

——人际关系和谐。心理健康的人乐于与人交往，能够接受他人，悦纳他人，能认可别人存在的重要性和作用；在与他人交往的过程中，有着尊重、信任、友爱、宽容、理解的态度；能分享、接受、给予爱和友谊，与集体保持协调的关系；能与他人同心协力，合作共事，乐于助人。心理不健康的人，总是与集体和周围的人格格不入。

——情绪积极稳定。在生活工作中，愉快、乐观、开朗、满意等积极情绪状态总是占优势，有了这些情绪就会对生活和未来充满希望。虽然也会有悲、忧、愁、怒等消极情绪体验，但一般不会长久，并能进行自我调节，迅速恢复到轻松愉快的情绪状态。心理健康的人还有适度表达和控制情绪的能力。

——意志品质健全。心理健康的人，果断、坚韧、自制。在学习、工作、执勤、战备等任务中不畏困难和挫折，知难而上，持之以恒；需要做出决定时，毫不犹豫，当机立断；还能够为了达到目的而控制一时的感情冲动，约束自己的言行。

——自我意识正确。心理健康的人能体验到自己存在的价值，既能了解自己，又接受自己，有自知之明，对自己的能力、性格和优缺点能做出恰当的、客观的评价；对自己不会提出苛刻的、非分的期望与要求；生活目标和理想切合实际，因而对自己总是满意的，即使对自己无法补救的缺陷，也能正确待之。

——环境适应良好。对环境的适应能力是人赖以生存的最基本条件，"适者生存"是生物进化的普遍规律。人所处的内外环境是不断变化的，因此要求人对各种变化做出适应性反应。而能否适应变动着的环境，是心理健康的重要标志。有的人适应能力较差，环境一旦改变，就紧张、焦虑、失眠，有的人则适应能力良好，很快就能调节自己。①

以上的心理健康标准是一种理想尺度，指明了提高心理健康水平的努力方向。增强全民心理健康是国家的大战略。

因此，构建心理健康的社会调节机制，建立社会心理咨询体系，普遍开展心理健康教育，普及心理卫生知识，及时调适人们的不健康的心理，提高全民的心理健康水平，已经成为中国现代化建设的一项重要任务。

2021年是中国共产党的百年华诞，从现在开始，我们踏上了建党后第二个一百年的伟大征程。追昔抚今，畅想未来，我们将永远铭记"来时路"之苦难，扛起"脚下路"之责任，坚定"未来路"之梦想，创造新的辉煌。始终把新理念、新思想、新战略融入血脉灵魂，沉淀心灵深处，化为行动自觉；以崇高的远大理想、浓厚的民族情感、坚强的战斗意志、强烈的实干担当，育先机，开新局，结好果，实现中华民族复兴，为人类做出更大的贡献。站在第二个一百年的起点，"不驰于空想、不骛于虚声"，脚踏实地，攀登世界高峰。

---

① 刘红松主编《军人心理学》，国防大学出版社，2000，第180、181页。

主要参考文献

《毛泽东选集》（第一卷），人民出版社，1991。

《毛泽东选集》（第二卷），人民出版社，1991。

《毛泽东选集》（第三卷），人民出版社，1991。

宫玉振：《善战者说——孙子兵法与取胜法则十二讲》，中信出版社，
　　2020。

贾根良：《国内大循环：经济发展新战略与政策选择》，中国人民大
　　学出版社2020。

贾英健等：《哲学思维与领导能力提升》，人民出版社，2020。

姜义华：《中华文明的根柢：民族复兴的核心价值》，上海人民出版
　　社，2012。

刘红松主编《军人心理学》，国防大学出版社，2000。

刘翔平主编《积极心理学》（第2版），中国人民大学出版社，2018。

楼宇烈：《中国文化的根本精神》，中华书局，2016。

聂其洪主编《市场经济与国防发展战略》，军事谊文出版社，1994。

屈全绳、刘红松主编《和平演变战略及其对策》，知识出版社，
　　1990。

于汝波、刘庆：《中国历代战略思想教程》，军事科学出版社，2013。

中共中央文献研究室：《习近平关于社会主义政治建设论述摘编》，
　　中央文献出版社，2017。

中华人民共和国国务院新闻办公室:《中国的军事战略》,人民出版社,2015。

〔奥〕阿尔弗雷德·阿德勒:《自卑与超越》,杨蔚译,天津人民出版社,2017。

〔法〕古斯塔夫·勒庞:《乌合之众:大众心理研究》,戴光年译,新世界出版社,2019。

〔德〕赫尔曼·西蒙、杨一安:《隐形冠军:未来全球化的先锋》,张帆等译,机械工业出版社,2019。

〔德〕黑格尔:《小逻辑》,贺麟译,商务印书馆,1997。

〔美〕安迪·格鲁夫:《只有偏执狂才能生存》,中信出版社,2014。

〔美〕斯蒂芬·平克:《人性中的善良天使——暴力为什么会减少》,安雯译,中信出版社,2015。

〔美〕斯金纳:《超越自由与尊严》,陈维刚等译,贵州人民出版社,2006。

〔美〕约翰·刘易斯·加迪斯:《论大战略》,臧博、崔传刚译,中信出版社,2019。

贾立政:《关于新发展阶段意识形态领域使命的思考》,《人民论坛·学术前沿》2020年第24期。

汤一介:《"太和"观念对当今人类社会可有之贡献》,《中国哲学史》1998年第1期。

谢祖墀:《新时代背景下企业战略转型之道》,《清华管理评论》2018年第11期。

朱锋:《中美竞合——面对中国的崛起,西方为什么忧虑?》,《人民论坛·学术前沿》2020年第10期。

郑晓明、刘琛琳:《共情领导力:数字化时代智能组织管理的新挑战》,《清华管理评论》2020年第6期。

李君如:《中美关系未来如何发展?"读懂中国"是关键》,《人民论坛》2020 年 3 月 18 日。

佘惠敏：《科技创新厚积薄发》，《经济日报》2020 年 10 月 3 日。

李忠杰：《中国共产党为什么能 "独领风骚"？》，《北京日报》2021 年
　　1 月 4 日。

后 记

2020 年 1 月 19 日，我像往年一样回故乡湖北过春节，不料新冠肺炎疫情暴发，在鄂度过了三个月难忘的时光，这是我离开故乡 48 年逗留时间最长的一次。这次新冠肺炎疫情是一场百年不遇的重大灾难，也是一场大考。为了打赢抗疫这场人民战争、总体战、阻击战，广大党员干部、医务工作者、人民解放军指战员和武警官兵识大体、顾大局，体现了顽强拼搏、敢打硬仗的精神。中华儿女风雨同舟、守望相助，筑起了抗击疫情的巍峨长城。对我们这样一个拥有 14 亿人口的发展中国家来说，能在较短的时间内有效控制疫情，十分不易、成之维艰。这也充分展现了中国力量、中国精神、中国效率，展示了负责任大国的形象，得到国际社会的高度赞誉。

让我感受最深的是，在湖北疫情十分严重的情况下，全国340 多支医疗队、4 万多名医务人员火线驰援，与湖北尤其是武汉一道爬坡过坎。贵州省援助湖北省鄂州市，他们把最强的医疗队伍派过来！把最好的医疗资源运过来！把鄂州人民急需的物资送过来！贵州省在自身医疗资源和医护力量也不足的情况下，倾力支援湖北，这是一份同舟共济的大义。"黔医驰鄂秉大义，仁心援手显真情。"

我身在湖北鄂州，对全国人民的深情厚谊和给予的关怀感触颇深，对中国社会主义制度的优越性和中国人民的团结一致认同至切，对我们这个国家的爱进一步升华，于是就萌发了写一本书的设想，拟从心理学和战略学的角度，总结一下中国从站起来到富起来再到强起来的心路历程，对中国共产党为什么有如此强大的组织领导能力、中国社会为什么有如此强大的凝聚力、中国革命为什么能够取得胜利、新中国建设和改革为什么能够取得如此巨大的成就，中国共产党成立百年来中国人的心理发生了怎样的变化等做一些理论和实践的探索，回答在未来现代化的进程中如何提高全民族的心理素质和实现人的现代化这一根本性问题。经过一年多的努力，五易其稿，《百年：中国人的心理跃迁》终于付梓了，期待能给社会各界人士，尤其是党员干部加强心理修养带来一些有益的启示，也期待大家批评指正。

姚有志将军是我国著名的战略学家，是全军战略学界的领军人物之一，我与他共事 20 余年，他是我十分敬重的领导，对我的成长和进步有很大的帮助，这次他为本书提出了很多有价值的建议，并欣然作序。社会科学文献出版社原社长谢寿光是出版界和社会学界的资深专家，自 20 世纪 80 年代我在出版有关著作时与他结识以来，我们就结下了深厚的情谊，他既提出了一些修改建议，又积极帮我沟通协调出版事宜。中国社会科学院社会学所杨宜音研究员对书稿进行了认真细致的审定，提出了很有价值的评价意见和出版建议。清华大学郑晓明教授 30 年前曾与我一起做心理学研究课题，我们相识相知多年，情同兄弟，他阅读初稿后提出了很多有价值的建议。杨树仁是一位很有社会责任感和理想抱负的企业家，多年来非常重视企业文化建设和员工思想教育，积极传播心理强国思想和加强党组织建设，他从实践的角度为本书提供了很多有价值的建议和素材。在此，对他们的帮助表示衷心的感谢。

　　本书得到了军事科学院周文博士的大力帮助，我和他有 20 多年的师生感情，在本书的写作过程中，从资料整理、文字润色到整个成书过程，他都做出了很大的贡献。

　　衷心感谢社会科学文献出版社经济管理分社恽薇社长和高雁副社长的大力支持与帮助，她们在本书结构的完善、思想观点的深化、文字的加工升华等方面提出了非常有见地的意见。高雁老师作为本书的责任编辑，付出了很多心血。

　　感谢关心本书并期待本书付梓的我的朋友和学生，感谢在疫情期间鼓励和支持我写作的家人和友人！感谢军事科学院我的老同事多年来的理解和支持！感谢南海舰队我的老部队首长和战友们的期许！

　　"人生易老天难老，岁岁重阳。今又重阳，战地黄花分外香。"时光荏苒，壮心犹在，我会用更多的学术成果和作品来回报大家的期待！

刘红松
2021 年 9 月 1 日于北京

图书在版编目（CIP）数据

百年：中国人的心理跃迁 / 刘红松著 . -- 北京：
社会科学文献出版社，2021.8
ISBN 978-7-5201-8463-2

Ⅰ.①百…　Ⅱ.①刘…　Ⅲ.①中国共产党－党的建设
－研究　Ⅳ.① D26

中国版本图书馆 CIP 数据核字（2021）第 181478 号

百年：中国人的心理跃迁

著　　者 / 刘红松

出 版 人 / 王利民
组稿编辑 / 恽　薇
责任编辑 / 高　雁
责任印制 / 王京美

出　　版 / 社会科学文献出版社（010）59367226
　　　　　地址：北京市北三环中路甲 29 号院华龙大厦　邮编：100029
　　　　　网址：www.ssap.com.cn
发　　行 / 市场营销中心（010）59367081　59367083
印　　装 / 三河市尚艺印装有限公司

规　　格 / 开本：787mm×1092mm　1/16
　　　　　印张：17.75　字数：223 千字
版　　次 / 2021 年 8 月第 1 版　2021 年 8 月第 1 次印刷
书　　号 / ISBN 978-7-5201-8463-2
定　　价 / 89.00 元